COLLECTION « APPROCHES »

HISTOIRE
DU
PAYSAGE FRANÇAIS

DU MÊME AUTEUR :

La Mauritanie, en collaboration avec Charles Toupet. Paris, P.U.F., collection "Que sais-je", 1977, 128 p. 9 fig.

Nouakchott, capitale de la Mauritanie. Paris, Publications du Département de Géographie de l'Université de Paris-Sorbonne, 5, 1977, 198 p., 44 fig., 20 tabl., 16 pl. h.-t.

Atlas de la République islamique de Mauritanie (en collaboration). Paris, Éditions Jeune Afrique, 1977, 64 p.

Terres de castanide. Hommes et paysages du châtaignier de l'Antiquité à nos jours. Paris, Fayard, 1986, 480 p.

Jean-Robert Pitte

HISTOIRE DU PAYSAGE FRANÇAIS

Tome I

Le Sacré : de la Préhistoire au XVe siècle

TALLANDIER
PARIS

Les cartes, plans et graphiques de cet ouvrage
ont été réalisés par Martine Beaudoux-Selleron.

SOMMAIRE

« Le *sacré* équivaut à la *puissance* et, en définitive, à la *réalité* par excellence. Le sacré est saturé d'être. Puissance sacrée, cela dit à la fois réalité, pérennité et efficacité.
« L'installation dans un territoire équivaut à la fondation d'un monde. »

MIRCEA ELIADE : *Le Sacré et le Profane.* Paris, Gallimard, 1965, coll. « Idées », p. 16 et p. 43.

AVANT-PROPOS

La traversée de la Sibérie ou du Nouveau Monde, où les unités paysagères sont vastes et monotones, est le voyage le plus déroutant que puisse s'offrir un Français. L'hexagone tiendrait largement dans le Middle West américain, gigantesque gaufre où s'imprime le quadrillage cadastral du *township*. Tout au contraire, la France, même pour le randonneur à pied, offre aux regards une palette nuancée. Tantôt brusquement, tantôt imperceptiblement, le paysage change sans cesse et la géographie régionale s'épuise à diviser le territoire en parcelles à peu près homogènes. En ne retenant que le critère agricole, on s'accorde à reconnaître près de 600 régions entre lesquelles les différences sont manifestes. Encore faut-il se rendre à l'évidence : chacune d'entre elles constitue un univers complexe. Ainsi, l'unité du Vexin français ne peut échapper et, pourtant, quel changement lorsqu'on passe du plateau et de ses vastes champs ouverts, aux buttes couronnées de villages cernés de vergers et aux verdoyantes vallées.

Il y a là, sans nul doute, un trait spécifique de la France que traduisent aussi les caprices des masses d'air océaniques qui la balaient ou le kaléïdoscope social et politique du peuple qui l'habite. Ondoyant et divers, tel est le paysage de France, mêlant le clair et l'obscur, l'ordre et l'anarchie, l'intime et l'écrasant. Ainsi se présente l'éblouissante fresque qu'a brossée, en hésitant et en retouchant jour après jour son œuvre, le peuple le plus immense de la planète si l'on additionne, avec Pierre Chaunu, les morts qui reposent sous ses pieds[1].

Lorsqu'on entre en France, venant de l'étranger, il est bien difficile de dire ce qui change dans le paysage, en dehors de détails infimes tels que le mobilier des routes et des rues, la publicité, quelques manières de bâtir, une certaine nonchalance en franchissant les frontières du Nord ou de l'Est qui se mue en rigueur au Sud. A cela près, les ressemblances l'emportent largement sur les différences entre le Nord et la Belgique, l'Alsace et le Pays de Bade, le Jura français et son homologue suisse, les Alpes maritimes et la Ligurie, les deux Catalognes, les deux Pays Basques. Cependant, dès que l'on s'éloigne des frontières, on pénètre dans une mosaïque de paysages dont la variété qui ne se rencontre nulle part ailleurs constitue l'originalité. Une certaine parenté les unit, toutefois. En expliquant pourquoi la France est un être géographique, Vidal de La Blache a parlé d'un « je ne sais quoi qui flotte au-dessus des différences régionales. Il les compense et les combine en un tout ; et cependant les variétés subsistent, elles sont vivantes...[2] » L'une des composantes majeures de ce « je ne sais quoi » est sans doute la faible occupation du sol comparée à celle des pays voisins. La France est le pays d'Europe qui dispose de la plus grande proportion d'espaces agricoles ou forestiers. Lorsqu'on le souhaite, il est facile d'échapper à l'entassement et, par ailleurs, les parties du territoire demeurées ou devenues faiblement occupées ne donnent que rarement l'impression d'hostilité. A mi-chemin des fourmilières et des grands espaces déserts, la France représente l'équilibre tant par son relief que par son climat de latitude moyenne et par les emprunts culturels qu'elle a effectués dans toutes les directions. Aux yeux du monde entier, elle passe pour offrir un visage harmonieux qu'épargne tout excès.

Mais avant d'aborder les vagues de l'histoire qui sont responsables des paysages actuels, il importe de s'interroger sur la réalité complexe que recouvre le mot paysage, utilisé ci-dessus dans son sens le plus immédiat, celui d'aspect de la surface de la terre. La science géographique dont c'est l'un des objets spécifiques lui a consacré de nombreuses recherches depuis plusieurs décennies.

Le paysage : une combinaison de facteurs naturels ?

Le rôle tenu dans les études universitaires de géographie par l'excursion géomorphologique a beaucoup contribué à déformer la conception du paysage en France. Les beaux carnets de croquis d'Emmanuel de Martonne[3] (Photo 1) illustrent bien cette attitude sélective. Dans sa vision des Alpes, les rivières, les forêts, les villages ou les maisons isolées jouent le rôle d'ornement d'une réalité qui apparaît à l'auteur comme essentiellement géomorphologique[4]. Ce qui saute aux yeux, c'est l'Urgonien[5], ce sont les épaulements glaciaires[6], les terrasses[7] ; c'est aussi, plus subtilement, grâce à un tracé en pointillés, l'emplacement d'un ancien glacier dans une auge. Il arrive fréquemment aux géomorphologues de plaisanter sur la gêne que constitue la végétation pour l'explication du paysage.

Il en résulte que la géographie physique française a, peu à peu, appauvri ou évacué la notion de paysage. Jean Tricart regrettait récemment qu'elle fût si vague. « Son contenu est peu précis, écrivait-il, et, partant, la délimitation des aires d'extension des divers paysages est floue[8]. » Georges Bertrand parle de « fourre-tout ambigu » et dépose les armes : « L'expérience mono ou pluridisciplinaire montre que l'on ne peut pas, au-moins dans la phase actuelle de la recherche écologique et sociale, s'entendre sur le contenu du paysage. Nous proposons une autre voie : renoncer à ce vocable sur le plan scientifique — tout en continuant à l'utiliser dans son sens banal — et rechercher de vrais concepts, peut-être moins riches par leur contenu, mais plus clairs, donc plus opérationnels[9]. » La déception de devoir abandonner un concept avec lequel la géographie a si longtemps vécu est grande, mais aussi fallait-il s'attacher à délimiter les aires d'extension des paysages ? Dans l'espace réel, les frontières sont beaucoup plus nombreuses et moins imperméables que celles qu'il faut bien se résoudre à tracer sur les cartes. Les contours flous appartiennent à la réalité terrestre.

Ne se décidant pas à l'abandon total comme Georges Bertrand, Jean Tricart esquisse une définition purement naturaliste[10] : « Un paysage s'avère ainsi comme la traduction concrète et spatiale d'un écosystème. Leurs évolutions se confondent. » On sait qu'un écosystème est une « partie de l'espace terrestre émergé ou aquatique qui présente un caractère d'homogénéité au point de vue topographique, microclimatique, botanique, zoologique, hydrologique et géochimique[11] ». Gabriel Rougerie, auteur d'une *Géogra-*

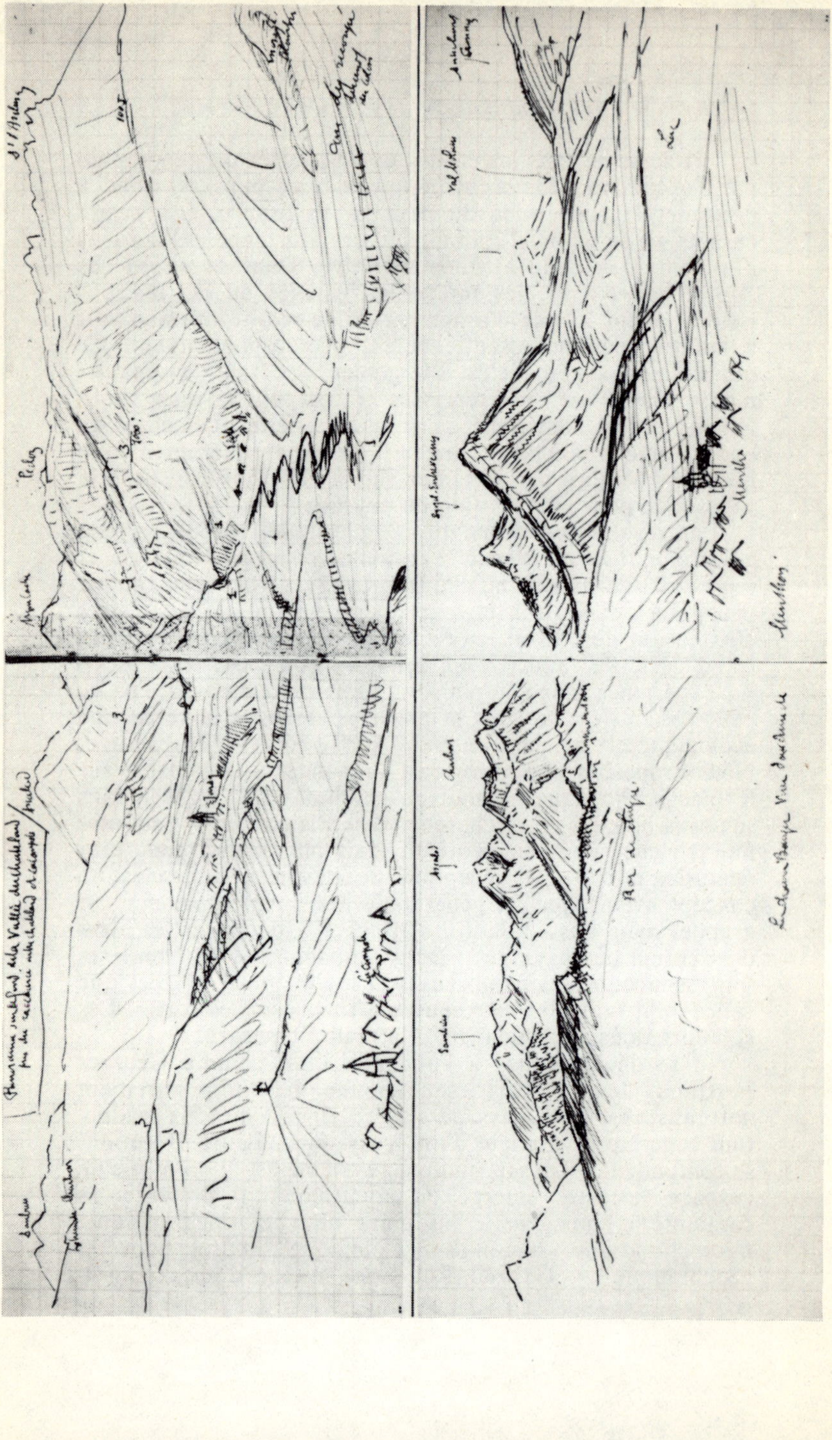

Photo 1
Une vision sélective des paysages alpins : celle d'Emmanuel de Martonne dans l'un de ses carnets de croquis dessiné en 1914. L'interprétation géomorphologique est soulignée au détriment des aspects végétaux et humains du paysage. Collection J.-R. Pitte.

phie des paysages[12] développe une conception très proche, c'est-à-dire très biogéographique ou encore sans risque : « En cette modeste approche, écrit-il, nous négligerons les parts trop humanisées de la biosphère, même si occasionnellement dans les autres l'influence de l'homme est parfois évoquée », à la suite de quoi il cite Jean Dresch : « Car l'étude du paysage naturel autorise seule celle de sa transformation par l'homme et d'une explication du paysage total. »

Cette conception de l'école française de géographie physique se rattache à celle des Allemands *(Landschaft)* et des Soviétiques *(Landšaft)*, parenté que signale le *Dictionnaire de la géographie*[13] qui ne mentionne pas le riche *landscape* anglo-saxon. Dans cet ouvrage censé réaliser l'unanimité, la définition du mot paysage est légèrement plus ouverte, mais encore très biogéographique : « Portion d'espace analysé visuellement. Le paysage est le résultat de la combinaison dynamique d'éléments physico-chimiques, biologiques et anthropiques qui, en réagissant les uns sur les autres, en font un ensemble unique et indissociable en perpétuelle évolution. » C'est le même contenu que Georges Bertrand place dans le mot qu'il propose en remplacement de paysage, géosystème[14] : « Nouveau concept qui permet de saisir l'ensemble des relations qui existent sur une portion d'espace donné entre un potentiel abiotique, une exploitation biologique et une utilisation anthropique. » Le concept est-il si nouveau et vaut-il la peine que l'on méprise le possibilisme de Vidal de La Blache[15] ? Vaut-il surtout la peine que la géographie tout entière renonce au paysage sous prétexte d'incertitude et de désaccord ?

Le paysage : réalité rurale ?

A la différence des géographes physiciens, les ruralistes continuent, pour leur part, à employer le mot paysage et considèrent qu'il s'agit là d'un concept global autant lié aux impératifs naturels qu'au vouloir humain. Leurs travaux reposent sur trois ouvrages fondateurs publiés à peu de temps les uns des autres. Marc Bloch dans *les Caractères originaux de l'histoire rurale française*[16], publié à Oslo en 1931, a particulièrement insisté sur l'importance des facteurs sociaux et juridiques et a fondé toute l'histoire rurale française. Cependant, par le recours exclusif au document écrit et par la rareté du travail sur le terrain, il a conduit ses successeurs historiens à étudier les structures sociales sans envisager systématiquement leur impact sur le paysage. Malgré quelques tentations, c'est la tendance de F. Braudel, de G. Duby, d'E. Le Roy Ladurie. Le médiéviste bordelais Charles Higounet représente l'exception et, parmi les historiens, l'un des seuls vrais défenseurs de la géographie rétrospective, laquelle n'hésite pas à décrire et expliquer les paysages du passé.

Dans son *Histoire de la campagne française*[17], publiée en 1932, Gaston Roupnel a voulu montrer l'ancienneté de la mise en valeur du territoire français par l'agriculture et la pérennité des paysages agraires. « Cette terre encore mouillée de ses frais limons glaciaires... écrit-il[18], partout l'homme y était déjà fixé sur chaque terroir par des liens éternels. » Or, s'il y a un terme qui convient mal à l'histoire du paysage, c'est bien celui d'éternel qui revient souvent sous la plume vibrante de Roupnel. Son idée séduisante est celle de la permanence du paysage de champs ouverts ou campagne, mais c'était lancer le bouchon un peu loin que de le faire remonter aux Brachycéphales du Néolithique. Par ses flous artistiques, ses préjugés, son lyrisme débordant qui a semblé justifier une réédition récente, le texte de Roupnel masque l'approximation pourtant bien compréhensible des connaissances de l'époque.

Incontestablement plus fondateur est l'*Essai sur la formation du paysage rural français* publié par Roger Dion en 1934[19]. Le grand géographe, disparu en 1981, met en valeur les données de l'histoire sociale et juridique, le rôle des ethnies, mais on sent surtout chez lui ce qui fait la spécificité de la méthode géographique : la connaissance concrète du terrain. Les données naturelles sont présentes en ce qu'elles invitent à tel ou tel type de mise en valeur et de création paysagère par le paysan. Selon les époques et les techniques, on sent ces données tyranniques ou plus indifférentes, mais toujours très présentes. Suivre la voie tracée par Dion aurait évité aux travaux des historiens ruralistes le reproche justifié de Georges Bertrand qui regrette que le milieu naturel y soit « inexistant à force d'être plastique[20] ». Chez Dion, également, le paysage fonctionne. Les hommes y exercent leurs activités et le font évoluer.

Particulièrement florissante fut l'école de géographie rurale française née de ces trois ouvrages. Aucune des thèses régionales parues entre 1935 et 1970 n'omet le paysage, mais celui-ci est presque exclusivement agraire et s'arrête aux portes des villes. On ne se pose, à l'époque, aucune question épistémologique. Puis vient le temps des confrontations des découvertes et des hypothèses au cours des réunions de la « Conférence Européenne Permanente pour l'Étude du Paysage Rural » dont la première se tient à Nancy en 1957[21]. André Meynier publie sa brève et pénétrante synthèse sur *les Paysages agraires* en 1958[22]. Le paysage n'y est pas vraiment défini, mais son étude y est vigoureusement défendue : « D'autres penseront que la méditation sur le paysage relève du dilettantisme, et que la géographie a d'autres rôles à jouer dans le monde actuel, en se mêlant davantage à l'action. Nous leur rétorquerons que les études sur les paysages agraires constituent souvent la base de planifications ; que faute de les comprendre, de lourdes fautes furent souvent commises en économie dirigée ; que beaucoup de réussites de remembrements ou de mises en valeur résultèrent d'une connaissance fine et approfondie de tels problèmes[23]. »

C'est une démarche semblable qu'adopte Emilio Sereni dans sa *Storia del paesaggio agrario italiano* parue à Bari en 1961[24].

Le *Dictionnaire de la géographie* admet l'expression de « paysage agraire (rural)[25] » : « Le paysage rural apparaît comme une combinaison concrète où interviennent un grand nombre de faits : l'habitat, le parcellaire, les chemins, etc. » D'abord concrète et descriptive, la géographie agraire a pu, c'est certain, tomber parfois dans le formalisme. Mais la richesse de la littérature qu'elle a suscitée interdit la généralisation de ce reproche que l'on trouve sous la plume de Georges Bertrand[26]. Elle s'est simplement privée d'explications plus larges que celles auxquelles elle a généralement fait appel en considérant la campagne comme un monde à part coupé des grandes voies de communication et des villes. Et encore faudrait-il nuancer ; il ne s'agit, tout au plus, que d'une tendance.

Le privilège accordé à l'aspect rural du paysage n'est pas en France une invention des années 30. L'*Histoire du paysage en France* parue en 1908[27] est une histoire de la peinture de paysage dans laquelle il n'est question que de la représentation par les peintres depuis le Moyen Age de la végétation ou de la campagne. Point de villes, sauf vues de fort loin. Curieusement, les dictionnaires entérinent cette conception. On lit, entre autres, à « paysage », dans le Petit Larousse[28] : « Dessin, tableau représentant un site champêtre ». Et déjà, en 1690, dans le dictionnaire de Furetière[29], on pouvait lire à l'article « païsage » : « Se dit aussi des tableaux où sont représentés quelques veuës de maisons, ou de campagnes. Les veuës des Maisons Royales sont peintes en païsages à Fontainebleau et ailleurs. » O. Bloch et W. von Wartburg signalent dans leur *Dictionnaire étymologique*[30] que le mot paysage apparaît pour la première fois en 1549 dans le dictionnaire français-latin de Robert Estienne et qu'il désigne une toile de peintre. Le plus étonnant est que la peinture du Moyen Age est riche en scènes de rues urbaines et que ces tableaux ou fresques représentent également des paysages. Leur exclusion de cette dénomination tient probablement à l'origine étymologique du mot paysage. Pays est dérivé du latin *pagus* qui désigne une circonscription territoriale — essentiellement rurale au bas Empire — puis a donné les adjectifs *paganus* et *pagensis* s'appliquant à ses habitants. Au XVIIe siècle, il prend le sens familier de « personne d'un même pays », avec une connotation nettement rurale. Cette filiation est rappelée par le titre d'un ouvrage récent de J.-P. Deffontaines : *Pays, Paysans, Paysages dans les Vosges du Sud*[31].

Le paysage : un point d'orgue pour les non-géographes

Depuis quelques années, historiens et archéologues manifestent un intérêt certain pour le paysage. Les progrès de l'archéologie aérienne y sont probablement pour beaucoup. Raymond Chevallier a lancé avec succès l'expression d'« archéologie du paysage » en organisant un colloque sur ce thème en mai 1977[32], idée qu'il avait suggérée en 1976 dans une communication dont le titre évocateur était : « Le paysage, palimpseste de l'histoire »[33]. La plus éblouissante recherche effectuée dans ce domaine est celle de Roger Agache, Directeur Régional des Antiquités Préhistoriques de Picardie, qui a fait revivre le paysage de la Somme à l'époque gauloise et gallo-romaine grâce à vingt ans de survols et de prises de vues à l'aide d'un modeste appareil photographique[34].

Le paysage dorénavant considéré comme un « monument historique », selon l'expression de R. Agache[35], commence à intéresser d'autres historiens que Ch. Higounet ou l'historien des villes P. Lavedan. Parmi eux, Michel Devèze, Gabriel Fournier, Gérard Sivery et Robert Fossier, ce dernier, auteur avec Jean Chapelot d'une synthèse d'un genre nouveau intitulée *le Village et la Maison au Moyen Age*[36].

Des architectes ont rejoint l'école de l'archéologie du

paysage. Parmi eux, il faut citer Pierre Pinon, qui travaille en particulier sur les trames romaines, et l'inspecteur général Paul Dufournet auteur d'une rétrospective paysagère du village savoyard de Bassy[37]. C'est toute une équipe d'architectes qui a animé pendant quelques années feu le Centre national d'étude et de recherche du paysage, à Trappes, sous l'impulsion de Rémi Perelman et Pierre Dauvergne. Très ouvert dans ses préoccupations, le Centre abordait aussi bien le paysage rural que le paysage urbain, ce qui fut une manière de petite révolution en France. Par ailleurs, d'autres architectes comme Jean Castex ou Philippe Boudon s'attachent à l'analyse des formes urbaines et, en particulier, du bâti aboutissant à de belles réussites telles : *Lecture d'une ville : Versailles*[38] et d'autres ouvrages du même genre dont les Éditions du Moniteur se sont fait une spécialité. Très récemment, une parution de qualité, *les Couleurs de la France. Maisons et paysages* de J.-P. et D. Lenclos, est venue renforcer l'apport de l'architecture à l'étude du paysage[39].

Aux côtés des architectes, une profession qui a pignon sur rue (une école dans le parc du château de Versailles) s'est étoffée ces dernières années : le paysagisme. Il s'agit, à dire vrai, de techniciens du jardin et de l'ambiance végétale, et cette appellation recouvre donc une réalité aussi étroite que celle des naturalistes ou des peintres. En revanche, c'est donner au mot paysage un sens bien large que de baptiser «paysagés» des bureaux ou des appartements aménagés par un décorateur, encore qu'il serait abusif de décréter que le paysage s'arrête aux portes et aux fenêtres des maisons.

Les ethnologues, eux aussi, s'intéressent de plus en plus au paysage comme en témoignent la grande enquête sur l'Aubrac[40] ou diverses présentations du Musée des Arts et Traditions Populaires qui visent à replacer les objets dans leur cadre, voire à considérer le paysage comme un objet ethnologique. Ainsi, dans tous les horizons de la recherche se manifeste un intérêt pour le paysage. Jusqu'au sémiologue Roland Barthes lui-même qui, pendant un court instant de sa recherche éclectique, s'est attaché à montrer que le paysage est le plus riche des signes[41] et, enfin, aux philosophes qui viennent d'y consacrer un colloque[42].

A la suite des voyageurs des siècles passés, le grand public a découvert le paysage avec les premiers congés payés en 1936. Il a été pendant longtemps un consommateur très sélectif de sites grandioses, de points hauts, de falaises, de cascades, de glaciers, de lacs, etc., qu'il acceptait de payer de divers droits de regard. Sans que cette pratique ait disparu, on observe, cependant, un léger décalage dans la façon dont le plus grand nombre envisage le paysage. Non seulement objet d'admiration, celui-ci est aussi devenu objet de protection et les associations de sauvegarde se multiplient dans la France entière. Les publicitaires, conscients de cet engouement du grand public, n'ont pas manqué d'exploiter le filon. Gilles Sautter a plaisamment décortiqué[43] certaines campagnes, vantant bière, chocolat, fromage, eau minérale ou laine, en jouant principalement sur la puissance d'évocation du paysage des régions de production, à la limite, même, sans montrer le produit.

L'État ne pouvait ignorer cette préoccupation quasi universelle, d'où la création d'une Direction de l'Urbanisme et des Paysages dans le cadre de l'ex-Ministère de l'Environnement et du Cadre de vie, scindé en 1981 en un Ministère de l'Urbanisme et du Logement et un Ministère de l'Environnement, la mise sur pied d'un corps d'inspecteurs des sites, l'exigence d'études d'impact sur l'environnement et le paysage en cas d'aménagement très conséquent. Au-delà du changement intervenu en 1981, les politiques du paysage convergent[44]. Michel d'Ornano avait déclaré : « Le paysage ne doit pas être seulement objet de protection ; il évolue et se gère. » Michel Crépeau, de son côté, affirme que « la protection juridique, le classement de site sont insuffisants. Le paysage évolue et il faut au-delà de la protection, parler plutôt d'aménagement ». Si donc des ministres, théoriquement à l'opposé du « paysage politique », parviennent à s'entendre, il est pour le moins dommage que les géographes français se chamaillent, revendiquant chacun pour sa sous-discipline la propriété du paysage ou, pire, fassent la fine bouche et laissent à d'autres le soin d'en parler. Aussi, admettre que le paysage est une réalité culturelle est probablement le seul moyen de le réintroduire dans le champ d'intérêt de la géographie.

Le paysage : la réalité géographique perçue par les sens

Chez les Anglo-Saxons, le paysage ne donne lieu à aucun état d'âme. Le concept de *landscape* complété parfois par celui de *townscape* est d'une grande richesse. Dans son remarquable *The Making of the English Landscape,* paru pour la première fois en 1955, W.G. Hoskins[45] n'ignore rien du milieu naturel, de la mise en valeur agricole, de l'industrie, des villes. La même absence de sélectivité s'observe dans les travaux de H.C. Darby[46] ou chez Alan Baker et J.B. Harley dans *Man Made the Land*[47]. Les géographes américains groupés autour de J.B. Jackson depuis 1951 et s'exprimant dans la revue *Landscape*, publiée maintenant à Berkeley, vont encore plus loin en abordant aussi les problèmes de perception au travers des guides, des peintres, des poètes et des romanciers, des réactions des promeneurs, des enfants, etc.[48].

Il y a de ces travaux une leçon à tirer : l'accord s'est fait sur la définition la plus simple du paysage et celle-ci a permis de mener des recherches d'une profonde originalité. Aussi, pourquoi ne pas revenir en France aux définitions que donnent les dictionnaires. En voici quelques exemples :

FURETIÈRE (1690) : « Aspect d'un pays, le territoire qui s'estend jusqu'où la veuë peut porter. Les bois, les collines et les rivières sont les beaux païsages. »

LITTRÉ : « Étendue du pays que l'on voit d'un seul aspect. Un paysage dont on aura vu toutes les parties l'une après l'autre, n'a pourtant point été vu ; il faut qu'il le soit d'un lieu assez élevé, où tous les objets auparavant dispersés se rassemblent sous un seul coup d'œil. »

PETIT LAROUSSE (1974) : « Étendue de pays qui présente une vue d'ensemble : admirer le paysage. »

ROBERT (1977) : « Partie d'un pays que la nature présente à un observateur. »

Tous ces dictionnaires mentionnent ensuite le sens très restreint de peinture représentant un site naturel ou champêtre. Dans les définitions principales, des nuances apparaissent. Robert est le plus restrictif en parlant de nature ; Littré et Larousse un peu moins en ne précisant pas le contenu, mais en exigeant une certaine étendue visible depuis un point haut. C'est finalement Furetière qui, au moins dans la première phrase, est le plus global : « Aspect d'un pays, le territoire qui s'estend jusqu'où la veuë peut porter ». Le *Dictionnaire de la géographie*[49] n'esquive d'ailleurs pas complètement ce sens commun, mais le résume en cinq mots sur un article de 35 lignes : « portion d'espace analysée visuellement », curieusement placés derrière le sous-titre « biogéographie » ! Ainsi, le rapport entre le paysage et la vue semble ne poser de problème pour personne. Est-ce du fait de la subjectivité de la vue que les géographes devraient ignorer le paysage[50] ? Est-ce parce que la vue est sélective, et qu'elle est incapable de saisir la réalité dans toute sa complexité, que le paysage n'existe pas ? La sélectivité des sens est partiellement culturelle. Or, c'est précisément la diversité des cultures qui explique la diversité des paysages de la France dans une large mesure, comme on le verra.

Le paysage est donc la pellicule de la réalité géographique, la partie émergée de l'iceberg. L'organisation de l'espace s'imprime à la surface de la terre comme sur un papier photographique. C'est, autrement dit, ce qui est perceptible par les sens, tous les sens et pas seulement la vue, qui garde, toutefois, une place prééminente. L'ouïe et l'odorat permettent également d'appréhender les paysages et même — pourquoi pas ? — le goût. Un chroniqueur gastronomique n'écrivait-il pas récemment à propos d'un vin d'Apremont qu'il avait dégusté : « il était un de ces vins extrêmement rares qui, en bouche, font instantanément surgir un paysage. C'est une promenade en montagne, dans les prés, à la fin du printemps ou au début de l'été, vers les dix heures du matin, que nous suggéra l'Apremont de M. Boniface[51]. »

Exprimant les besoins matériels des hommes au travers de leurs techniques plus ou moins efficaces à transformer la nature, le paysage reflète aussi leur culture (au sens d'*instruction, savoir* et au sens d'*imagination*), c'est-à-dire faculté de se représenter un objet dans l'esprit. Le paysage est un signe plein de tous les besoins humains : se nourrir, consommer d'autres biens et services, posséder et exprimer une certaine conception de la justice sociale, se défendre, se réunir, s'associer, communier à certaines valeurs cosmologiques ou religieuses. Peu de civilisations sont parvenues à réaliser en totalité le paysage de leurs rêves, ce qui explique le besoin de le créer par le texte ou par le dessin. En ce qui concerne la France, la rupture est intervenue de manière très nette avec la Renaissance, première période à n'avoir pu réaliser ses rêves, parce que leur concrétisation demandait trop de destructions, mais aussi parce que ses idéaux n'étaient plus universellement partagés et que l'autorité ne suffit pas, si forte soit-elle, pour les imposer à tout un peuple, si celui-ci n'en distingue pas l'intérêt.

Le paysage est une réalité culturelle car il est non seulement le résultat du labeur humain, mais aussi objet d'observation, voire de consommation. La culture joue ici le rôle d'un filtre variable d'un individu à l'autre, d'un groupe social à l'autre. Ce phénomène de ricochet est capital dans les paysages touristiques qui sont avidement regardés

mais aussi profondément aménagés pour être mieux regardés.
Pour résumer, le paysage est donc l'expression observable par les sens à la surface de la terre de la combinaison entre la nature, les techniques et la culture des hommes. Il est essentiellement changeant et ne peut être appréhendé que dans sa dynamique, c'est-à-dire dans le cadre de l'histoire qui lui restitue sa quatrième dimension. Si l'écologie rappelle que la nature a ses lois fondamentales et qu'il en coûte de les transgresser, l'histoire enseigne que l'homme a ses raisons que la nature ignore. Le paysage est acte de liberté ; il est une poésie calligraphiée sur la feuille blanche du climax.

C'est seulement par l'étude des processus d'élaboration des paysages dans le passé que des aménagements non technocratiques pourront être réalisés aujourd'hui, dans le respect attentif des besoins et des goûts des hommes. Car le paysage, support de la vie, concerne chaque habitant qui en est l'héritier, l'auteur, l'utilisateur et, bien sûr, l'observateur admiratif ou consterné. A l'heure où il est souvent considéré comme un donné extérieur aux hommes d'aujourd'hui, un patrimoine figé, puissent ces pages contribuer à ne pas le laisser tomber dans l'obscurité d'un passé sans nom et à ne pas momifier ce témoignage de la créativité et des facultés d'adaptation des deux cents générations qui ont façonné le visage de la France depuis le Néolithique. La créativité retrouvée permettra seule d'échapper à la décadence qui a réduit le délicat paysagiste au rôle de peintre en bâtiment recouvrant son œuvre sensible d'un grossier badigeon de banalité.

De nombreuses personnes m'ont aidé au cours de la rédaction de cet ouvrage en me fournissant des informations, en me donnant leur point de vue sur tel ou tel aspect controversé de l'histoire du paysage, ou en acceptant que certaines cartes illustrant ces propos leur soient empruntées. Qu'elles en soient remerciées. Je remercie tout spécialement M. Xavier de Planhol, professeur à l'Université de Paris-Sorbonne, qui a bien voulu relire le manuscrit du présent ouvrage et le faire bénéficier de nombreuses suggestions et remarques.

PREMIÈRE PARTIE

De la forêt au moule romain

I

La longue marche vers le premier champ

La préhistoire de l'humanité se déroule à cheval sur la fin du Tertiaire et le Quaternaire. Il ne saurait donc être question de définir un milieu naturel préhistorique, car les conditions climatiques ont changé à une cadence accélérée au cours des deux derniers millions d'années. Les études ont suffisamment progressé pour que l'on puisse aujourd'hui reconstituer cette évolution grâce à la sédimentologie, la géomorphologie, la palynologie[52] et surtout les méthodes de datation absolue, au carbone 14 ou au potassium-argon. C'est un décor changeant sur lequel l'homme du Paléolithique n'a pratiquement aucune prise. Son successeur du Néolithique ne connaît pas des conditions stabilisées, mais les changements intervenus depuis huit ou neuf millénaires ne sont en rien comparables à l'ampleur des phénomènes qui marquent la période antérieure.

L'évolution naturelle au Quaternaire

Au cours du Quaternaire, au moins cinq glaciations principales séparées par des interglaciaires modèlent le paysage de la France de manière durable. Elles portent les noms de Donau, Günz, Mindel, Riss et Würm. Dans les montagnes, les Alpes surtout, les Pyrénées et le Jura de manière plus partielle, le Massif Central et les Vosges très localement, les glaciers creusent des cirques, élargissent en les calibrant en auge des vallées, constituent des épaulements au cours de leurs variations, respectent des verrous de roches dures et surcreusent à leur amont des ombilics dont beaucoup sont devenus aujourd'hui des lacs, les plus grands se situant dans les basses vallées : Léman, Annecy, Bourget. Dans les plaines périphériques de la chaîne des Alpes, d'énormes quantités de débris morainiques arrachés aux montagnes s'accumulent jusqu'à Lyon et Mâcon ; ce sont eux qui expliquent le curieux paysage amphibie du plateau de la Dombes.

Partout ailleurs, durant les glaciations, règne un climat froid dit périglaciaire, comparable à celui de la Sibérie actuelle. Sa responsabilité dans le façonnement du relief est considérable. L'alternance annuelle du gel et du dégel permet la destruction de grandes épaisseurs de certaines roches particulièrement sensibles : une centaine de mètres de craie, par exemple, en Champagne. Gelées en permanence sur une tranche pouvant atteindre plusieurs dizaines et même centaines de mètres, les roches perméables telles que les calcaires sont creusées, lors du dégel superficiel d'été, de vallées parfois très larges grâce à des rivières alimentées par la fonte des neiges. Beaucoup de ces vallées, aujourd'hui complètement sèches, représentent un spectaculaire héritage, caractéristique du paysage du Bassin parisien, des Causses ou de la Provence calcaire. De même, la largeur de vallées comme la Seine ou la Marne est sans rapport avec le débit et la puissance de creusement des rivières actuelles et constitue aussi un stigmate périglaciaire. Au cours de ces périodes, les ancêtres géants des rivières déposent dans leurs lits d'épaisses masses alluviales plus ou moins grossières. On peut évoquer, par exemple, les graves du Bordelais ou les galets de Châteauneuf-du-Pape, qui portent aujourd'hui deux des plus célèbres vignobles français. A la suite d'enfoncements ultérieurs des fleuves, ces nappes alluviales deviennent souvent des terrasses perchées au-dessus du cours actuel. Beaucoup de sites paléolithiques ont été dégagés au cours de l'exploitation des cailloutis de ces terrasses.

Un autre fait paléoclimatique essentiel marque les périodes froides : la présence de vents violents qui soufflent des calottes glaciaires vers les régions périglaciaires. A la périphérie des inlandsis, ils prennent en charge les débris morainiques les plus fins que l'on appelle parfois la farine glaciaire. Puis, plus loin, lorsque ces vents faiblissent et que la végétation est suffisamment dense, ces fines particules se déposent en s'accrochant aux herbes et forment le loess ou limon des plateaux qui, dès le Néolithique, sera reconnu comme l'une des plus riches terres céréalières, vocation qui ne s'est pas démentie aujourd'hui, puisque le centre du Bassin parisien qui en est saupoudré prend place dans le groupe des régions agricoles les plus opulentes du monde, toutes établies sur du loess : Middle-West américain, Ukraine, etc.

Enfin, les côtes se trouvent profondément modifiées au Quaternaire, puisqu'à chaque glaciation correspond un abaissement du niveau de la mer — ou régression — s'expliquant par la quantité d'eau immobilisée dans les calottes et à chaque interglaciaire, une remontée ou transgression. C'est la plus récente de celles-ci, d'une ampleur de 120 mètres, qui importe surtout, car c'est elle qui permet de comprendre les paysages côtiers[53]. Elle se déroule, pour sa phase essentielle, entre le XIIe et le VIIIe millénaire av. J.-C., mais ne s'achève complètement que dans les premiers siècles de notre ère[54]. Le Pas de Calais vient séparer le continent de la Grande-Bretagne au VIIe millénaire. Cette transgression post-würmienne est dite aussi flandrienne et pour sa phase finale (jusqu'au XIIe siècle ap. J.-C.) dunkerquienne, car la Flandre maritime est l'une des régions littorales envahies par la mer à cette époque, comme une grande partie des Pays-Bas actuels, la baie du Mont-Saint-Michel, les Marais Vendéen et Poitevin, les Landes de Gascogne, la plaine du Languedoc, etc.

Sur tous ces hauts fonds ainsi constitués, le processus ultérieur est le même : remblaiement des baies nouvellement créées et formation d'un cordon dunaire sous l'effet de la houle et des courants conjugués, le sable provenant des grands fleuves voisins : Rhin pour la Flandre, Loire pour les marais de l'Ouest, Garonne pour les Landes, Rhône pour le Languedoc. La dune du Pilat, qui se dresse à une hauteur de plus de 100 mètres, en est un spectaculaire exemple. De plus en plus larges, les cordons littoraux se ferment et isolent des lagunes qui peuvent parfois communiquer avec la mer par des chenaux appelés grau en Languedoc ou boucau en Aquitaine. L'envasement et l'évaporation ont déjà eu raison d'un certain nombre de ces lagunes. Les autres sont condamnées à plus ou moins brève échéance, d'autant que l'homme, par ses marais salants, ses polders agricoles et ses aménagements industriels ou d'aéroports, accélère la conquête naturelle de la terre sur la mer. C'est ainsi que la baie du Mont-Saint-Michel qui n'aurait été totalement envahie qu'au VIIIe siècle[55] n'est pas encore obturée d'un cordon, mais son remplissage sableux s'accélère et il n'y a rien de plus naturel à cela. La construction des diverses digues n'a joué de rôle que très localement, autour du Mont, précisément. Il faut se résoudre à la progression des herbus qui, tôt ou tard, interdiront aux marées l'accès à l'îlot. Le rétablissement de l'effet de chasse d'eau des trois petits fleuves côtiers ou la destruction partielle de la digue ne peuvent avoir d'effets suffisants à longue échéance. La protection du paysage et l'écologie impliquent aussi le respect des évolutions naturelles, surtout lorsqu'elles sont si coûteuses à contrarier. Le Mont au milieu de ses prés salés aura un charme différent de celui qui fut le sien au temps du péril de la mer, mais encore bien des attraits, tout autant que Brouage, qui a déjà subi le même sort.

Ailleurs, là où les reliefs continentaux sont plus vigoureux, la remontée du niveau de la mer crée des falaises qui s'opposent aux côtes basses à cordons. Toutes les basses vallées sont envahies et deviennent abers, rias, calanques, criques ou, à une plus grande échelle, golfes (Morbihan) et vastes estuaires : Baie de Seine, Basse-Loire, Gironde. Ces derniers sont en cours de comblement, comme d'ailleurs ceux des plus petits cours d'eau et comme l'a déjà été celui du Rhône, maintenant remplacé par un delta, et la Camargue qui s'avance de jour en jour un peu plus en Méditerranée.

La végétation, en de complexes flux et reflux, assez bien connus aujourd'hui grâce à l'étude des pollens recueillis dans les tourbières ou sur divers sites archéologiques, suit l'évolution climatique. La flore sort d'ailleurs appauvrie de tous ces reculs, car la Méditerranée et les Alpes absorbent un certain nombre d'espèces descendues vers le Sud au moment des glaciations. C'est, on le sait, une différence majeure avec la végétation de la façade orientale de l'Asie et celle du continent américain, beaucoup plus variées, ayant pu trouver des refuges méridionaux au moment des glaciations.

Depuis la dernière déglaciation, le climat ne cesse d'osciller, et donc le paysage également, alors même que l'homme n'a pas encore d'aptitude réelle à le modeler. On distingue un climat Préboréal suivi d'un climat Boréal chaud et sec, d'un climat Atlantique chaud, mais plus humide, puis d'un Subboréal plus frais et, depuis le début de l'Age du Fer, d'un Subatlantique qui est le nôtre. La période historique elle-même n'est plus considérée comme homogène. E. Le Roy Ladurie en a retracé les principales variations depuis l'an mil[56], à savoir un Moyen Age relativement tiède et un « petit âge glaciaire » à l'époque moderne, suivi d'un réchauffement qui se poursuit, ultime avatar du climat à l'intérieur du Subatlantique.

Réinstallation post-glaciaire de la forêt

Les modalités de la dernière grande progression naturelle de la forêt en dehors de toute action anthropique sont à peu près bien connues, mais il serait vain de chercher à reconstituer une forêt primitive ou climacique. On ne peut plus se satisfaire de la notion de climax, sorte d'état d'équilibre entre le sol, le climat et la végétation[57]. Cette conception d'un éden figé que l'humanité serait venue perturber appartient à l'utopie. Sans même que l'homme y porte la main, le milieu naturel évolue constamment ; certaines espèces végétales conquérantes voisinent avec d'autres qui sont déjà relictuelles. Une véritable reconstitution de l'histoire du tapis végétal doit donc combiner ces pulsations naturelles avec les pressions de l'homme dans le sens destructeur ou propagateur des espèces. Le paléobotaniste J.-L. de Beaulieu écrit[58] à propos de la prétendue forêt primitive : « Ce terme est généralement employé pour justifier les exigences des reboisements " écologiques " et il relève souvent d'un fixisme navrant : l'analyse pollinique montre bien des fois et en un seul point une belle succession de forêts primitives et pas toujours à très long terme. »

On admet aujourd'hui que la fonte des glaciers n'entraîne pas immédiatement le recul de la steppe à armoise. Celle-ci ne disparaît que lentement lorsque le climat se réchauffe, au profit des bouleaux nains, puis des pins, suivis, plus tard, des chênes, des hêtres et des sapins selon le milieu géographique et l'époque[59]. Un tel phénomène de résistance d'une formation végétale à un changement climatique est classique ; on l'observe, par exemple, actuellement, au sud du Sahara en cours de désertification. Les forêts de la France actuelle résultent pour beaucoup de sélections et de plantations aux intentions variées. Avec prudence, toutefois, on peut considérer comme subatlantiques quelques massifs forestiers. Ainsi, la seule belle sapinière du bassin de la Durance, la forêt du Boscodon, est probablement d'implantation naturelle, mais elle ne s'est maintenue jusqu'à nos jours que grâce à une gestion et une exploitation rationnelles qui remontent au Moyen Age[60]. De même, la forêt de hêtres du Massif de la Sainte-Baume, étonnante oasis au milieu des garrigues provençales, survit grâce à son exposition au nord sous une falaise calcaire où l'eau ruisselle, mais il aura fallu tout le poids de la religion druidique, précédant la dévotion attachée à la grotte-ermitage de sainte Marie-Madeleine, pour qu'elle soit protégée en véritable bois sacré permanent[61]. Le piétinement actuel des touristes aurait tôt fait de signer son arrêt de mort en interdisant la croissance des jeunes pousses si, au nom de l'écologie, des mesures de protection n'étaient en cours d'application. Les autres forêts de hêtres de la Provence ont disparu depuis longtemps. L'une des dernières, celle de Nans-les-Pins, a été coupée au XVIIIe siècle.

Une partie de la forêt de Fontainebleau serait, quant à elle, une formation végétale « néo-climacique », puisque mise en défens depuis le milieu du XIXe siècle au moins (série artistique devenue réserve biologique). Ce qui est le cas également d'une partie de la forêt de Chaux, dans le Jura, mise en réserve depuis 1824. Les taillis de chênes que l'on exploitait dans cette dernière représentaient à cette date 9/10e de la superficie, ne laissant que 1/10e aux hêtres. La proportion s'est en un siècle et demi spontanément inversée[62].

En revanche, on a prouvé que la chênaie d'yeuse (chêne vert), souvent présentée comme la forêt originelle de la Basse-Provence, n'est qu'une formation appauvrie qui a pris la place au Néolithique — et donc par le fait des hommes — de la chênaie pubescente associée au pin d'Alep et à quelques chênes verts seulement[63]. Les châtaigneraies, abondantes dans beaucoup de moyennes montagnes siliceuses du Sud de la France, en particulier, ne sont jamais originelles, même si l'homme les a souvent implantées dans des régions où cet arbre providentiel poussait déjà naturellement en position minoritaire au milieu des chênes[64]. Enfin, toutes les formations végétales basses que sont la garrigue, le maquis, le coussou de la Crau, la steppe caussenarde, la lande, la pelouse alpine, sont bien difficiles à interpréter. Certaines poussent dans des milieux particulièrement rudes : adrets desséchés de sommet de versant en région méditerranéenne, échines granitiques balayées par le vent en bord de mer ou au sommet des montagnes armoricaines, hauts versants et replats à enneigement prolongé. Mais beaucoup d'entre elles résultent de dégradations anthropiques : feux, parcours d'ovins et caprins, coupes de bois à intervalles trop rapprochés, etc. si bien que, lorsqu'on ne dispose pas de preuve palynologique, on ne peut se risquer qu'à des hypothèses quant à la genèse de ces formations.

UN EXEMPLE D'ÉVOLUTION DE LA VÉGÉTATION DEPUIS LA FIN DES GLACIATIONS : LE VERCORS

D'après « Le Vercors, terre de préhistoire », *Les Cahiers Culturels du Parc,* Lans-en-Vercors, Parc Naturel Régional du Vercors, I, 1982, pp. 8-9.

Dates av. J.-C.	Périodes climatiques	Climats et végétation
0	Subatlantique	Frais et humide
1 000	Subboréal	Froid ou tempéré sec
2 000		Sapin Hêtre
3 000	Atlantique	
4 000		Chaud et très humide
5 000		Chêne Tilleul Orme
6 000	Boréal	sec Noisetier
7 000	Préboréal	Réchauffement humide
8 000		Pin Bouleau
	Dryas récent	Froid sec Tempéré
9 000		Pin Bouleau
	Alleröd	Réchauffement
10 000	Dryas moyen	Froid humide
	Bölling	Frais et très humide
11 000		
	Dryas ancien	Froid sec
12 000		Recul des glaciers

Fin du Würm → Postglaciaire

STEPPE → FORÊT CLAIRSEMÉE → STEPPE → EXTENSION DE LA FORÊT → FORÊT PARC → FORÊT DENSE → FORÊT CLAIRSEMÉE → DÉBOISEMENT PROGRESSIF PAR L'HOMME

Quoi qu'il en soit, en évoquant la réinstallation de la forêt au cours des derniers millénaires, on ne peut manquer de souligner les facilités offertes à l'homme par la nature française. Sans minimiser l'effort d'imagination des hommes de la préhistoire et des époques ultérieures, il faut constater que le milieu naturel qu'ils ont eu à exploiter se prête assez facilement à des actions variées[65]. C'est le cœur de l'œcoumène (espace habité par les hommes), et pour en ressentir les limites, il faut s'élever au-dessus de 2 000 m ou errer dans les solitudes camarguaises ou encore prendre pied sur l'île de Sein un jour de tempête. Sur l'essentiel du territoire, on vit depuis longtemps, non pas sans effort, mais dans des conditions qu'il faut reconnaître infiniment plus satisfaisantes que dans beaucoup d'autres régions de la planète. Et point n'est besoin d'aller chercher en Himalaya ou en Amazonie des milieux difficiles à mettre en valeur : les Pays-Bas et leur lutte ininterrompue contre la mer sont à deux pas, tout comme la Meseta ibérique subissant neuf mois d'hiver et trois mois d'enfer. Ces potentialités favorables, la France les doit à son histoire géologique, à sa latitude, à ses ouvertures maritimes.

Le déterminisme naturel étroit n'est plus de mise dans la géographie d'aujourd'hui et l'on ne saurait attribuer à la seule nature le fait que la France offre l'un des paysages les plus variés du monde mais, dans sa diversité, cette nature tempérée a permis d'infinies interprétations paysagères au gré des peuples qui l'ont occupée, de leurs techniques et de leurs mentalités. L. S. Senghor compare la langue française à de « grandes orgues qui se prêtent à tous les timbres, à tous les effets ». Telle se présente aussi la nature française depuis la fin de la glaciation würmienne.

Les traces de l'homme paléolithique

Condamnée à s'adapter tant bien que mal à de tels bouleversements, l'humanité paléolithique dispose de bien peu de techniques, son action sur la nature est faible et sa trace dans le paysage ténue. Les Australopithèques, cueilleurs de baies et pourchasseurs de petits animaux, ne doivent guère plus laisser de marques de leur passage que les Guayakis du Paraguay décrits par J. Vellard en 1939[66]. Petit à petit, l'outillage se perfectionnant, la chasse et la pêche apparaissent. Lors de l'interglaciaire Mindel-Riss (– 270 000 ; – 200 000), les groupes sociaux s'étoffent ; les tribus acheuléennes s'établissent sur des sites de plein air, haltes temporaires assez bien choisies et reconnaissables pour pouvoir être occupées plusieurs fois. Elles construisent des huttes ovales à branchages et sol de galets (Terra Amata.) Dès la glaciation Riss, la maîtrise du feu permet à la population de mieux supporter les rigueurs du climat tout en la fixant durant l'hiver autour de foyers établis dans des grottes ou des abris sous roche.

Les hommes de Néanderthal ou Moustériens retrouvent ces refuges naturels pendant les longs hivers de la dernière glaciation qui débute vers − 70 000 ans. Les régions qu'ils occupent peu densément, − 1 hab./km^2 selon L.-R. Nougier[67], sont les plus chaudes de la France d'alors ; c'est pourquoi leur implantation ne dépasse guère la Bretagne, vers le nord-ouest. Afin de bénéficier d'un ensoleillement maximal, ils recherchent tout spécialement les falaises calcaires bien exposées, d'autant plus qu'à leur pied l'érosion périglaciaire aménage des abris sous roche[68] et s'ouvrent des grottes. Les berges de la Vézère et de la Dordogne sont particulièrement propices et recherchées. Lorsque ces abris s'avèrent trop précaires, ils sont parfois aménagés. Des cabanes en branchages et peaux ou en pierres sont adossées aux falaises. Certaines atteignent des tailles respectables ; celle des Peyrards, dans le Vaucluse, couvre 80 m^2 et abrite sans doute plusieurs familles liées par des règles sociales complexes[69]. Des fouilles effectuées à Grimaldi, près de Menton, à La Ferrassie, près des Eyzies ou à l'île de Bréhat, en Bretagne, ont révélé l'existence de semblables cabanes.

La belle saison permet de mener les expéditions de chasse ; peut-être existe-t-il des cheminements régulièrement empruntés et piétinés sur les itinéraires habituels du gibier et qui préfigurent les vrais chemins du Néolithique. Les chasseurs bâtissent au cours de ces migrations des huttes temporaires comparables à celles que les charbonniers et les feuillardiers des forêts fabriquèrent jusqu'à une date récente. Ce sont peut-être elles que figurent les dessins tectiformes de grottes de Font-de-Gaume ou de La Mouthe sur les bords de la Vézère[70]. Délimitant les foyers, des galets servent peut-être, comme chez les Esquimaux, à chauffer des liquides contenus dans des récipients de peau.

Le Würm récent est marqué par l'émergence de l'*Homo sapiens* et, avec lui, de techniques plus avancées. Les grottes ornées dont Lascaux est la plus célèbre datent de cette fin du Paléolithique et révèlent un peu le genre de vie de ces grands chasseurs. La trace de ceux-ci dans le paysage ne se voit cependant guère plus que celle de leurs prédécesseurs, mais ils savent mieux utiliser les dispositions de la nature pour chasser et pour pêcher. Deux exemples peuvent être cités : d'abord celui de Solutré, en Mâconnais, où le relief est remarquablement mis à contribution à l'époque aurignacienne, lors des chasses aux chevaux. Selon l'interprétation courante, les troupeaux d'animaux rabattus sur un plateau qui se termine par un abrupt se précipitent dans le vide. C'est le magma d'ossements de dizaines de milliers de chevaux trouvé à son pied qui a permis cette possible reconstitution de ce type de chasse[71]. Une autre interprétation moins épique considère que ces chevaux passaient chaque année au cours de leurs migrations dans le couloir situé au pied de l'abrupt et que les chasseurs les guettaient là[72].

A Pincevent, au bord de la Seine, c'est un site de gué qui a été mis au jour dans une sablière par A. Leroi-Gourhan avec des emplacements de tentes du Magdalénien (14 000 à 7 000 av. J.-C.) formant un campement de pêcheurs[73]. Malgré les progrès accomplis, la population magdalénienne ne dépasse probablement pas quelques dizaines de milliers d'habitants sur tout le territoire de « la France d'avant la France » et on ne peut encore, à cette époque, parler de paysage humanisé.

L'emprise humaine s'accentue au Mésolithique (8 500 à 5 000 av. J.-C.), période au cours de laquelle la France connaît une complète libération des servitudes climatiques du Périglaciaire. La reconquête, partie des refuges du Midi et du Centre, atteint maintenant le Nord. La vie n'est pas devenue très facile pour autant, car le grand gibier du Magdalénien (rennes, bisons, chevaux) se raréfie et l'abondance des escargots ne représente peut-être pas une compensation suffisante. Une première transformation concerne l'habitat : les grottes profondes et bien abritées du froid sont abandonnées au profit de celles qui s'ouvrent largement à la lumière, phénomène remarquable au Mas d'Azil[74]. Des cabanes sont édifiées en plein air ; des hameaux se constituent, tel celui de Piscop[75], sur le rebord du plateau de Montmorency. Dans un autre village de cette époque, Châteauneuf-lès-Martigues, une acquisition capitale est en cours : celle de l'élevage du mouton, qui implique la sédentarisation et la formation de pâturages qui se trouvent donc, dans le paysage, précéder les champs. A Meaudre-en-Vercors, les chasses saisonnières alternent avec un élevage mobile[76]. Dès lors, le cours des choses s'accélère et la place des processus naturels devient moins écrasante dans la transformation du paysage.

Premières pâtures et premiers champs

Les idées sur le Néolithique ont considérablement évolué ces dernières années sous l'impulsion de préhistoriens utilisant des méthodes de plus en plus fines. On est loin de l'époque où G. Roupnel attribuait l'invention de la campagne organisée aux seuls brachycéphales venus de l'Est[77], conception précisée par L.-R. Nougier les appelant Campigniens[78]. On admet aujourd'hui que la sortie du long tunnel paléolithique amorcée au VIe millénaire av. J.-C. ne fut pas un événement simple et brusque, et c'est pourquoi il est préférable d'abandonner l'expression pourtant satisfaisante pour l'esprit de révolution néolithique.

L'agriculture et l'élevage ont mis près de trois millénaires à se répandre sur tout le territoire de ce qui constitue maintenant la France, et l'itinéraire du front pionnier n'est pas encore reconstitué, bien que P.-R. Giot lui attribue une vitesse d'avancée en Bretagne de 1 km par an[79]. Les forêts exploitées par des chasseurs coexistent donc pendant longtemps avec les pâturages et les champs des éleveurs et des agriculteurs. Le contraire serait d'ailleurs surprenant. Il suffit d'observer certains pays en cette fin du XXe siècle, le Brésil au premier chef, pour constater que des territoires politiquement unifiés peuvent être encore gérés selon des modes variés allant de la technique paléolithique à celle de l'ère post-industrielle. Les Néolithiques eux-mêmes n'abandonnent pas la cueillette et la chasse et il est bien possible que les premiers espaces agricoles soient installés là où la végétation a déjà subi le brûlis à l'occasion de chasses[80].

La culture et l'élevage n'ont pas été imaginés sur notre territoire. On sait que le mouton était déjà domestiqué au Nord de l'Irak 9 000 ans avant notre ère et que les champs de blé tendre sont apparus en plusieurs régions du Proche-Orient environ 2 000 ans plus tard. L'extrémité occidentale de l'Europe est gagnée à ces nouveautés avec 2 000 ans de retard par un mouvement en tenaille d'origine d'abord méditerranéenne et plus tard danubienne, l'obscurité planant encore sur les débuts de la néolithisation des régions atlantiques (fig. 1).

On considère maintenant comme réellement néolithiques[81] les sites sur lesquels on peut prouver, en s'appuyant sur des

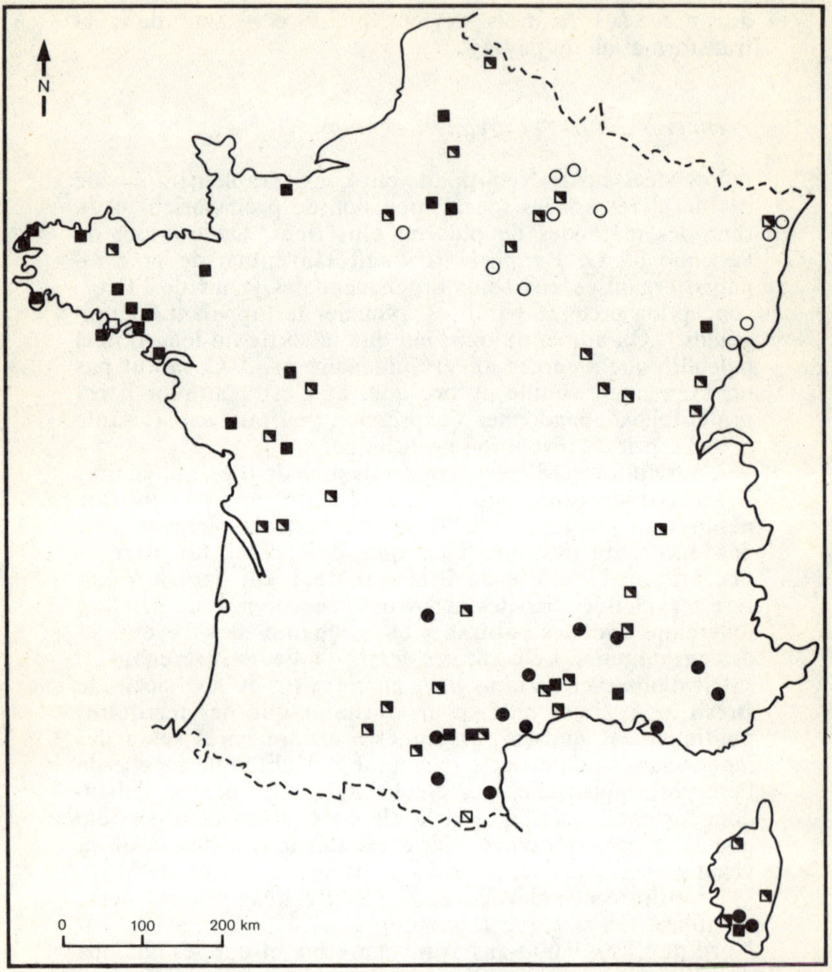

Fig. 1. - RÉPARTITION DES PRINCIPAUX SITES NÉOLITHIQUES

● Sites néolithiques du VIe au IVe millénaire (méditerranéen à poterie imprimée)

○ Sites néolithiques du VIe au IVe millénaire (danubien ou rubanné)

◪ Sites non mégalithiques des IVe et IIIe millénaires

■ Sites mégalithiques des IVe et IIIe millénaires

d'après J. Guilaine : *La France d'avant la France*, 1980.

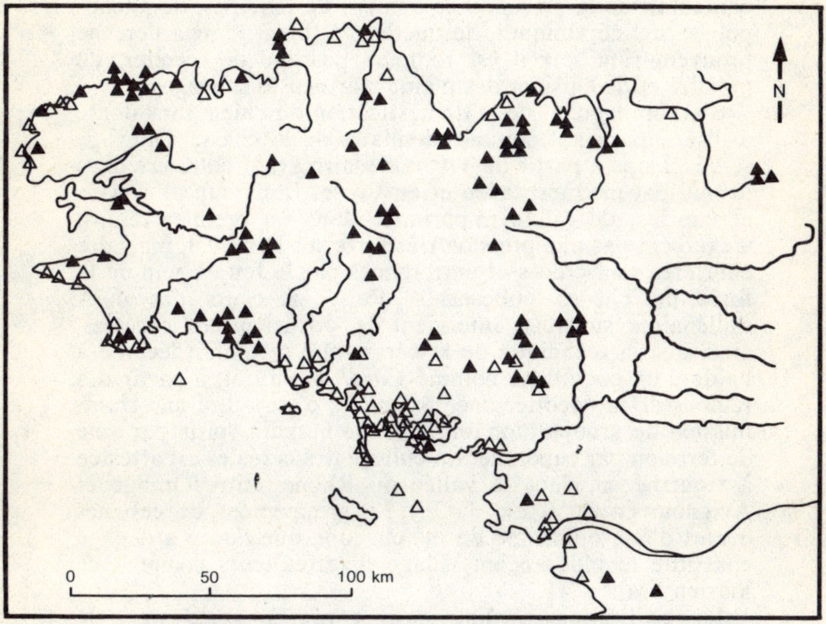

Fig. 2. - RÉPARTITION DES MONUMENTS A CHAMBRE SIMPLE ET A COULOIR (V^{e}-IVe MILLÉNAIRES) ET DES ALLÉES COUVERTES (IIIe MILLÉNAIRE) EN BRETAGNE

△ Monuments à chambre simple et à couloir

▲ Allées couvertes

d'après P.R. Giot *et al.* : *Préhistoire de la Bretagne*, 1979.

pollens et des ossements la présence de défrichements, de céréales cultivées, d'herbes de pâturages, d'espèces animales domestiquées. Ainsi, sans que l'on puisse toujours pour autant connaître l'aspect du paysage, on approche beaucoup plus précisément, grâce à ces méthodes, le processus d'acquisition des techniques néolithiques, alors que jadis on se contentait de la présence de meules, de faucilles, de haches polies, de céramiques, lesquelles, à bien y regarder, ne prouvent rien, car il est toujours possible de récolter, de moudre et de cuisiner des plantes farineuses sauvages.

S'accompagnant de la domestication du chien, sans doute utilisé auparavant comme auxiliaire de la chasse, l'élevage se développe à partir du VIIe millénaire avant notre ère dans le Sud-Est méditerranéen et en Corse. Les troupeaux ovins et caprins, de faible importance dans un premier temps, n'exercent pas une pression très forte sur le milieu, mais des clairières sont créées et entretenues par le feu au sein de la forêt de chênes pubescents. Puis, au cours des deux millénaires suivants, intervient la diffusion des céréales, ainsi que la technique de la céramique cardiale (décorée à l'aide d'un coquillage nommé *Cardium edule*), à partir des régions de la Méditerranée orientale, c'est-à-dire une transmission de groupe humain à groupe humain voisin par voie de terre ou par cabotage. La culture des céréales est attestée à Courthézon, dans la vallée du Rhône, entre Orange et Avignon, en 4650 av. J.-C[82]. Le groupement de cabanes ovales d'une quinzaine de m^2 chacune que l'on y a dégagé constitue le plus ancien village d'agriculteurs connu à ce jour en France.

La civilisation cardiale, qui garde un pied dans le Paléolithique, se montre peu expansive et ne dépasse pas les régions méditerranéennes, mais la civilisation chasséenne, techniquement plus évoluée, la relaie vers 3700 av. J.-C. Celle-ci repose sur l'élevage du bœuf associé à la céréaliculture (blé, orge) et construit des villages plus nombreux[83] et plus vastes. Dans la région de Toulouse (Saint-Michel-du-Touch, Villeneuve-Tolosane), certains s'étendent sur des superficies d'une vingtaine d'hectares. Leurs grandes maisons rectangulaires dépassent 10 m de longueur ; elles sont construites en bois sur un sol dallé de galets. C'est au cours de cette période qu'apparaissent les premiers villages fortifiés sur butte ou sur éperon barré. La civilisation néolithique chasséenne, repérée par ses poteries lissées, se répand dans presque toute la France, sauf dans les régions du Nord-Est trop fortement marquées par la colonisation danubienne. Mais on ne sait pas grand-chose du paysage des champs de cette époque, peut-être parce que la science préhistorique française s'est jusqu'à aujourd'hui surtout préoccupée d'outillage et de poterie. J. Soyer attribue à cette civilisation la création de nombreux terroirs circulaires qu'elle a retrouvés dans les parcellaires de Normandie, de Picardie et du Poitou, principalement, en analysant systématiquement toute la collection des photographies aériennes de la France[84]. Toutefois, des décapages sur des étendues assez vastes seraient nécessaires pour pouvoir progresser. La seule mince indication que l'on possède est celle des trous de poteaux de Saint-Michel-du-Touch[85] suggérant l'existence d'enclos peut-être destinés au parcage du bétail ou à la protection des cultures contre celui-ci.

Premières architectures à visée métaphysique : les mégalithes

Avant que la civilisation chasséenne ne prenne son essor, dès le milieu du Ve millénaire, le domaine atlantique se transforme sous l'impulsion de populations dolichocéphales de type archéo-méditerranéen[86]. Elles multiplient les défrichements comme le révèle, dans les analyses polliniques, l'apparition du plantain *(Plantago lanceolata)*, typique de la présence humaine. Malheureusement, ici encore, on est très peu renseigné sur la physionomie du paysage, à l'exception des monuments funéraires qui sont, il est vrai, imposants et durables puisque constitués de pierres souvent géantes. Toutefois, si la façade Ouest est le domaine privilégié des mégalithes, on en trouve aussi beaucoup dans le sud du Massif central, en Provence, en Corse et ils ne sont pas absents dans l'Est, en Franche-Comté, par exemple (Aillevans, dans la Haute-Saône). On a même émis l'hypothèse d'une ample diffusion du phénomène suivie de destructions dans la plupart des régions, l'Ouest excepté[87].

La plus vieille sépulture mégalithique connue est celle de Barnenez à Plouezoc'h (Finistère)[88] dont l'édification a commencé en 4600 av. J.-C. La partie du vaste cairn datant de cette époque est longue de 35 m, large de 20 et haute de 8 ; elle comprend cinq chambres funéraires circulaires auxquelles on accède par autant de longs couloirs. L'énorme cubage de pierres mis en œuvre a obligé les bâtisseurs à quérir des matériaux jusqu'à 2 km du lieu de l'implantation, pratique courante tout au long de la période mégalithique.

Les monuments anciens, cairns ou *tumuli,* sont surtout localisés sur le littoral breton (fig. 2), et principalement dans le Morbihan[89], bien qu'il en existe aussi plus au sud (Saint-Sauveur-Médoc, par exemple). Beaucoup ont, hélas, été éventrés ou même totalement rasés par des carriers pour qui ces pierres qu'il était inutile de casser représentaient une aubaine à saisir. Ce vandalisme s'est pratiqué jusqu'à une date très récente. Plusieurs, cependant, sont parvenus jusqu'à aujourd'hui en bon état de conservation, tel celui de Saint-Michel à Carnac[90], peut-être parce qu'il a été christianisé par la chapelle qui le surmonte. Pour autant que l'on puisse reconstituer leur aspect originel, la forme pyramidale ou conique tronquée, souvent à gradins, est la plus fréquente, évidemment logique au regard des techniques dont disposent ces sociétés tout comme pour les monuments légués par d'autres civilisations : au Moyen-Orient, en Asie orientale ou en Amérique latine.

Un peu plus tard, à ces amas de pierres succèdent des dolmens, terme celtique adopté au XVIIIe siècle, à l'époque où ces monuments furent étudiés par de fervents celtomanes qui attribuèrent aux Celtes des monuments édifiés plus de deux millénaires avant leur arrivée. Il s'agit de chambres constituées de dalles aux proportions étonnantes. Certaines pierres du dolmen de Bagneux, près de Saumur, ont 7 m de longueur. Il faut aussi mentionner l'imposante Table des Marchands de Locmariaquer. Enfin, la période s'achève par l'édification d'allées couvertes. Il s'en construit partout en Bretagne au IIIe millénaire[91] (fig. 2). Les régions littorales ne sont donc plus les seules occupées, ce qui témoigne probablement d'une croissance de la population et de progrès dans les techniques agricoles de subsistance.

Reste la difficile question des menhirs, ces pierres levées, le plus souvent impossibles à dater en l'état actuel des connaissances. La pratique de leur érection a duré de la fin du Néolithique jusqu'à l'âge du Fer. On devait, d'ailleurs, encore les vénérer au début de la christianisation, puisque les missionnaires ont jugé bon d'en maquiller certains en crucifix. Leur destination est mystérieuse, et beaucoup d'encre a coulé à leur sujet sans que la question ait réellement progressé. On a parlé de pierres sacrées vouées au culte solaire, de symboles de fécondité, de repères destinés à faciliter les communications ou bien encore de signaux des communautés rurales, en quelque sorte précurseurs des clochers. Voici, par exemple, les hypothèses échafaudées à propos du plus élevé d'entre eux, le Men-er-

Hroeg à Locmariaquer (Morbihan)[92], brisé en cinq morceaux, qui devait atteindre lorsqu'il était dressé une vingtaine de mètres de hauteur et peser 350 tonnes : on l'a assimilé à la « colonne du Nord » dont parle un texte grec, on en a fait un point de repère de l'entrée du golfe du Morbihan et de ses gisements de cassitérite à l'âge du Bronze et aussi un monument si orgueilleux qu'il n'aurait jamais pu être érigé et qu'il aurait été brisé au cours de l'opération de levage. De tout cela, rien n'est sûr et il a probablement été la victime d'un tremblement de terre comme le pense P.-R .Giot. Son histoire échappa à un épisode bouffon puisqu'il fut très sérieusement question de le restaurer et de le transporter sur la place de la Concorde, à l'occasion de l'exposition universelle de 1900, face à l'obélisque de Louxor qui, il est vrai, représente aussi la survivance d'un culte préhistorique, celui des bétyles.

Si la fascination à l'égard des menhirs est restée si forte, on peut imaginer ce qu'elle devait être à l'époque de leur érection, mais on ne saurait pour autant en expliquer la signification. Ainsi en est-il également des alignements, au nombre d'une centaine en Bretagne, dont les plus remarquables des survivants sont ceux de Carnac (11 rangées, 1 169 menhirs) [photo 2] et de Kermario (10 rangées, 1 029 menhirs), tous deux dépassant la longueur d'un kilomètre et des cromlechs, cercles de pierres dressées présumés d'usage astrologique, dont aucun en France n'atteint la perfection du Stonehenge d'outre-Manche.

Enfin, dernière remarque, pour impressionnants et dignes d'admiration qu'ils soient, les mégalithes ne résultent pas de miracles techniques ou d'une quelconque magie, contrairement à ce qui a trop souvent été écrit. Une population socialement organisée en villages a parfaitement pu les ériger à l'aide de chemins aplanis — peut-être renforcés de bois —, de plans inclinés, de leviers et de cales.

Peut-on parler d'un paysage néolithique méridional ?

A ces civilisations méditerranéenne et atlantique qui viennent d'être évoquées, il faut rattacher l'aire orientale des palafittes ou « cités lacustres » des Alpes et du Jura[93]. Ici, les villages sont construits au bord des lacs, peut-être pour des motifs de défense puisque des palissades les entourent, mais, très probablement, ils n'ont jamais reposé sur des pilotis enfoncés dans l'eau et l'on retrouve tout simplement dans les lacs — dont le niveau a monté à la suite de l'envasement de leur fond et de l'humidification au début du Subatlantique — les poteaux de bois qui étaient les carcasses normales des maisons de cette époque dans toute l'Europe occidentale. Le site français le mieux fouillé est celui du village de Baigneurs au bord du lac de Paladru à Charavines (Isère). Enfin, le Centre-Ouest voit naître dans le courant du IIIe millénaire une civilisation qui succède à celle des Mégalithes et dont l'originalité principale réside dans la construction de villages retranchés derrière plusieurs fossés et remparts de taille imposante, tel celui du Champ Durand à Niel-sur-l'Autise en Vendée[94].

Ainsi, comme on le voit, le géographe ne peut guère se déclarer satisfait des connaissances qui lui sont offertes sur le paysage du Néolithique méridional et occidental. Tout au plus dispose-t-il d'informations partielles sur les formes d'habitat, mais l'organisation des champs conserve tout son mystère. Des hypothèses ont été échafaudées. En réaction à la celtomanie, on a daté le bocage armoricain du Néolithique, mais le fait d'observer très localement le prolongement sous la mer d'un réseau de haies est-il une preuve suffisante ? Il semble plutôt qu'à quelques exceptions près les haies soient récentes. Marc Bloch s'écriait déjà : « Néolithiques, nos haies, ou celtiques ? A l'expérience, il n'est même pas sûr qu'elles se révèlent médiévales[95]. »

Les réflexions les plus originales sur toute cette aire que l'on qualifie par commodité de méridionale sont celles de Pierre Bonnaud[96]. Pour lui, malgré les différences chronologiques et régionales, la période néolithique voit naître au sud d'une ligne Basse Normandie - Jura des types de civilisations rurales comportant plusieurs caractères communs. Les finages y sont d'assez grande taille (1 800 à 4 000 hectares) ; l'élevage et donc le pâturage dominent, bien que la céréaliculture apparaisse très tôt et qu'elle tienne un rôle important dans le Jura proche de l'aire danubienne ; les villages sont souvent perchés et, ainsi, depuis les éminences qu'ils occupent, il est possible de profiter de plusieurs terroirs et de surveiller à la fois son bétail et ses champs tout en se défendant.

Tout cela implique peut-être un paysage en apparence désordonné de bois, de landes, de pâturages et de labours mêlés. Sans que l'on puisse être plus précis, il faut en tout cas observer que c'est plus tard dans cette aire que s'étendra le paysage de « bocage », qu'il soit armoricain, aquitain ou autre, ou tout au moins celui du « champ indépendant dans sa forme et son exploitation » pour reprendre l'expression de G. Roupnel[97]. Il ne faut pas en déduire imprudemment que le paysage médiéval et moderne est déjà préfiguré par celui du Néolithique, mais il est possible que la force des traditions y ait été suffisante pour qu'à de rares exceptions près (Limagne, par exemple) l'openfield parfait n'ait pu s'y implanter. Sans même sauter autant de siècles, il suffit de remarquer que la forte colonisation danubienne qu'il reste maintenant à analyser n'a pris que timidement pied dans ces régions.

Les villages danubiens du Nord-Est

Originaire d'une Europe centrale déjà soigneusement mise en valeur, peut-être même surpeuplée, et plus anciennement des Balkans et du Proche-Orient, une agriculture beaucoup plus élaborée que celle du Cardial atteint la vallée du Rhin vers le milieu du Ve millénaire[98]. On la qualifie de danubienne, parfois de campignienne, ou bien encore, et c'est l'appellation la plus scientifique, de rubanée linéaire, nom tiré du décor des poteries qui l'accompagnent. Il est encore difficile de connaître les modalités de cette néolithisation qui a pu se réaliser soit par colonisation effective de populations envahissantes (les Brachycéphales), soit plus simplement par diffusion des techniques auprès des derniers Mésolithiques. G. Roupnel dépasse sans doute quelque peu les connaissances scientifiques des années 30 lorsqu'il chante longuement le « goût de l'ordre et de l'aménagement général, [le] sens de la société » de « la race à tête ronde[99] ».

Cette civilisation éprouve une prédilection pour les plateaux recouverts de ce lœss facile à travailler et se prêtant bien à la céréaliculture, ce qui n'exclut pas les fonds de vallées humides propices aux pâturages. Le Bassin parisien et les Pays de Loire, gagnés vers 4000 av. J.-C., offrent des conditions idéales, mais le Danubien bute contre les terres plus pauvres du Massif armoricain[100] et du Massif central. Les espaces agricoles sont donc principalement des champs céréaliers et, en moindre proportion, des pâturages sur lesquels sont élevés des bœufs et des porcs. On a affirmé qu'il s'agit d'une agriculture itinérante sur brûlis, mais cette hypothèse est aujourd'hui fortement contestée par certains auteurs dont G. Bailloud[101]. L.-R. Nougier a supposé[102] que les champs sont nébuleux, « aux contours vaguement arrondis », sans preuve suffisante. G. Bailloud[103] pense plutôt aujourd'hui à un paysage d'enclos et donc de champs nettement délimités dont témoignent des pollens de plantes typiques des haies et des buissons. Mais la prudence s'impose encore, ici comme dans le Sud de la France, tant que d'amples décapages n'auront pas été réalisés.

En revanche, les villages sont maintenant beaucoup mieux connus. Assez vastes pour pouvoir héberger jusqu'à 200 personnes, ils regroupent de grandes fermes et granges tout à fait identiques à celles qui ont été repérées depuis longtemps en Europe centrale, fait qui dénote un modèle agricole et social assez établi pour être exporté. Des fouilles récentes ont permis le dégagement de traces de maisons danubiennes[104] en Alsace, à Charmoy (Yonne) et à Cuiry-les-Chaudardes dans la vallée de l'Aisne. Ces traces sont les trous de fondation des poteaux de bois repérables par leur couleur noire. Dans le type de construction, les vides des colombages ainsi fichés en terre sont remplis de pisé dont l'argile est extraite de fosses creusées sur l'emplacement même de la maison. Larges de 6 à 8 m, les fermes ont une dizaine de mètres de longueur et certaines peuvent atteindre 40 m, peut-être des maisons communes ou appartenant à des dignitaires (photos 3 et 4).

Au cours du IVe millénaire, le paysage « danubien » se transforme. Les paysans recherchent des sites élevés pour bâtir leurs villages[105]. Des éperons sont barrés et des fossés creusés, ce qui témoigne de communautés soudées, mais aussi des premiers combats provoqués par des contestations entre villages danubiens voisins ou entre ceux-ci et les communautés chasséennes conquérantes.

Ainsi donc, l'aire de l'agriculture danubienne est celle de la prépondérance des céréales et d'un modèle villageois stéréotypé. On peut, à son sujet, esquisser la même hypothèse que pour le Sud. C'est peut-être ce type d'organisation qui a favorisé, plus tard, l'implantation du modèle agraire celte puis des grandes *villae* coloniales gallo-romaines et, au Moyen Age, de l'openfield à assolement réglé, autres stéréotypes. Il y a en tout cas une permanence de la répartition des aires consacrées à l'agriculture que R. Fossier a montrée pour la Picardie en commentant la carte de répartition des sites danubiens[106]. « Comment ne pas être frappé par l'apparition, à l'aube de notre histoire régionale, de sept zones d'activité, de sept clairières culturales, occupées, défendues, façonnées par les Campigniens en quatre millénaires, quand on constate que ces sept groupements humains sont venus jusqu'à nous à travers les tribus gauloises, les cités romaines, les diocèses, les comtés médiévaux et même les baillages modernes et qu'ils constituent ces unités locales plus ou moins déterminées dont se forme la Picardie : Boulonnais, Artois, Cambrésis, Ponthieu, Amiénois, Vermandois, Beauvaisis. Peut-on trouver meilleur exemple de l'importance des temps néolithiques et de la permanence des paysages ruraux ? » Peut-être faudrait-il légèrement nuancer le dernier propos de l'observation fondamentale de R. Fossier et parler de permanence des frontières entre les pays agricoles, ce qui n'implique pas la stabilité du contenu. Ce thème sera précisé plus avant.

Photo 2
Les alignements de Carnac (Morbihan). Photo Photothèque française.

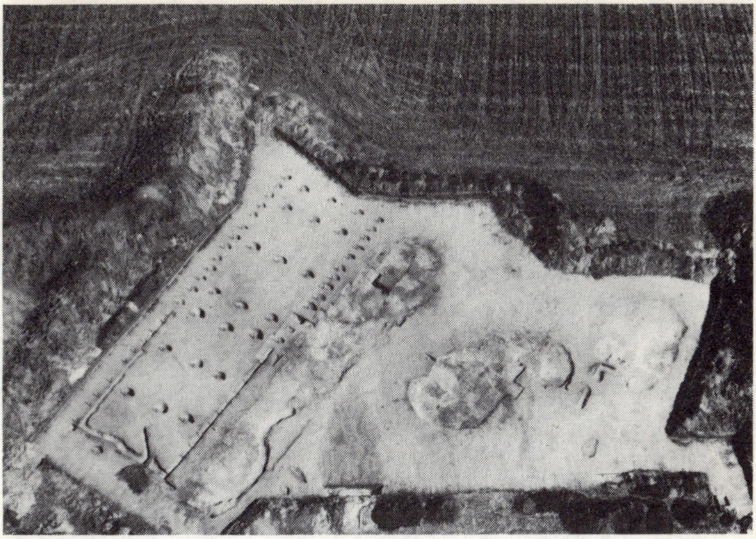

Photo 3
Trous de poteaux d'une maison danubienne (v^e millénaire), en Picardie. Photo R. Agache, Direction régionale des antiquités de Picardie.

Photo 4
Essai de reconstitution d'une maison de type danubien avec son grenier à l'archéodrome de Beaune (Côte-d'Or). Photo H. Josse.

II

Campagnes et villes protohistoriques

Le paysage à l'époque du bronze et au premier âge du fer (Hallstatt)

Au cours de la deuxième moitié du IIIe millénaire intervient une nette amélioration des techniques, qui s'enrichissent de la métallurgie du cuivre (Chalcolithique), suivie à partir de 1700 av. J.-C. de celle du bronze, toutes deux originaires d'Asie Mineure, et vers 750 av. J.-C. de celle du fer. L'ère du silex s'achève en apothéose au Grand-Pressigny. Les grands poignards débités dans la pierre blonde de cette localité d'Indre-et-Loire sont exportés jusqu'en Hollande, en Allemagne et en Suisse[107], ce qui suppose l'existence d'une agglomération se livrant à des tâches non agricoles, la première cité industrielle en quelque sorte, et aussi de chemins assez continus, bien tracés et reconnus pour que des colporteurs les empruntent régulièrement, signe que l'espace n'est plus humanisé en pointillés. Ces chemins ou d'autres nouvellement créés pour les besoins de la cause servent un peu plus tard au transport de l'ambre originaire de la Baltique, de l'or irlandais, de l'étain espagnol et breton, des grandes haches de bronze armoricaines que l'on retrouve jusqu'aux rivages de la Baltique[108] ou des vases grecs. L'état de ces chaussées s'améliore probablement lorsque commencent à circuler des chariots ou les grands chars de procession que l'on place dans les sépultures des dignitaires.

La forêt recule de plus en plus et, cette fois-ci, les essarteurs s'attaquent même aux sols lourds. Ils disposent de haches de grande taille (les macrolithes) qui leur servent à abattre les arbres avant de pratiquer le brûlis et d'araires attelés à deux, voire à quatre bovins ou chevaux, comme ceux qui ont été gravés au IIe millénaire sur les rochers de la vallée des Merveilles (mont Bégo, près de Nice[109]). Mais l'agriculture n'est pas seule en cause et il ne faut pas oublier que la métallurgie est grande dévoreuse de bois. On pense que les parcelles cultivées ou pâturées sont contiguës et de forme quadrangulaire massive ; leur taille augmente par rapport au Néolithique grâce à l'outillage qui permet un travail plus rapide. Ce sont de tels parcellaires ou « cadastres » que l'on a cru repérer dans la vallée des Merveilles. Les piquetages réalisés au milieu des damiers figureraient, dans ce cas, des céréales[110]. Cette hypothèse serait à confronter à toutes celles que l'on a avancées à propos des étonnantes gravures rupestres de ce qui fut, sans doute, un grand sanctuaire de plein air, lieu de rassemblement de populations venant de toutes les régions environnantes. Sur les garrigues languedociennes, domaine de la culture de Fontbouisse, on rencontre des enclos de pierre sèche à vocation peut-être pastorale (corrals ?[111]), mais on ne peut évidemment pas en conclure que l'enclos est répandu sur tous les espaces cultivés.

Avec cette mise en valeur plus continue de l'espace, les querelles ne manquent pas d'éclater entre communautés. Il est fréquent de retrouver des squelettes dans lesquels sont fichés des pointes de flèches. C'est pourquoi les dispositifs de défense autour des villages se généralisent, comme par exemple à Sainte-Suzanne (Mayenne) qui conserve partiellement des remparts vitrifiés par le feu [112]. En Bretagne, les promontoires côtiers faciles à barrer sont recherchés. En Corse sont édifiés les *castelli*, véritables châteaux forts à appareillage cyclopéen. Ils comportent un donjon circulaire : la *torre*, d'où le nom de torréen donné à cette civilisation que l'on rapproche de celle de Mycènes. Filitosa et Tappa sont deux des sites les plus remarquables[113].

Les maisons demeurent rectangulaires et en bois dans le Nord de la France. A Dampierre-sur-le-Doubs, par exemple, les trous de poteaux de 25 d'entre elles datant du bronze final ont été mis au jour[114]. Dans le Sud, la pierre est plus fréquemment employée, mais la toiture est toujours constituée de branchages. C'est le cas, en Languedoc, dans les nombreux villages (25/100 km^2) de la culture de

Fontbouisse comprenant chacun de 10 à 50 maisons, en Corse ou dans le Lubéron où s'édifient ces cabanes que P. Desaulle appelle pré-bories[115]. Il est possible, en effet, que dans certaines régions le bois commence à se faire rare et que, lorsque la géologie des lieux le permet, on songe à la pierre calcaire pour lui être substituée. Par ailleurs, si de nouvelles formes d'habitat voient le jour, une autre s'éteint : celle des cités lacustres submergées par l'eau des lacs, qui remonte au début du Subatlantique coïncidant avec la période de Hallstatt.

Les tombeaux du Bronze moyen et final sont du plus haut intérêt pour l'archéologue, mais ils cessent d'apparaître dans le paysage d'une manière aussi spectaculaire qu'au temps des mégalithes. La civilisation des champs d'urnes (1200-700 av. J.-C.) ensevelit ses défunts, après les avoir incinérés, dans de grands vases enterrés[116]. Dans le Nord, beaucoup de cimetières de cette époque ont été repérés grâce à un fossé circulaire à usage probablement rituel les entourant. Ces cercles sont aujourd'hui comblés de terre noire, riche en matière organique, ce qui laisse supposer que des offrandes destinées aux défunts y furent déposées. Les sépultures redeviennent voyantes avec la celtisation.

On fait maintenant remonter les premières infiltrations des Celtes dans l'Est et le Centre de la Gaule au XVe siècle av. J.-C., mais la vague de fond date incontestablement de l'époque de Hallstatt (750-500) ; elle s'accompagne d'une remise à l'honneur des *tumuli*. Celui de Vix, en Côte-d'Or, fouillé en 1952 par R. Joffroy[117], a livré un exceptionnel mobilier funéraire du Ve siècle composé, en particulier, d'un char de cérémonie et du fameux cratère de bronze conservé au musée de Châtillon-sur-Seine. De facture grecque, mais peut-être fabriqué en Étrurie, il dévoile les contacts commerciaux et culturels existant entre la Gaule naissante et les civilisations méditerranéennes et confirme donc l'existence d'un réseau de voies de communications de qualité la reliant aux comptoirs grecs ou à l'Italie par les Alpes. Un peu plus tard, lors de la Guerre des Gaules, toutes les « villes » sont reliées entre elles par des chemins qui sont excellents si l'on en juge par la rapidité des déplacements de l'armée de César et de son matériel.

Les champs de la Gaule indépendante

Au Ve siècle, début de la période de La Tène, comme l'a dit Jullian, c'est « d'un bout à l'autre de la contrée, un va-et-vient incessant de tribus à la recherche de terres vacantes[118] » et, au IIIe siècle, la celtisation est consommée ; des Pyrénées jusqu'aux Alpes, Hannibal se rendant en Italie ne rencontre que des Gaulois. Sans être parfaitement connu, le paysage rural qui s'élabore au cours de ces siècles d'indépendance de la Gaule commence à sortir de l'ombre depuis qu'ont été multipliées les prises de vues aériennes, les fouilles compétentes et que les textes des auteurs latins ont été plus soigneusement lus et interprétés.

Les Gaulois sont d'infatigables défricheurs, « les plus magnifiques des brûleurs d'herbe », dit Rimbaud dans *Une saison en enfer ;* d'herbe, ce n'est pas sûr, mais d'arbres, certainement ! Les études palynologiques les montrent partout très actifs. Dans les spectres des tourbières du Finistère, par exemple, l'âge du Fer correspond à une sensible remontée de la fréquence des pollens de blé[119]. Cela ne veut pas dire que le manteau forestier a disparu en totalité, mais il est désormais en lambeaux dans les plaines. Il subsiste mieux aux marches séparant les territoires des tribus[120], dans les montagnes et dans les régions marécageuses, telle que la Flandre, possession des Morins et des Ménapes, qui s'y réfugient lors de l'arrivée de César, lequel ne trouve pas de meilleure solution pour les déloger que d'abattre les arbres en toute hâte[121]. D'autre part, chaque nation possède encore des forêts qui permettent aux populations ou à leurs chefs de se réfugier lorsqu'aucune autre solution n'est possible. Celle des Carnutes est célèbre pour les cérémonies druidiques qui s'y déroulent mais elle est loin de couvrir toute la Beauce déjà pourvoyeuse en blé de l'armée de César[122]. Ce dernier, d'ailleurs, a probablement exagéré l'étendue et le caractère impénétrable des forêts gauloises[123].

Un texte de Diodore de Sicile[124] atteste la réputation de défricheurs par le feu des Gaulois. Il rapporte au Ier siècle av. J.-C. que, jadis, les Pyrénées étaient couvertes de forêts qui furent incendiées par les bergers. La terre elle-même ayant brûlé — et donné naissance à des ruisseaux d'argent pur ! —, le nom de Pyrénées fut donné à ces montagnes.

X. de Planhol pense que les champs gaulois sont de grande taille, du moins là où existe l'usage de la fameuse moissonneuse attelée décrite par les agronomes latins[125] et représentée sur un bas-relief découvert en 1958 à Buzenol (Belgique). Mais cette dernière n'est sans doute pas généralisée. Sans doute l'emploie-t-on surtout dans les régions planes. Il opte également pour un paysage de champs ouverts, c'est-à-dire non séparés par des haies, s'appuyant sur le fait que César ne mentionne de haies que sur le territoire des Nerviens[126], dans les vallées de l'Escaut et de la Sambre, en Gaule Belgique : « Les Nerviens... ont l'habitude antique, pour empêcher plus facilement les incursions de leurs voisins, de tailler et de courber de jeunes arbres, dont les nombreuses branches poussées en largeur et les ronces et buissons croissant aux intervalles forment des haies semblables à des murs, barrière impénétrable à l'œil même[127]. »

Si les clôtures avaient été universellement répandues, le stratège n'aurait pas manqué de le signaler, car elles auraient entravé le mouvement de ses troupes comme cela advint lors de la bataille contre les Nerviens. L'archéologie a permis de déceler, cependant, en Bretagne, des talus d'environ un mètre de hauteur, datant de l'âge du Fer et fossilisés sous les dunes de Théven et de Kerbrat à Plougoulm[128], mais, pas plus qu'au Néolithique, rien n'autorise la généralisation à toute la Bretagne.

Que faut-il alors penser des quelques ensembles de champs contigus et enclos, vaguement quadrangulaires, rappelant les « champs celtiques » des Britanniques, qu'a repérés en Picardie R. Agache au cours de ses fructueuses campagnes de prises de vues, inlassablement répétées à divers moments de l'année et sous des éclairages variés ? La publication de ceux de Quesnoy-sur-Airanes et Hangest-sur-Somme fut, en 1970, la première en France de parcellaires agraires remontant à l'époque de La Tène[129]. Mais, depuis, il n'en a guère rencontré beaucoup d'autres. Est-ce parce qu'ils sont réellement exceptionnels ou bien que les fossés et talus délimitant les champs ont totalement disparu ailleurs du fait de leurs faibles profondeur et élévation ? Dans ce dernier cas, pourquoi les clôtures entourant les fermes indigènes restent-elles très clairement visibles, parfois même au sol ? En revanche, les parcelles encloses, isolées et non habitées ne sont pas rares, mais sont manifestement à usage pastoral, tel, par exemple, le grand enclos de Salouel, à La Croix-Jourdain, qui s'ouvre par un entonnoir ne pouvant servir qu'à canaliser le bétail[130]. La pratique de l'enclos semblant rare à l'époque du deuxième âge du Fer, on peut donc émettre des doutes sur son importance au Néolithique suggérée par G. Bailloud[131]. Ou bien il faudrait alors imaginer les colons gaulois arrachant les haies de leurs prédécesseurs ou des populations qu'ils soumettent et qui demeurent en place et trouver une raison à cela. Il est plus logique de penser que les Chasséens, les populations des mégalithes et les Danubiens connaissaient le principe de la haie, mais qu'ils ne songèrent jamais à enclore toutes les parcelles.

L'habitat rural

César évoque deux formes d'habitat rural : la grande ferme isolée ou *aedificium* et le village ou *vicus*, étroitement liées entre elles. Dans la première réside l'aristocrate gaulois dont le rôle social est capital et dans le second des paysans plus ou moins dépendants du seigneur-fermier. Les *aedificia* sont nombreuses dans les régions les plus éloignées des Germains toujours menaçants. Ainsi, chez les Bituriges (du Berry) les *vici* semblent rares[132].

Avant les prospections de R. Agache, on ne se représentait guère ces *aedificia* de la noblesse. On en connaît maintenant plusieurs centaines dans la Somme (fig. 3), surtout installées sur les rebords de vallées[133]. Elles constituent sans aucun doute un habitat dispersé, bien qu'elles soient parfois groupées, formant alors une catégorie de *vicus*, mais comme on est mal renseigné sur la taille et sur la forme des bâtiments, il est possible qu'elles aient abrité, outre le seigneur et sa famille, des « ouvriers agricoles » et des esclaves en nombre correspondant à celui d'un hameau ou d'un village. Cette remarque s'applique évidemment plus sûrement aux *villae* de la période gallo-romaine, mais tout laisse à penser que les fermes indigènes ne diffèrent pas fondamentalement, au moins dans l'esprit, de ces dernières qui se multiplient alors en Italie et dans la Province, c'est-à-dire le Sud-Est de la Gaule. Et si César n'emploie pas à leur sujet le vocable de *villa*, c'est seulement parce qu'elles ne sont pas construites en dur, pas même en leurs fondations[134]. Seuls sont utilisés le bois, le torchis, le pisé, le chaume. Après plus de vingt siècles, on comprend qu'il ne reste pas grand-chose de tous ces matériaux qui ne laissent pour toute trace que de fugitives taches brunes argileuses retenant l'humidité, tout au plus, parfois, des débris d'argile durcie provenant d'un revêtement (photo 5).

En revanche, les enceintes de fossés aujourd'hui comblés

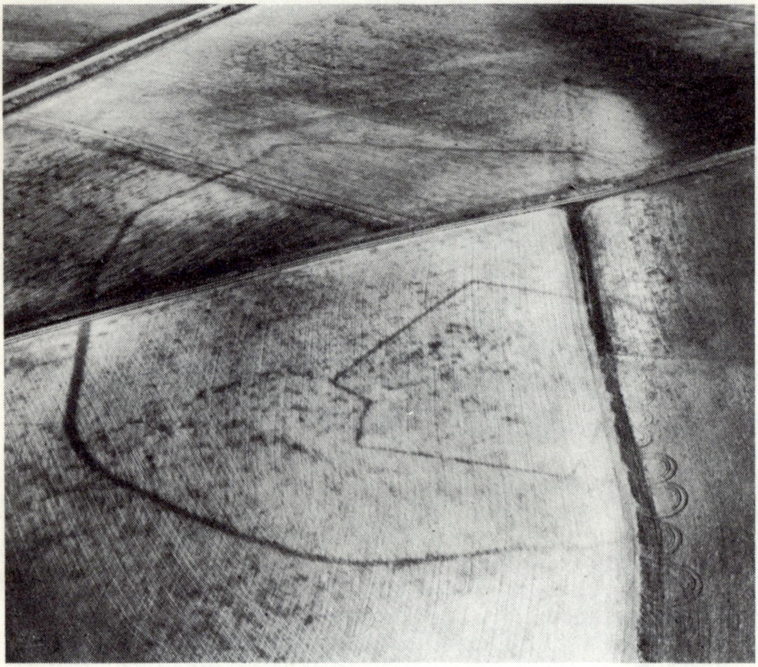

Photo 5
Système d'enclos emboités caractéristique d'une grande ferme gauloise en bois et en terre (aedificium) *à Soues (Somme). Photo R. Agache, Direction régionale des antiquités de Picardie.*

Photo 6
Le bois et la terre constituant les bâtiments des aedificiae *n'ont guère laissé de traces. Seuls les enclos demeurent visibles. Les grandes fermes médiévales du Nord de la France, telle celle-ci située à Norrent-Fontes (Pas-de-Calais), revêtent un aspect sans doute assez proche de celui des fermes gauloises. Le bosquet qui occupe l'enclos intérieur existait peut-être aussi dans les aedificiae, ce qui expliquerait le texte de César concernant la localisation des habitations gauloises dans les bois. Photo R. Agache, Direction régionale des antiquités de Picardie.*

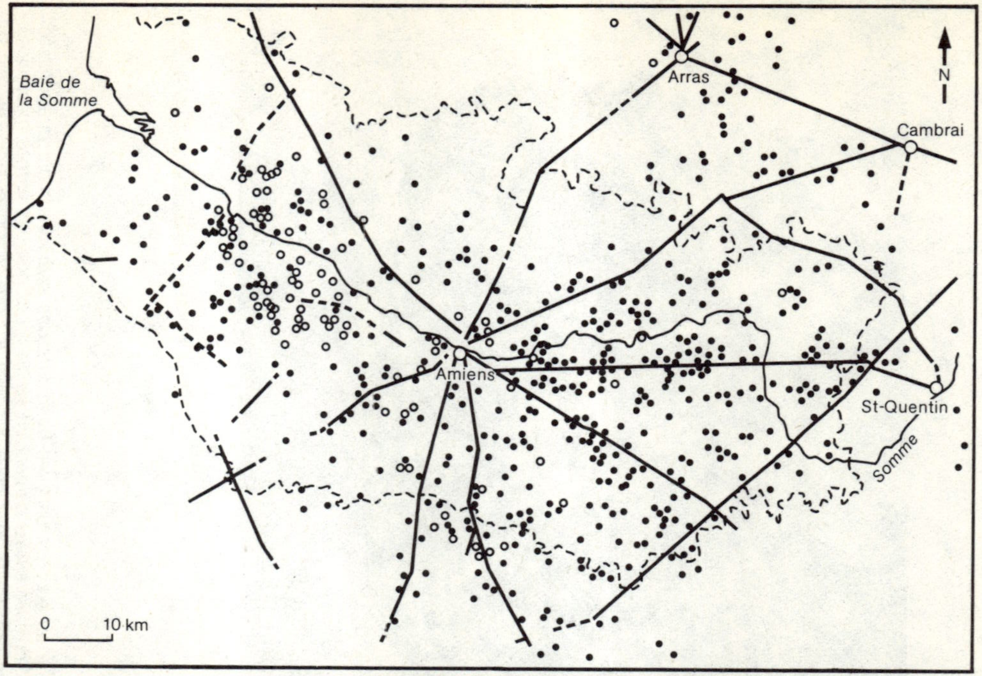

Fig. 3. - LA SOMME PRÉ-ROMAINE ET ROMAINE D'APRÈS LES PROSPECTIONS AÉRIENNES

o Fermes indigènes • Villæ gallo-romaines ---- Limites départementales
—— Voies romaines importantes (en tireté quand le tracé est douteux)

d'après R. Agache : *Atlas d'archéologie aérienne de Picardie*, 1975.

Photo 7
L'un des oppida gaulois de la vallée de la Somme : la Chaussée-Tirancourt. Celui-ci appartient au type éperon barré. Un talus incurvé doublé d'un fossé protège l'extrémité du plateau délimité par la vallée de la Somme et celle de l'Acon. Photo R. Agache, Direction régionale des antiquités de Picardie.

qui les entourent demeurent bien visibles : elles sont souvent doubles et ne comportent qu'une entrée. La forme des plus anciennes est plutôt irrégulière à tendance curviligne, mais les plus récentes, que des fouilles de contrôle ont permis de dater du Ier ou du IIe siècle ap. J.-C., ont des tracés plus rectilignes. C'est d'ailleurs à la même conclusion que sont parvenus les Britanniques à propos des « champs celtiques ». A l'intérieur des enclos, la présence de mares aisément repérables d'avion par des taches circulaires très sombres est fréquente.

Autour des *aedificia*, s'étendent naturellement les champs, les pâturages et des bois, mais leur disposition et la proportion de chaque élément sont inconnues. Le passage de la *Guerre des Gaules* dans lequel César déclare que ces fermes sont entourées de bois[135] doit être interprété avec prudence. Pris au pied de la lettre, il signifierait que les défrichements sont encore peu avancés dans la Gaule du Ier siècle avant notre ère. Or, tout indique le contraire. D'autant plus qu'il ajoute, curieusement, que cette disposition a pour but de mettre les habitants à l'abri des chaleurs. Dans ces conditions, comme le dit d'une manière convaincante R. Agache, il est probable qu'au lieu de forêts, il faille tout simplement penser à un bosquet entourant les bâtiments et planté à l'intérieur du ou des enclos[136]. Il suffit d'observer les fermes isolées médiévales ou modernes des plateaux de Picardie[137] (photo 6) ou bien les masures normandes pour s'apercevoir que cette pratique est encore vivante, ce qui éclaire le texte de César. Les *aedificia* sont desservies par des chemins creux, le plus souvent sinueux, que l'on commence à savoir repérer et ne plus confondre avec des chemins médiévaux, voire... des tranchées de la Première Guerre Mondiale[138] !

Malheureusement, les travaux de R. Agache sont uniques par leur ampleur et leur clarté. Mais il n'y a aucune raison de penser que la Somme pré-romaine est une région hors du commun — deux exceptions seraient de trop ! — et des fermes indigènes comparables existent sans doute ailleurs. Rares sont encore les découvertes, hormis celles de P.-R. Giot dans les Côtes-du-Nord, à la faveur de l'été saharien de 1976[139], et quelques autres isolées.

Dans le Sud de la France, l'architecture de pierre sèche, déjà répandue à l'âge du Bronze, se perfectionne. C'est l'époque de la construction des premières bories, cabanes surmontées d'une fausse voûte en encorbellement. Dans la région lubéronnaise de Bonnieux, P. Desaulle en a compté

13 remontant à la période de La Tène[140]. Sans doute le bois est-il devenu encore un peu plus rare à ce moment, puisque ces régions méridionales n'ont cessé d'être occupées et mises en valeur depuis le Paléolithique et que la végétation, désormais typiquement méditerranéenne, est fragile de par sa sensibilité au feu. De telles constructions se retrouvent, d'ailleurs, sur tout le pourtour du bassin méditerranéen (*nuraghi* de Sardaigne, par exemple).

Les *vici* — terme que l'on peut traduire par villages ou bourgs —, quant à eux, demeurent mal connus. Le colloque qui leur a été consacré en 1975 a très peu évoqué leur existence et leur aspect à l'époque de César[141]. R. Chevallier les y a définis comme « une forme d'habitat groupé, mais ouvert, caractéristique des Celtes de Gaule et d'Italie... et d'autres peuples encore primitifs[142] ». On ignore si leur vocation est exclusivement agricole ou plutôt artisanale et commerciale.

Les groupements de cabanes de pierre sèche, datant de La Tène et que l'on retrouve dans le Sud de la France peuvent sans doute être appelés *vici*. Sur les plateaux limoneux du Nord, ces derniers n'apparaissent guère car, à la différence des *aedificia*, les *vici* ne sont entourés d'aucune ligne de fossés. Construits en terre comme les *aedificia*, ils ont littéralement fondu et il est significatif que R. Agache n'en dise mot dans son magistral ouvrage. Vu d'avion, rien ne ressemble plus, en effet, à la tache brune imprécise d'un établissement humain qu'une autre liée à l'affleurement naturel d'une lentille argileuse. Le texte de César permet seulement de se faire une idée du nombre des *vici* du pays des Helvètes : environ 400 pour une douzaine de villes[143].

Il est permis d'imaginer que les maisons des *vici* sont plus petites que les *aedificia* et l'on est même certain qu'elles sont parfois de bien modestes huttes circulaires plus ou moins enterrées, à sol de terre battue. Certaines dépressions remplies d'eau (mardelles) des plateaux de la région de Metz sont les restes de ces habitations apparemment plus inconfortables que l'étaient les maisons danubiennes[144].

Les oppida *de facture gauloise*

Tout en réaménageant les places fortes existantes, les envahisseurs celtes fondent de nouveaux *oppida* qui, en dehors des régions méditerranéennes, sont bâtis selon des techniques purement celtiques. La plupart d'entre eux occupent des hauteurs difficilement accessibles, souvent défendues de tous côtés par des versants, tel Bibracte (Mont Beuvray, au Sud du Morvan) ou Alésia. Parfois, le choix se porte sur des éperons faciles à barrer de murs et de fossés, tels Genua (Genève), la pointe de Lostmarc'h à Crozon (photo 7), Avranches, ou encore sur des îles fluviales (Lutèce) ou des boucles de méandres : Vesontio (Besançon). Ces places sont assez vastes pour offrir un refuge, le cas échéant, à tout ou partie de la population de la *civitas*, c'est-à-dire de la nation ou confédération de tribus. Évidemment, pour que le refuge présente un intérêt, il faut que les paysans puissent y amener leur bétail et leurs biens, ce qui ne les dispense pas de l'obligation d'aller fourrager quotidiennement. Lorsque César prend l'*oppidum* des Aduatuques (sans doute le Mont Falhize dans les Ardennes), il y fait 53 000 prisonniers ; 40 000 guerriers sont réfugiés à Avaricum (Bourges) durant le siège et 80 000 à Alésia. La superficie des *oppida* atteint donc communément plusieurs dizaines d'hectares : 30 au Camp d'Artus à Huelgoat, 97 à Alésia, 135 à Bibracte et même 162 à Saint-Désir, près de Lisieux[145].

La difficulté d'accès est parfois telle qu'on imagine mal ces *oppida* voués à une autre fonction que celle de refuge. C'est l'impression que donna longtemps aux archéologues le Mont Beuvray, perché à 800 m d'altitude, au-dessus de l'Autunois, à tel point qu'on hésitait même à l'identifier à la capitale des Eduens. Les fouilles archéologiques menées depuis le XIXe siècle l'ont rendu familier et c'est aujourd'hui l'un des mieux étudiés. Plusieurs quartiers ont été mis en évidence à l'intérieur de la remarquable enceinte continue qui court sur 5 km en suivant une courbe de niveau[146]. Un sanctuaire près duquel s'est fixé un marché occupe le sommet de l'*oppidum* comme c'est aussi le cas à Avaricum. Vient ensuite, en contre-bas, le quartier résidentiel des nobles Eduens, lesquels possèdent aussi un *aedificium* à la campagne, puis, encore plus bas, se pressent les maisons des artisans : forgerons, émailleurs, menuisiers, tonneliers, etc. Les maisons, en partie enterrées, sont construites en bois et pisé, mais comportent un soubassement de pierres grossièrement colmatées à l'argile. A Alésia, une centaine de maisons gauloises ont été retrouvées. Les 2/3 d'entre elles sont totalement ou presque enterrées ; les autres sont bâties en surface, ce qui montre que tous les Gaulois d'avant la conquête ne vivaient pas dans des « terriers[147] ». Toute l'immense superficie des *oppida* est évidemment loin d'être occupée et, sur les espaces libres, les réfugiés peuvent construire des huttes de fortune en cas de danger.

Observés avec attention et décrits par César lors du siège d'Avaricum[148], retrouvés à plusieurs reprises grâce à l'archéologie, les remparts des *oppida* constituent la seule architecture celtique de caractère monumental. Remarquablement résistant aux coups de bélier, le *murus gallicus* est un savant assemblage de terre tassée et de poutres placées parallèlement et perpendiculairement à l'épaisseur du mur, assemblées entre elles par de grosses chevilles de fer ; le tout est maintenu par deux parements de pierres imbriquées entre les poutres perpendiculaires, ces dernières dépassant parfois vers l'extérieur[149]. Des tours de bois sont édifiées sur la muraille et peuvent recevoir un caparaçon de cuir, comme à Avaricum, pour mieux résister au feu. César, pourtant accoutumé à de plus nobles architectures, juge les fortifications gauloises agréables à l'œil et surtout, bien sûr, redoutablement efficaces.

Il est dommage que l'on soit si peu renseigné sur la hauteur et l'aspect des bâtiments construits à l'intérieur des *oppida* ainsi que sur les *aedificia*. César est muet à ce sujet. Cependant, on a peut-être trop facilement assimilé ces maisons à des tanières. Les Gaulois maîtrisaient les arts plastiques et il n'y a aucune raison pour qu'ils n'aient pas cherché à construire de belles maisons. Les Bituriges implorent Vercingétorix et les autres Gaulois de ne pas brûler Avaricum, leur capitale, « la plus belle, peut-être, de toute la Gaule, et l'ornement et la force de leur État » (César)[150]. Si elles ne sont pas entretenues et que la tradition se perd, les magnifiques architectures de terre africaines vont subir très rapidement le même sort, mais des documents photographiques resteront et personne ne pourra nier leur qualité esthétique dans vingt siècles ! Bien entendu, tout en émettant un doute plutôt favorable sur l'art de bâtir des Celtes, il n'est pas question pour autant de nier les incontestables progrès qu'a effectués l'architecture en Gaule au contact des civilisations grecque et romaine.

Les comptoirs grecs

Crétois, Phéniciens, Étrusques et Grecs explorent les côtes de Provence et du Languedoc dans le courant du Premier âge du Fer, commerçant avec les populations riveraines, mais sans prendre durablement pied. Seuls les Grecs parviennent à s'implanter à partir du VIe siècle av. J.-C., choisissant surtout les côtes rocheuses entaillées de calanques, qui sont des paysages portuaires familiers à des marins originaires de la Méditerranée nord-orientale. Les Phocéens venus d'Ionie fondent Massalia (Marseille) vers 600. Dans cette situation exceptionnelle du débouché de la vallée du Rhône, le site concédé par le roi des Ségobriges est de qualité, car bien abrité des vents et facile à défendre. La profonde calanque qui est maintenant le Vieux Port s'enfonce à l'époque plus profondément vers l'intérieur et c'est à son extrémité qu'est aménagée la première darse. Le comptoir connaît un essor considérable puisqu'il devient le principal trait d'union commercial entre les populations, d'abord hallstattiennes, ensuite celtes, et le monde méditerranéen.

Malheureusement, les remaniements ultérieurs et le fait que le cœur de Marseille ne s'est pas déplacé depuis plus de vingt-cinq siècles font qu'on ne sait encore rien ou presque du plan de la première vraie ville fondée sur notre territoire[151], constatation irritante si l'on songe que certains établissements humains du Paléolithique sont connus centimètre par centimètre ! Les petites rues perpendiculaires au Vieux Port pourraient représenter des survivances de cette époque, mais sans que l'on en soit assuré. Le même doute plane sur l'assimilation de la place de Lenche à l'*agora*. Les travaux colossaux du chantier de la Bourse ont, cependant, permis de dégager quelques restes du VIe siècle et la corne du port réaménagé aux IIIe-IIe siècles, lors du renouveau de la ville après la stabilisation des tribus celtiques immigrantes. Le grand appareil des pierres du quai, sur lequel est encore visible l'ancien niveau de la mer grâce à des coquillages lithophages, est — et risque de demeurer longtemps — le plus notable des vestiges de la Massalia grecque. Quelques débris de remparts et quelques maisons représentent, hélas, bien peu de chose pour tenter d'imaginer le paysage urbain d'une cité qui couvrit, pense-t-on, jusqu'à 50 ha totalement bâtis, donc sans comparaison aucune avec les plus prestigieux des *oppida* gaulois. Quant à l'unique chapiteau ionique retrouvé, malgré les savants calculs mathématiques effectués, c'est un élément un peu maigre pour reconstituer le temple d'Apollon tout entier !

En revanche, certaines des sous-colonies fondées par Massalia sont mieux connues. Elles se situent entre Nikaia (Nice) et Emporion (Ampurias). C'est le cas, en particulier, du comptoir d'Olbia (Hyères)[152], qui offre un bel exemple d'urbanisme grec du IIIe siècle. A l'intérieur d'un rempart quadrangulaire de 650 m de longueur totale, le réseau des rues comporte deux axes perpendiculaires de 4 et 5 m de largeur et, s'embranchant sur ces axes, des voies secondaires de 2,20 m bordées de maisons de petite taille. Face à l'intérieur des terres, comme pour protéger l'établissement des populations indigènes, s'élève le temple d'Artémis d'Éphèse, la déesse tutélaire. Le caractère exigu de ce territoire à vocation exclusivement mercantile évoque certains comptoirs de la Hanse au Moyen Age et beaucoup d'implantations européennes d'Afrique ou d'Asie à l'époque moderne, à la seule différence qu'un clocher y remplace dans ces dernières le fronton du temple. Et déjà dans l'Antiquité, une ville indigène pousse au pied des murailles ; sa fonction est de faciliter le commerce et l'expansion d'une agglomération au plan et à l'architecture plus rudimentaires symbolisant la réussite de la greffe de l'organe étranger.

Des restes moins importants d'autres comptoirs ont été retrouvés : Antipolis (Antibes), Agathè (Agde), Toroeis (Le Brusc), mais le plus remarquable vestige grec en France est incontestablement le rempart de Saint-Blaise, bourg situé près de l'étang de Berre dont on ne connaît que le nom médiéval. La taille des pierres soigneusement appareillées a été reconnue comme typique des ateliers massaliotes, mais la datation demeure encore hypothétique. De même, les spécialistes sont encore très perplexes à propos des monuments pré-romains de Glanum (Saint-Rémy-de-Provence), de leur datation, de leurs auteurs. Ces derniers sont-ils des Grecs de Massalia ou bien des indigènes conseillés ou simplement influencés ? Ch. Goudineau, sans prendre parti sur ces questions dont il souligne les obscurités, suggère[153] l'existence d'un syncrétisme entre le fond ligure ou ibère, l'influence celte et l'art urbain grec qui auraient donné une allure tout à fait originale au paysage des villes de l'intérieur dont l'existence est attestée par les textes, même si l'archéologie n'a pas encore livré leur visage : Avenio (Avignon), Cabellio (Cavaillon), Théliné (Arles ?), Rhodanousia (Espeyran ?), etc. L'historien Justin écrit : « Tel fut le changement qui s'opéra dans les hommes et dans les choses qu'il semblait, non pas que la Grèce eût passé dans la Gaule, mais que la Gaule eût passé dans la Grèce[154]. »

Photo 8
La corne du port grec de Marseille. Au premier plan, vue partielle de la citerne d'eau douce. A l'arrière-plan, le mur de Crinas, élément des fortifications édifiées aux IIIe-IIe siècles av. J.-C. Les quais du port visibles au centre datent de cette même période. Photo Marseille-Informations.

Photo 8 *bis*
L'oppidum celto-ligure d'Entremont : une première esquisse d'urbanisation. Photo Roger-Viollet.

Deux oppida *celto-ligures au paysage hellénisé : Ensérune et Entremont*

Les *oppida* méridionaux aménagés par les Celto-Ligures, ou plutôt les indigènes, pour éviter toute ambiguïté, sont généralement moins étendus que ceux du Nord de la Gaule (1 à 3 ha, en moyenne), mais en contrepartie plus nombreux, preuve d'un peuplement plus complexe et varié et peut-être d'une organisation en chaînes à relations optiques comme on l'a supposé. Pour les plus anciens, le bois, le torchis, le pisé sont utilisés, mais après le VIe siècle av. J.-C., la pierre est couramment employée.

Un grand nombre d'*oppida* proto-historiques ont été reconnus dans le Sud-Est de la France et quelques-uns fouillés. Beaucoup, parmi les plus archaïques, n'ont encore qu'une vocation de refuge. Ce type est bien représenté par Taradeau, dans le Var, où les petites maisons s'appuient toutes sur le rempart pentagonal, laissant libre la plus grande partie de l'espace enclos qui couvre à peu près un hectare[155]. L'influence grecque est manifeste dans les plus récents, d'abord par l'appareillage des pierres, puis par l'édification de tours dont la hauteur montre que la fonction défensive n'est peut-être plus la seule et que la communauté pré-urbaine éprouve le besoin de se regrouper autour d'un symbole prestigieux, comme par exemple la tour Magne de Nîmes, rhabillage romain d'une grande tour plus ancienne. Le syncrétisme paysager évoqué plus haut est visible à Nages, à Pech-Maho et ailleurs, mais il est particulièrement net et bien étudié à Entremont et à Ensérune.

Entremont[156], la capitale présumée des Salyens, dont le toponyme originel a été perdu, est un oppidum de 3,5 ha situé sur un plateau dominant Aix-en-Provence. Toute la superficie ou presque en est bâtie, ce qui en fait une véritable ville atteignant peut-être 3 000 habitants. Tout témoigne ici d'un pouvoir édilitaire fort et de la connaissance des canons urbanistiques de la ville grecque, même si leur application est quelque peu malhabile. Sécurité, hygiène, voirie commode sont les impératifs qui président à son aménagement. Les maisons sont constituées d'une pièce unique et ne sont donc pas ordonnées autour d'une cour ; la tuile étant inconnue, elles sont couvertes de branchages. En revanche, elles sont à peu près toutes semblables, c'est-à-dire quadrangulaires, et ce fait qui apparaît comme banal est en réalité un acquis considérable. Ce n'est, en effet, qu'à cette condition qu'il est possible de tracer des rues droites, calibrées, et de ménager des perspectives, ce qui est le cas à Entremont où les voies parallèles au rempart atteignent une largeur comprise entre 2,50 et 3,40 m. Pour faciliter le trafic des chars aux carrefours, et en même temps protéger les maisons d'angle, le coin extérieur de celles-ci est arrondi et muni d'un chasse-roue. Les eaux s'écoulent selon la pente des rues et s'évacuent par des orifices prévus à cet effet à la base du rempart. Enfin, dernier trait d'acculturation, la statuaire qui orne la cité est sculptée en ronde-bosse, bien qu'elle reprenne des thèmes typiquement celtiques comme celui de la tête coupée. Mais Entremont est détruite par les boulets des catapultes romaines en 123 av. J.-C. et l'influence gréco-romaine ne peut s'étendre jusqu'au plan des maisons et aux édifices monumentaux comme on le voit à Ensérune[157] dont la durée de vie se prolonge jusqu'au règne de Tibère.

Bien que l'occupation du site se soit maintenue pendant plus de six siècles, le nom ancien d'Ensérune est lui aussi perdu. Sur l'axe majeur Ibérie-Italie, l'établissement est fondé vers 550 av. J.-C., sans doute en vue du commerce avec les marchands phocéens de Massalia et Agathè. Simple village à l'origine, il connaît une périodee brillante à partir de 425. Le plan est en damier ; les maisons en pierres sèches peuvent se comparer à celles d'Entremont ; la nécrropole montre la présence des coutumes observées par les peuples des champs d'urnes et d'offrandes importées de Grèce ou de Campanie (vases à figures rouges ou à vernis noir, par exemple). Après une destruction au IIIe siècle av. J.-C. dont on ignore la cause (Celtes, Carthaginois ou autres), un second âge d'or commence. Toute la colline est occupée jusqu'à son pied, au-delà même des remparts. Les maisons s'inspirent désormais très visiblement du modèle gréco-romain. Elles comportent plusieurs pièces, une cour-*impluvium*, des décorations empruntées avec plus ou moins de fidélité aux ordres classiques ionique ou dorique. Un beau monument, une sorte de portique semble-t-il, au grand appareil de pierres taillées, s'élève dans le quartier sud-ouest. Une reconstitution en a été tentée, mais on ignore sa destination. Le plus étrange dans ce paysage urbain de frontière entre les civilisations dont les rives de la Méditerranée sont le champ est qu'il subsiste tel quel jusque vers 30 ap. J.-C. Alors que la métropole de Narbonne est fondée en 118 av. J.-C. et que des terrasses de l'*oppidum* on en distingue les principaux monuments, Ensérune n'est pas passée par le moule de la romanisation : ni monuments typiques de l'*urbs*, ni vastes demeures à péristyle. Le fait est remarquable, mais somme toute assez banal ; c'est une constante de l'histoire paysagère que la survivance d'archaïsmes, la coexistence de décors urbains ou ruraux datant de différentes époques, la résistance de certains espaces à la diffusion des nouveautés.

Enfin, bien que les Phocéens n'aient pas cherché à créer des colonies de peuplement, les campagnes s'enrichissent, au cours de la période d'hellénisation, d'un élément capital : les cultures pérennes, olivier et vigne. R. Dion a montré[158] que, d'origine massaliote, la viticulture reste étroitement limitée à la proximité des comptoirs jusqu'à la conquête de César, dans le texte duquel n'apparaît pas une seule fois le mot vigne, preuve que la culture n'est pas encore sortie de la Province. Et encore, les plantations sont loin d'être suffisantes pour approvisionner le marché gaulois naissant. On consomme les vins de Campanie partout jusqu'en Rhénanie et dans les Iles Britanniques.

III

Les reflets de la Ville éternelle

La ville, foyer de contagion du paysage gallo-romain

La conquête romaine, on le sait, marque en Gaule la première tentative d'unification politique, tentative qui dépasse de loin les frontières de la France actuelle. Elle entraîne aussi pour plusieurs siècles une certaine homogénéisation du paysage, du moins dans ce qu'il doit à la volonté humaine. Cette réalité ne se retrouvera plus avant la révolution industrielle. Dès la fin du IIe siècle av. J.-C., la Province est organisée sur le modèle romain, puis, à partir du milieu du Ier siècle, les villes, les routes et les champs de la Gaule entière sont progressivement atteints par l'uniformisation et ne retrouvent l'écartèlement régional qu'avec le stade ultime des destructions opérées par les peuples barbares. Malgré la tendance actuelle de l'archéologie qui souligne les différences plutôt que les points communs, on ne peut nier que ce qui caractérise le paysage gallo-romain, c'est l'ordre, la symétrie, la ligne directrice tirée au cordeau, la majesté et la solidité de structures créées pour durer de longs siècles.

Les Romains apportent en Gaule un certain nombre de techniques de maîtrise de l'espace tant rural qu'urbain et, jusqu'à la révolution industrielle, on ne fera que les perfectionner sans les remettre fondamentalement en cause. Ainsi en est-il, par exemple, de l'architecture : les pierres sont désormais utilisées partout, taillées et appareillées avec un art consommé ; seuls le métal et le béton armé détrôneront le savoir-faire imaginé dans l'Antiquité. Mais avant tout, les instruments d'action mis en œuvre sont évidemment mentaux : la foi du Romain en la civilisation qu'il véhicule, la force violente ou paisible qu'il déploie pour l'imposer et l'enthousiasme du Gaulois qui l'accueille et l'assimile tout en lui conférant sa saveur propre.

La contagion gagne les Gaules de la manière suivante : d'abord la civilisation romaine, d'essence urbaine, choisit spontanément les *oppida* gaulois comme foyers de diffusion de la latinité. L'aristocratie gauloise associée au pouvoir vient y résider en permanence et s'y fait construire des demeures dans le style nouveau. Les premières transformations du paysage concernent donc les villes. En même temps, les moyens de liaison entre elles sont améliorés ou créés et la Gaule se couvre d'un réseau serré des remarquables voies romaines. Enfin, à partir des noyaux urbains et des routes, les campagnes d'un certain nombre de régions sont centuriées et des exploitations conformes aux préceptes des agronomes latins implantées : les *villae*. Les forêts elles-mêmes entrent en partie dans le moule romain par le biais de la cadastration. A côté de cette diffusion étendue, certains îlots d'archaïsme subsistent comme, par exemple, Ensérune, déjà évoqué.

Les archéologues de la ville gallo-romaine sont pour l'heure catégoriquement opposés. Pour les uns, une certaine spontanéité et un certain pragmatisme ont présidé au processus de construction des villes, tandis que pour les autres l'obéissance à un modèle urbain pré-établi, à un schéma programmatique, ne fait aucun doute. Les positions sont d'autant plus tranchées que les méthodes employées pour étayer ces intuitions diffèrent. En caricaturant un peu, les partisans de l'urbanisme souple, parmi lesquels Ch. Goudineau[159], sont avant tout des fouilleurs, donc proches des vestiges, mais manquant peut-être de recul. Les partisans de l'ordre, parmi lesquels on peut citer R. Chevallier et P. Pinon[160], au contraire, préconisent l'utilisation systématique des prospections aériennes, qui permettent d'avancer des hypothèses plus hardies mais qui n'ont pas encore toutes reçu de confirmation sur le terrain. Certes, il est abusif de présenter le paysage urbain gallo-romain comme monolithique et Ch. Goudineau est fondé à se défier de la « tendance unificatrice de l'intelligence[161] ». Faut-il pour autant refuser de reconnaître un air de famille aux quelques dizaines de villes qui sont nées et ont grandi sur le sol des Gaules et passer sous silence la notoire tendance unificatrice des Romains ?

Il est vrai que l'archéologie ne restitue souvent qu'un squelette de ville et qu'il y manque tout ce qui fait la personnalité et la couleur d'un ensemble urbain, mais en suivant Ch. Goudineau sur son terrain[162] dans une comparaison avec la ville du XXe siècle, n'y a-t-il pas, au-delà des nuances, de grandes ressemblances entre les ensembles neufs, de type ZUP, édifiés depuis trente ans ? Car les villes gallo-romaines ne peuvent être comparées aux vieilles villes d'aujourd'hui, cités pétries d'histoire dont le paysage urbain possède mille facettes, mais bien plutôt aux villes nouvelles édifiées en rase campagne ou aux quartiers de rénovation qui s'élèvent à la place d'ensembles démolis.

Gaulois et Romains ont, en effet, rapidement abandonné les *oppida* par trop inaccessibles, fait table rase du passé des autres et choisi des sites appropriés pour les créations *ex nihilo.* Or, les Gaulois de la période de l'indépendance n'obéissaient guère à des règles d'urbanisme et n'employaient pas la pierre. L'implantation en Gaule d'une véritable conception de la ville et de techniques de construction en dur, les mêmes que dans le reste de l'Empire et qu'exprime, par exemple, le *De architectura* de Vitruve, a donc pour conséquence la naissance de cités nouvelles qu'il est légitime de comparer entre elles. Personne ne songe à nier l'existence d'un modèle urbain islamique dont le respect des contraintes ne signifie évidemment pas que les villes où il a été appliqué ne possèdent pas de personnalité propre. Il en est de même pour les villes gallo-romaines. On ne saurait nier qu'elles soient nées d'une même conception. Elles sont sœurs, c'est-à-dire à la fois ressemblantes et dotées chacune d'une personnalité. Ch. Goudineau ne va-t-il pas, d'ailleurs, paradoxalement dans ce sens lorsqu'il écrit à propos des monuments qui s'élèvent partout en Gaule : « Devant cette tâche gigantesque, faute d'une nuée d'architectes et de maîtres d'œuvre capables d'étudier pour chaque cas une solution originale, la tendance porte à reproduire, quitte à adapter les proportions et éventuellement les détails des modèles déjà expérimentés avec succès[163]. » N'est-ce pas également un peu vrai de la ville en général, étant entendu que la variété des sites et les différences démographiques ont évidemment entraîné des divergences ?

Plusieurs catégories de villes gallo-romaines peuvent être distinguées dans leurs rapports avec les villes de la Gaule indépendante. Certaines correspondent à la nécessité de créer des cités en des emplacements moins inaccessibles que les *oppida* gaulois. Ainsi Clermont, Autun et Aix prennent la place respectivement de Gergovie, Bibracte et Entremont. D'autres *oppida* anciens végètent, tel Ensérune, ou sont doublés d'une ville neuve bâtie sur le modèle nouveau comme Lutèce (photo 9). Il en est qui sont maintenus en leur site originel mais qui subissent des transformations (Vienne, Valence, Orange, Avranches, Chartres), lesquelles peuvent aller jusqu'à la table rase (Nîmes, Avignon, Glanum).

Le sceau du fondateur

Les Romains croient, au sens religieux du terme, en la vertu de canons urbanistiques, lesquels ont nécessairement pour point de départ un rituel de fondation hérité des Étrusques et, au-delà, des Égyptiens et des peuples de Mésopotamie. Au cours de cette cérémonie, le programme urbain est esquissé : sillon sacré, *decumanus*, *cardo*, portes. Tel Romulus, le fondateur, après consultation des augures (inauguration), la tête recouverte d'un pan de sa toge, creuse un sillon à l'aide du soc de cuivre d'une charrue. La limite de la ville ainsi tracée est inviolable ; on n'oublie pas qu'à vouloir enfreindre la défense, le sacrilège Rémus a reçu le châtiment suprême des mains de son frère. A l'intérieur, c'est le domaine sacré des dieux et des hommes qui vivent sous leur protection ; à l'extérieur, mais tout près, reposent les défunts. En effet, en Gaule, comme dans le reste du monde romain, les abords de la ville se signalent par le regroupement des tombeaux construits de part et d'autre des voies d'accès. Exclus du périmètre urbain proprement dit, les morts tiennent compagnie au passant qui entre ou qui sort ; le paysage ombragé des nécropoles invite à la promenade et à la méditation suscitée par des inscriptions rédigées dans le style « Passant, souviens-toi... ».

La plus suggestive de ces cités des morts est constituée par les Alyscamps d'Arles[164] où il est encore possible aujourd'hui de se tremper dans une ambiance très dépaysante. Cet ensemble majestueux et intime à la fois n'est pourtant qu'une reconstitution datant du début du XVIIe siècle et mise en scène à quelque 350 m de la voie Aurélienne près de laquelle s'alignaient effectivement sarcophages, cippes, stèles, mausolées ainsi qu'une vingtaine de chapelles paléochrétiennes. Les rares vestiges rescapés du réemploi et du pillage sont regroupés le long de l'allée menant à la basilique Saint-Honorat. Ailleurs, certains mausolées atteignent des proportions monumentales, tels, par exemple, celui des Antiques de Glanum à Saint-Rémy-de-Provence et celui de Turpion à Lyon. Il s'agit, bien entendu, des édifices commémoratifs des familles les plus en vue.

Outre le sillon, le fondateur se préoccupe du tracé des axes principaux de la voirie réalisé à l'aide des instruments de visée que sont la *groma* et la *dioptra* ; c'est l'*orientatio*. Le rituel veut que le *decumanus* soit dirigé vers le soleil levant le jour de la fondation et que la ville s'harmonise ainsi avec les lois de l'univers. La question de savoir si le rituel est scrupuleusement observé dans tous les cas demeure pendante. J. Le Gall pense que non[165], étayant son affirmation sur le fait que l'axe principal de Fréjus correspond à un « trou », c'est-à-dire une orientation ne pouvant être celle du soleil levant un jour quelconque de l'année. L'hypothèse est reprise avec force par Ch. Goudineau. Par une démarche opposée, A. Audin[166], par exemple, s'appuyant en même temps sur un ensemble de preuves historiques, date la fondation de Lyon par l'ancien lieutenant de César, Plancus, au mardi 9 octobre de l'an 43 av. J.-C., précision qu'il déduit de l'axe du *decumanus* orienté 8° au sud de l'est idéal, cet azimut correspondant à celui du lever du soleil ce jour-là. Cette méthode repose sur des cas où l'on connaît la date de fondation (Brindisi ou Timgad)[167], mais il est probable que certains fondateurs peu instruits des finesses contenues dans les traités des *gromatici* ont décidé de l'*orientatio* un peu au hasard[168], ou en vertu de principes plus pratiques. Dans le cas d'une ville de l'importance de Lyon, toutes les garanties furent sans doute prises.

Quoi qu'il en soit de l'orthodoxie des techniques utilisées par le fondateur, un axe nommé *decumanus maximus* et un autre qui lui est perpendiculaire nommé *cardo maximus* sont tracés. En fonction de la topographie de la ville ou pour toute autre raison inconnue, ils peuvent être doublés comme, par exemple, le *decumanus* de Die[169]. Cette croix axiale revêt une importance capitale non seulement en ce qu'elle programme la structure interne de la ville, mais aussi les accès de celle-ci. Au point de croisement des deux rues avec le sillon sacré, le fondateur lève le soc de sa charrue et désigne ainsi les *portae* qu'il est permis de franchir.

De part et d'autre du sillon, un espace de quelques pas est réservé à la religion : le *pomerium*. Le soc d'une charrue ne doit plus y passer et aucune construction ne doit théoriquement s'y élever, à l'exception toutefois d'une enceinte. En réalité, des arrangements sont parfois conclus en la matière avec le ciel, à Nîmes par exemple. Quant aux remparts, l'absence de menace conflictuelle pendant les trois siècles de la *Pax romana* fait qu'ils sont l'exception en Gaule. Neuf villes en reçoivent en Narbonnaise et neuf dans l'Est entre Vienne et Trèves[170]. Il est normal que les colonies, comme Orange, en soient dotées, mais généralement leur peu d'utilité stratégique les fait interpréter comme des libéralités impériales, car une enceinte matérialisée est signe de prestige, comme c'était déjà le cas dans les *oppida* gaulois qui en possédaient tous et comme cela le sera plus tard au Moyen Age, ce qui n'exclut pas un tracé conçu comme si le rempart avait à faire front à un ennemi. C'est pour honorer Nîmes que l'empereur Auguste offre à la ville la muraille et ses portes comme en témoigne l'inscription que l'on possède.

La plupart des enceintes que l'on connaît sont édifiées grâce à la technique du petit appareil, c'est-à-dire deux parements de petits moellons souvent cubiques et un blocage intérieur consolidé au mortier. Une multitude de tours circulaires (62 à Autun) hérissent — pour le prestige ? — un rempart fort mince puisqu'il dépasse rarement 2,50 m. Les portes monumentales représentent un autre signe extérieur de faveur et de richesse. On connaît la surcharge décorative de la Porta nigra de Trèves. Le cas le plus fréquent est celui des villes sans muraille, mais avec porte. Il s'agit alors parfois d'un arc de triomphe, comme il en existe encore à Glanum (15 av. J.-C.) ou à Carpentras. Orange cumule les honneurs en s'ornant d'une enceinte et, en avant de la porte principale, d'un remarquable arc de triomphe.

Le tracé du sillon — lorsqu'on peut le deviner, ce que ne permet pas toujours l'archéologie — ne présente en tout cas aucune régularité. Dans le cas des anciens *oppida* il reprend le tracé de la fortification celtique ; dans les autres, il suit le relief et s'adapte à l'hydrographie. On ne rencontre de tracés quadrangulaires qu'en plaine : à Bavay, par exemple dont le plan se rapproche de celui de Turin, Volubilis ou Timgad, toutes proportions gardées, naturellement.

Muni d'une enceinte ou non, le *pomerium* délimite un espace attribué au tissu urbain, mais l'étendue et la forme de cet espace n'ont guère de signification. La plupart des fondations sont antérieures au début de notre ère : fin de la République pour la Narbonnaise, siècle d'Auguste ailleurs.

Comment prévoir au moment du creusement du sillon ce que sera la ville trois siècles plus tard ? Dans certains cas, comme à Autun (200 ha) ou à Nîmes (220 ha), la superficie est trop vaste pour la ville qui s'y développe. A Arles (40 ha), au contraire, lorsque l'espace est entièrement occupé, les maisons ou des monuments de grande taille sont bâtis à l'extérieur. Les cas d'adéquation sont rares, mais dans aucune ville, on n'éprouve les difficultés des édiles de Rome qui doivent faire face à une population de 700 000 habitants ! En Gaule, les plus importantes des villes ne dépassent guère 30 000 à 50 000 habitants (Narbonne, Lyon, Autun, Reims, Trèves).

La trame des rues

En se fiant à la seule archéologie de la truelle et du pinceau, on ne connaît guère qu'une dizaine de villes indéniablement carroyées à partir d'un *decumanus* et d'un *cardo*, parmi lesquelles Trèves, Autun, Orange, Arles, et l'on est certain que Vienne ou Vaison[171] possèdent des plans généraux irréguliers qui n'excluent pas l'organisation en damiers de certains quartiers, celui du *forum* à Vienne, par exemple. En revanche, si l'on interroge par divers procédés (filtres optiques, par exemple) les photographies aériennes, tâche à laquelle s'est livré P. Pinon[172], le nombre des villes à plan programmé passe à 40 ou 50, c'est-à-dire la grande majorité des agglomérations urbaines de la Gaule conquise. On ne voit pas très bien, encore une fois, pourquoi les villes auraient échappé au goût romain de l'ordre, celui que Vitruve codifie vers 25 av. J.-C. en louant les vertus de l'*ordinatio* et de la *symmetria*, surtout lorsqu'on mesure, à côté, l'ampleur des transformations subies par le paysage rural.

Certes, s'il s'agit de construire un vaste monument, le module prévu pour les îlots étant, de toutes façons, trop exigu, on n'hésite pas à négliger le programme et à bâtir de manière à profiter au mieux des dispositions du relief. Ainsi, les théâtres sortent fréquemment de la norme pour s'appuyer sur le flanc des collines. De toute évidence aussi, les modules utilisés varient considérablement. Les *insulae* (îlots) rectangulaires pourraient témoigner des fondations urbaines les plus anciennes ; elles se rencontrent fréquemment en Narbonnaise : Orange (60 × 40 m), Arles (130 × 50), Valence (116,5 × 62,5). A l'inverse, les formes proches du carré appartiendraient aux plus récentes : Poitiers (90 × 90), Lisieux (100 × 100), Le Mans (110 × 110) ou Clermont (150 × 150), mais cette hypothèse reste encore à prouver[173].

Malgré les terrassements visant à niveler chaque *insula* avant le début de toute construction et entraînant souvent d'importants creusements, remblais, soutènements maçonnés, le programme adopté est susceptible de modifications si le relief est par trop vigoureux ou si l'hydrographie est contraignante. Le phénomène est très remarquable à Vienne. Enfin, on dispose d'éléments trop épars pour apprécier de quelle manière les conquérants ont considéré les structures urbaines antérieures. La politique de la table rase, attestée à Glanum[174], n'est probablement pas adoptée partout aussi vigoureusement, ne serait-ce que parce que la susceptibilité gauloise doit être ménagée. C'est peut-être aussi l'une des causes de la diversité des modules d'*insulae*, des bizarreries de certaines orientations de *decumani*, des irrégularités de certains plans comportant une juxtaposition de plusieurs quartiers à modules différents. L'exemple de Lyon est bien connu[175] : l'occupation pré-romaine de Lugdunum, hormis Condate, se limite au sanctuaire du dieu Lug situé sur l'éperon de Fourvière, lieu de pèlerinage fréquenté par toutes les tribus gauloises. Plancus respecte avec clairvoyance la colline sacrée et tracc son sillon au sud de celle-ci. Ce n'est que lorsque le grand sanctuaire fédéral est construit sur la Croix-Rousse que celui de Lug, largement dépassé en prestige religieux et en magnificence, est supprimé pour faire place sous Auguste au *Forum Vetus* qui est à l'origine du nom de Fourvière. On peut également citer l'exemple de Vaison dont le plan est irrégulier, peut-être en raison de son statut privilégié de cité fédérée qui l'a préservée ou lui a fait manquer la chance d'un urbanisme colonial.

Pour en finir avec cette question du plan programmatique, on peut admettre qu'il est presque général, mais qu'il est appliqué sans rigidité excessive, avec le souci de l'ordre canalisateur, mais aussi le réalisme qui caractérisent l'esprit de Rome.

Le plus souvent droites, les rues ménagent donc des perspectives qui sont une nouveauté dans la Gaule non soumise à l'influence urbaine hellénique. On peut évoquer l'une des plus belles et s'imaginer l'effet produit par la vision de l'arc de triomphe dans l'axe de la grande voie méridienne d'Orange, d'autant qu'en se retournant, le promeneur voyait probablement au sud le capitole bâti sur une terrasse. On devine ici la volonté d'imiter certaines des perspectives de Rome.

Autre notable nouveauté, la rue est large (6 à 15 m) et aérée, conçue à la fois pour la circulation des chars et celle de piétons, voire, sur les axes majeurs, pour le défilé des armées. Contrairement à ce que l'on croit souvent, toutes ne sont pas pavées. Cette disposition est réservée aux plus importantes d'entre elles et il ne s'agit pas d'un luxe, mais d'une technique destinée à rendre plus praticables celles qui supportent le trafic de transit. Ainsi en est-il du *cardo maximus* de Lutèce, devenu la rue Saint-Jacques pour sa partie située sur la rive gauche et dont quelques dalles sont aujourd'hui visibles à deux pas de là dans les ruines des thermes de Cluny où elles ont été transportées. Autre témoignage du côté pratique de l'urbanisme romain, la ségrégation du trafic attelé et de celui des piétons est prévue grâce à des trottoirs dans certains cas pavés, dans d'autres comme à Valence ou à Die simplement comblés de sable ou de terre battue. Plus rares et pour le coup luxueux sont les portiques permettant aux piétons de flâner et de faire leurs emplettes à l'abri du soleil ou de la pluie. La rue des boutiques de Vaison en est un exemple du plus bel effet (photo 10). Cela dit, il s'en faut de beaucoup que l'on connaisse parfaitement le paysage de la rue. En particulier, restent à préciser les modalités du nettoyage, de l'éclairage nocturne et le décor peint.

L'art de bâtir

Une fois piquetée par les arpenteurs la grille du programme, il reste à remplir les *insulae*, opération qui se déroule avec moins de rigueur, au fur et à mesure de la croissance démographique et au petit bonheur des rentrées d'argent des notables de la ville ou des libéralités de la puissance coloniale. La seule règle impérative est le respect de l'alignement des bâtiments sur la rue, sauf, bien sûr, si leur ampleur exige l'occupation de plusieurs *insulae*. L'architecture gauloise de bois et de terre ne disparaît pas en un jour, ni même en un siècle. Pendant longtemps, dans les villes possédant un passé comme Alésia[176] ou même dans des fondations récentes comme Angers[177], les constructions sont mêlées. Dans le Nord et l'Ouest de la Gaule, les techniques romaines ne pénètrent guère avant le milieu du Ier siècle de notre ère, sous le règne de Claude, né à Lyon, pour ne s'imposer vraiment qu'au IIe siècle.

Mais la supériorité de l'architecture romaine à laquelle

Photo 9
Essai de reconstitution de Lutèce vers la fin du IIe siècle ap. J.-C.
Photo Préfecture de Paris.

Photo 10
Vaison-la-Romaine : la rue des boutiques. Photo J.-R. Pitte.

viennent s'ajouter la mode et l'exemple des monuments publics nécessairement de style nouveau font que les Gallo-Romains se convertissent à la pierre et optent pour la construction durable. Les trois grands principes vitruviens président désormais à l'art de construire : *firmitas* (solidité), *utilitas* (utilité), *venustas* (esthétique). Roland Martin a bien dégagé l'esprit de l'architecture gréco-romaine et montré par là sa supériorité qui explique la facilité avec laquelle elle s'est imposée en Gaule[178]. « Quelle que soit la célébrité de l'architecture grecque, écrit-il, et malgré les spéculations esthétiques de tout genre qu'elle a inspirées, elle est d'abord une technique, raffinée dans tous ses détails, et remarquablement adaptée à la fonction des édifices qu'elle construit. Faire utile et le mieux possible, c'est là le but, et n'est-ce pas aussi la meilleure façon de faire beau ? Ce n'est pas par hasard si Platon met l'architecture bien au-dessus de la peinture et de la sculpture qui procèdent par imitation, tandis que l'architecture fait œuvre de création ; elle produit des formes, des lignes, des structures nouvelles. Le beau résulte de la qualité de la technique et de son adaptation à l'utile. Et si l'architecture romaine, héritant de la tradition grecque, a dégagé sa propre personnalité et a produit un monde nouveau de formes et de volumes, c'est d'abord et surtout par des innovations techniques. »

Les maisons d'habitation appartiennent à des types très variés, à la fois par leur taille et par leurs matériaux. Naturellement, les petites constructions où logent les familles modestes dominent, mais elles abandonnent le demi-enterrement fréquent, semble-t-il, à l'époque gauloise pour prendre un peu d'aisance en surface, passer de une à deux ou trois pièces et s'adjoindre une cour. Des maisons de rapport à étages et appartements existent à Vaison si l'on en juge par l'épaisseur des murs des ruines de la « petite rue du Nymphée[179] », mais pour les raisons démographiques et d'espace déjà évoquées, la Gaule n'a probablement pas connu les hautes et miteuses *insulae* de Rome ou Ostie.

Aristocrates gaulois, marchands, prêtres et magistrats romains aux premiers temps de la conquête, puis, une fois la fusion réalisée, riches citoyens romains habitent la classique *domus*, largement étalée au sol, à multiples pièces s'ordonnant autour de cours et de jardins. Tout à fait dans le style pompéien, la Maison du buste d'argent à Vaison, l'une des plus belles demeures urbaines retrouvées en France, ne couvre pas moins de 3 000 m^2, comporte un vaste *atrium*, deux péristyles, une terrasse et une cour au droit du bain, soit cinq jardins[180]. Malheureusement, on ne sait rien de la spécificité des jardins gallo-romains. La ségrégation sociale des maisons par quartiers n'est, semble-t-il, pas très stricte, mais on a tout de même dégagé un certain nombre de quartiers résidentiels, en particulier en Narbonnaise, la plus précocement et la plus profondément romanisée des provinces.

Qui dit taille de la pierre dit aussi choix et extraction judicieux. Des milliers de carrières s'ouvrent sur tout le territoire et leur éloignement ne rebute pas les bâtisseurs s'il s'agit de trouver un matériau de meilleure qualité par la consistance, le grain ou la couleur. Les monuments de Die sont construits avec un calcaire marmoréen qui provient de la montagne de Glandasse sur le plateau terminal du Vercors. Les pierres, y compris les colonnes, taillées sur place, sont ensuite acheminées par un chemin vertigineux qui dévale une paroi presque à pic sur une dénivellation de 1 600 m. Pour édifier Lugdunum, la capitale des Gaules, on a recours dans un premier temps aux carrières de Glanum, ce qui entraîne un transport herculéen de blocs taillés et même déjà moulurés sur plus de 200 km en sens opposé à l'impétueux cours du Rhône. Un peu plus tard, au début de notre ère, les carrières de Seyssel situées plus près et surtout en amont de Lyon sur le fleuve sont mises à contribution[181].

Parallèlement au travail de la pierre, les nouvelles techniques en usage exigent l'emploi de grandes quantités de matériaux en terre cuite et des fours de potiers quasi industriels se spécialisent dans la fabrication des briques, des tuiles (*tegulae* et *imbrices*), des revêtements de sols, des tuyauteries d'adduction d'eau, etc. A ces établissements très répandus s'ajoutent des fours à chaux dont la production sert à l'élaboration du fameux mortier dont la composition recommandée par Vitruve est la suivante : parties solides, deux parties de sable pour une de chaux et une de tuileau, mélange auquel 20 % d'eau est ajoutée[182].

Aux plus beaux des monuments on réserve le grand appareil régulier de pierres soigneusement taillées. Pour les bâtiments plus simples, c'est l'*opus caementicum* qui est en faveur[183]. Il consiste à couler un béton résistant dans un coffrage et, après enlèvement de ce dernier, à élever deux parements de petits moellons parfois alternés de lits de briques. Par souci de décoration, les moellons peuvent être disposés en losange (*opus reticulatum*) et lorsque le luxe est recherché — dans les riches maisons d'habitation, par exemple — le placage est de marbre. Tout cela est bien sûr nouveau pour les Gaulois, qui découvrent également la technique de la voûte d'arêtes ou en berceau. Bien qu'on les ignore, des différences régionales existaient sans aucun doute dans l'architecture celtique ; avec Rome, elles disparaissent progressivement pour laisser place à des formes qui se retrouvent plus ou moins fidèlement reproduites d'une extrémité à l'autre de l'empire, jusqu'à la décoration souvent stéréotypée.

Les proportions des constructions changent en fonction des besoins et des possibilités financières, cependant, d'une manière générale, on voit grand et il faut garder présente à l'esprit l'idée que la main-d'œuvre servile relativement abondante permet l'érection de monuments dont l'ampleur n'est pas toujours le reflet de l'importance de la ville qui en est dotée. C'est ainsi que Rome gâte systématiquement les capitales de *civitates*, manière de récompenser les fidélités et, dans les premiers temps de l'après-conquête, de s'attirer le respect et l'estime des tribus réticentes. En outre, au-delà des considérations matérielles et de politique locale, il est aussi une explication plus essentielle à l'idéal romain. Amable Audin qualifie Lyon de « miroir de Rome dans les Gaules[184] » ; un tel titre se justifie pleinement pour la cité rhodanienne, qui joue le rôle politique éminent de capitale fédérale des nations celtiques et reçoit, de ce fait, une parure monumentale à nulle autre pareille dans les quatre Gaules à la jonction desquelles elle se trouve placée. Mais il ne fait aucun doute que dans l'esprit des conquérants chaque ville doit refléter le mieux possible la magnificence de Rome et que, très rapidement, les chefs-lieux de cité font leur cette ambition, aspirant eux aussi à la promotion par l'architecture.

Les monuments de la vie religieuse et sociale

« Toute ville était un sanctuaire, toute ville pouvait être appelée sainte », dit Fustel de Coulanges[185]. On a vu le rôle primordial du fait religieux alentour des villes, l'inviolabilité du *pomerium* et, par contraste, l'aspect ouvert et accueillant des nécropoles. La religion imprègne tout autant le paysage intérieur de la ville et d'abord le *forum*. Le plus souvent, celui-ci prend place au croisement du *decumanus* et du *cardo* — dont il est contemporain — en accord avec l'orientation de la trame des rues. Le grand nombre des *fora* retrouvés en Gaule démontre de manière éclatante, s'il en était besoin, le succès du modèle urbain diffusé par Rome. Seule véritable place, le *forum* est, par essence, le lieu où bat le cœur de la ville. C'est sur cet espace privilégié et clos que se célèbrent dans les temples les cultes d'Apollon, de la Triade capitoline (dont le temple est aussi parfois placé sur le point le plus élevé de la ville), de l'empereur, etc. La basilique, les boutiques s'ouvrant sous des portiques, parfois des cryptoportiques, accueillent la vie politique, municipale ou provinciale, le commerce et catalysent les relations sociales. Les citadins s'y rencontrent et y échangent des informations ou des idées avec d'autant plus de facilité que tout le monde se connaît peu ou prou dans la plupart des villes démographiquement à l'échelle humaine. Dans les plus vastes, comme Lyon, plusieurs *fora* démultiplient la vie urbaine.

Tous ces caractères n'ont, d'ailleurs, rien de spécifiquement gallo-romain. La seule particularité, peut-être, réside dans la taille généralement assez restreinte des temples[186], qu'ils soient de tradition celtique à plan centré (noyau rond ou quadrangulaire et galerie périphérique surbaissée) ou à plan romain comme le temple d'Auguste et Livie à Vienne et la Maison Carrée de Nîmes, copie adaptée du temple d'Apollon à Rome. On connaît quelques exceptions isolées, le temple d'Apollon à Grand (Vosges)[187] et le sanctuaire de Ribemont-sur-Ancre (Somme)[188], par exemple, mais une seule ville se distingue par des temples réellement monumentaux : c'est tout naturellement Lugdunum[189]. Elle bénéficie de la faveur des empereurs comprenant qu'il faut ici frapper les imaginations et exalter la puissance romaine tout en reconnaissant les valeurs gauloises. De plus, Claude est né à Lyon en 10 av. J.-C. Sur la colline de la Croix-Rousse, au-dessus des brumes de Condate, s'élève l'Amphithéâtre des Trois Gaules, lieu de réunion de « l'assemblée territoriale » où siègent chaque 1er août les délégués des 60 cités celtiques et, à proximité, sur une imposante esplanade (300 × 70 m) entaillée dans la roche elle-même, l'autel des Victoires, pièce maîtresse du sanctuaire fédéral que l'on connaît par ses représentations frappées sur les monnaies. Il est encadré par deux statues de victoires dressées à 10 m sur des colonnes monolithiques en syénite importées d'Égypte. Ces dernières sont réutilisées depuis le XIIe siècle pour soutenir la coupole de la basilique Saint-Martin d'Ainay. Lugdunum s'orne de deux autres temples colossaux : celui de Jupiter édifié sur le *Forum*

Novum d'Antonin et dont les colonnes atteignent 17 m de hauteur et celui de Cybèle construit en 160 ap. J.-C. et couvrant plus de 4 000 m² au sol.

Mais le patrimoine monumental ne se limite pas à cela. Au terme de trois siècles de prospérité gallo-romaine, il devient même pléthorique, témoignant d'une volonté de la part de Rome de faire des villes des miroirs de la Ville Éternelle, des lieux d'ostentation. Les plus impressionnantes des constructions sont celles des loisirs collectifs[190] : théâtres, cirques, thermes, etc. Les monuments de spectacle, parfois adossés au flanc d'un versant comme les théâtres de Vienne ou de Lyon, parfois construits de toutes pièces comme l'amphithéâtre (les « arènes ») de Nîmes, sont toujours très présents dans le paysage urbain. On ne lésine ni sur le nombre des places (10 000 au théâtre de Lyon après les travaux ordonnés par Hadrien, 33 000 à Autun), ni sur la qualité architecturale, encore que certains soient simplement gazonnés, ni sur le confort du spectateur, qui doit profiter au mieux du spectacle même s'il est placé en haut des gradins.

Une centaine de théâtres ont été retrouvés, chiffre considérable pour les Gaules. Pas une capitale de cité n'en est privée et certains ont été construits en pleine campagne ou dans des bourgades minuscules — à Champlieu, dans l'Oise, par exemple —, sans doute parce que des foules considérables devaient s'y réunir périodiquement à l'occasion de pèlerinages ou de marchés. C'est Autun qui possède le plus grand du monde romain, mais Orange le plus spectaculaire vestige avec son mur de scène complet. Viennent s'ajouter une cinquantaine d'amphithéâtres réservés principalement aux combats de gladiateurs, dont les mieux conservés sont ceux d'Arles et de Nîmes, et d'édifices mixtes comme les arènes de Lutèce. Plus rares, les cirques sont le privilège des grandes villes. On connaît celui de Lyon par un texte et la mosaïque célèbre de la course de chars, et surtout celui de Vienne par sa *spina*, la « pyramide » devenue aujourd'hui symbole du temple de la gastronomie où souffle l'esprit de Fernand Point. Plus exceptionnels encore — on n'en connaît que deux, à Lyon et à Vienne — sont les odéons. Théâtres presque totalement couverts, leur acoustique permet l'organisation de concerts et des déclamations. De telles manifestations destinées à un public plus intellectuel se déroulent aussi dans les thermes, ce qui explique la rareté des odéons. Au total, la vallée du Rhône apparaît comme particulièrement favorisée, puisque Lyon, Vienne, Arles (photo 11) et Nîmes possèdent toutes quatre au moins trois monuments de spectacle, privilège qu'une seule autre ville partage : Paris (théâtre de la rue Racine, amphithéâtre-théâtre de la rue Monge, cirque de la Halle aux vins). L'axe ainsi formé de l'embouchure du Rhône à Paris constitue toujours l'épine dorsale de la France.

C'est par centaines que se comptent les thermes publics, modestes à proximité des sanctuaires ruraux ou dans les *vici*, rivalisant d'étendue et de magnificence dans les villes. Tout y est conçu pour le repos du corps et l'exercice de la sociabilité. Outre les indispensables *frigidarium* (salle froide), *tepidarium* (salle tiède) et *caldarium* (salle chaude), selon leur catégorie, les établissements comportent une ou plusieurs piscines, des salles de gymnastique, de réunion, de repos, une bibliothèque, etc. Vus de l'extérieur, comme de l'intérieur, ils apparaissent souvent comme les édifices les plus luxueux de la ville. Le succès des thermes en Gaule est tel que les villes en possèdent plusieurs : on en connaît trois à Paris très proches les uns des autres : celui du *forum*, à l'emplacement de l'actuelle rue Gay-Lussac, celui de l'Est, sous le Collège de France et le plus vaste en même temps que le seul préservé en partie : celui de Cluny, à l'angle du boulevard Saint-Michel et du boulevard Saint-Germain. Son beau *frigidarium* voûté couvre une superficie de 250 m^2 [191].

Les thermes, les fontaines publiques surabondantes, l'alimentation des plus riches des demeures entraînent pour les villes une véritable débauche d'eau et, par conséquent, la construction d'aqueducs impressionnants[192] (24 000 m^3/jour pour celui du Gier à Lyon) qui démontrent que la présence de l'eau sur place vient au dernier rang des préoccupations des fondateurs lors du choix du site d'une ville. Les ingénieurs hydrauliciens maîtrisent leur art d'une manière accomplie. La pente s'abaissant sur des distances de 50 ou 75 km (respectivement Nîmes et Lyon) permet un débit constant de l'eau ainsi maintenue sous pression jusqu'à un réservoir que l'on a retrouvé dans les deux villes citées. Des conduites d'une telle longueur ne sont évidemment possibles que grâce au creusement de tunnels (Besançon), à l'aménagement de cascades lorsque certaines dénivellations sont trop fortes (un chapelet de 24 atteignant chacune 4 m de hauteur sur l'un des aqueducs d'Autun), de siphons (nombreux sur le parcours de l'aqueduc du Gier qui traverse les petits vallons encaissés des Monts du Lyonnais) et surtout la construction de viaducs franchissant les vallées les plus larges. On n'évoquera que le plus admirable d'entre eux : le Pont du Gard, qui achemine les eaux destinées à Nîmes

Photo 11
Deux des monuments de spectacle d'Arles : l'amphithéâtre et le théâtre. Photo Roger-Viollet.

Photo 12
Le Pont du Gard, permettant à l'aqueduc d'alimentation de Nîmes de franchir le Gardon. Photo H. W. Silvester.

(photo 12) et que des recherches récentes permettraient de dater non plus d'Auguste (16-13 av. J.-C. selon la datation traditionnelle), mais de Trajan (début du IIe siècle ap. J.-C.) car seuls les engins de levage de cette époque auraient pu hisser à 40 m au-dessus de la rivière des blocs taillés pesant jusqu'à 6 tonnes[193].

Se mutiler pour ne pas périr

Dans sa *Cité antique,* Fustel souligne encore qu'« on bâtissait toutes les villes pour être éternelles[194] ». Spirituellement, c'est certain ; architecturalement, c'est presque vrai et pourtant les événements du Bas-Empire viennent s'inscrire en faux par rapport à ce noble et ambitieux programme. Si l'on tente le bilan de cette période troublée, la balance penche plutôt du côté des destructions, même si la ville renaît aussitôt comme le phénix et que des bâtiments d'un style et d'un usage nouveau y apparaissent, comme par exemple les premières basiliques chrétiennes et des monastères, préludant à la ville médiévale.

Dès le IIIe siècle apr. J.-C., les Barbares franchissent le *limes* — c'est la poursuite de l'avancée vers l'Ouest des peuples d'Europe centrale et septentrionale, seulement interrompue un temps par l'Empire Romain —, péril auquel vient s'ajouter celui des Bagaudes. Les premières poussées ravageuses datent de 253, 268, 273 et, en 276, les Germains parviennent à s'emparer de 60 capitales qu'ils incendient sans autre forme de procès[195]. Le coup porté à la florissante vie urbaine gallo-romaine est fatal. On a vu à quel point le paysage urbain reflétait la foi profonde en Rome. En ces temps de malédiction, les dieux ne sont plus romains et il ne subsistera pas pierre sur pierre de la plupart de leurs lieux de séjour. Leur temples subissent le même sort que quantité d'autres monuments qui faisaient l'ornement des villes et que les maisons abandonnées par les occupants massacrés ou enfuis. Pour se prémunir contre de nouveaux assauts des envahisseurs, beaucoup de villes s'empressent de restaurer leur enceinte, lorsqu'elles jouissent du privilège d'en posséder, ou de s'en bâtir une.

Et comme il n'est plus question de prestige, mais de survie, on ne songe pas à extraire et tailler de nouvelles pierres, tâche qui prendrait trop de temps. Aussi, c'est aux constructions du Haut-Empire que l'on fait appel, à partir de 300, d'un bout à l'autre des Gaules : à Senlis, à Bourges, à Poitiers, à Périgueux, etc. Dater ces enceintes n'est d'ailleurs pas chose facile et certaines sont probablement tardives. L'architecture de réemploi des remparts, qui subsistent encore nombreux quoique rarement complets, n'est pas toujours bâclée comme on pourrait l'imaginer. Certes, il est des cas où l'on devine une frénésie de destruction des édifices et d'érection des remparts à l'entassement pêle-mêle dans le blocage constituant l'âme du mur, derrière des parements plutôt sommaires, de tronçons de colonnes, chapiteaux sculptés, plaques de marbre portant des inscriptions, blocs de tout venant, tuiles, briques, etc. Les blocs de grand appareil constituent généralement sur deux ou trois rangs les fondations.

Les remparts de Die, datés des années 275 - 310[196], longs de près de 2 km et encore complets, en constituent un suggestif exemple. Dans cette ville, par facilité ou peut-être par un dernier sursaut du souci esthétique, la voûte de l'arc de triomphe est remontée en totalité au-dessus de la porte principale sur la route d'Italie (Porte Saint-Marcel). Mais cette précipitation ne se lit pas dans les murailles édifiées avec soin à Bordeaux et surtout au Mans. Dans cette dernière cité, la techniques utilisée ne manque pas d'allure : le parement extérieur alterne petits moellons et rangs de briques avec parfois des dessins en damiers. Tous les remparts du Bas-Empire ont pour caractéristique d'enclore des espaces très réduits par comparaison avec la superficie des villes[197]. Ainsi Autun dont le rempart augustéen enfermait 200 hectares voit son *castrum* du Bas-Empire réduit à 10 ! Il ne faut pas en conclure que la population a brusquement diminué dans ces proportions, mais que, nécessité faisant loi, elle se contente d'un réduit efficace propre à l'accueillir en cas de péril. Néanmoins, petit à petit, à l'image de la civilisation gallo-romaine, les villes se recroquevillent sur elles-mêmes.

Conséquence de l'évanouissement du pouvoir édilitaire et de l'érection d'une enceinte hors de toute conception d'urbanisme, les rues se dégradent. Beaucoup deviennent des culs-de-sacs ; ailleurs l'alignement n'est plus respecté ; certaines voies abandonnées sont appropriées, de même que des espaces publics tels qu'esplanade ou *forum*. L'individualisme prend le pas sur le règlement sacré de la cité et le plan sombre dans le flou.

A côté de maisons privées de leurs tuiles et vouées fatalement à l'écroulement, à côté de monuments devenus la proie des carriers, d'autres subsistent. Les raisons peuvent en être variées : continuité d'utilisation, ensevelissement après abandon sous l'effet du ruissellement des dépôts éoliens, du retour du mortier à la poussière, de l'accumulation de l'humus produit par la végétation parasite et, en outre, dans le cas du théâtre de Lyon , par exemple, remise en culture de la colline après qu'une couche suffisante de terre arable eut recouvert le monument. Le gigantisme même de certains ensembles comme le *forum* de Lyon a laissé hésitants les citadins repliés sur les berges de la Saône et qui n'avaient pas l'usage de tant de pierres. Il a survécu jusqu'en 840, date à laquelle un éboulement a fait dévaler les colonnes du capitole sur les flancs escarpés de Fourvière, entraînant tout sur son passage[199]. Au-delà de la catastrophe matérielle, l'image est forte : le rideau tombe à la fin du dernier acte de la geste antique. En ce IXe siècle, tout un monde est bien mort. N'agonisait-il pas, d'ailleurs, depuis que le christianisme avait sapé les fondements religieux traditionnels de l'urbanisme antique ? Le sacré ne disparaît cependant pas de la ville médiévale ; il change seulement de forme et ne sera véritablement évacué qu'avec la Renaissance, qui copiera la forme faute de savoir faire vivre le fond.

IV

Les campagnes gauloises dans le moule romain

Le paysage de la voie romaine

La conquête achevée, Rome entreprend, toutes affaires cessantes, de mettre en place un réseau serré de voies. Il importe, en effet, que les armées et les fonctionnaires puissent se déplacer rapidement d'une extrémité à l'autre des Gaules. C'est à Lyon que se nouent les routes stratégiques majeures desservant les nouvelles provinces acquises et, de là, l'axe de la vallée du Rhône permet de rejoindre à la hauteur d'Arles la grande voie qui longe la Méditerranée.

Il est très difficile de savoir dans quelle mesure les Romains ont réutilisé en l'améliorant le maillage des voies de la Gaule indépendante, pour la bonne raison que l'on ne sait rien, ou à peu près, de ces dernières, si ce n'est qu'elles étaient d'assez bonne qualité pour que le trajet Pas de Calais - Méditerranée s'effectue en moins d'un mois[200] et que toutes les villes étaient reliées entre elles. Pour la première fois en 1977, R. Agache a reconnu d'avion en Picardie des chemins creux à coup sûr gaulois et apparemment non transformés ultérieurement en voies romaines : leur tracé se révèle sinueux et raccordé aux fermes indigènes[201]. On peut penser que les Gaulois avaient établi des pistes reliant *ædificiæ, vici* et *oppida* entre eux, mais que leur tracé ne suivait pas la ligne droite, s'adaptant ici à un repli du terrain, là à un sol plus stable ou encore se pliant à un détour pour profiter d'un gué plus praticable. En cas de formation de fondrières, la portion de chemin devenue inutilisable était abandonnée et se dédoublait spontanément, phénomène classique en pays tropical, de nos jours, voire au bord des chemins ruraux français. Avec Rome, tout change. Il ne fait aucun doute que certains itinéraires de chemins antérieurs sont adoptés, mais certainement pas leur tracé de détail parce que la technique nouvelle, de par sa rigidité, ne peut s'accommoder des à-peu-près.

Comme la ville, la voie romaine doit défier le temps et, plus précisément, les intempéries, les passages répétés de troupes (les camps se trouvent à proximité des voies), de chevaux, de charrois, même si ces derniers ne transportent pas des poids très considérables du fait de la technique d'attelage encore rudimentaire. Elle suit, en règle générale, l'itinéraire le plus court d'une ville à l'autre, ignorant les *villæ* qui se trouvent placées à des distances parfois fort éloignées d'elle. Pour réaliser des tronçons parfaitement rectilignes de plusieurs kilomètres, l'intervention d'arpenteurs-géomètres s'impose.

Avant tout stratégique, la voie évite les talwegs et les grands massifs forestiers pour se tenir généralement sur les crêtes dégagées d'où la surveillance est plus facile. Le franchissement des rivières, y compris les plus larges et les plus fougueuses, ne pose aucun problème. Un pont de bateaux permet, par exemple, la traversée du Rhône en Arles, à la jonction de la *Via Aurelia* qui vient d'Italie et de la *Via Domitia* d'Espagne. Une mosaïque d'Ostie en conserve l'image[202]. Les Gaulois n'utilisaient que le bois pour édifier leurs ponts : Genève, Orléans, Amiens (Samarobriva = pont sur la Somme), etc. Désormais, il est fait usage de la pierre et, à la différence des bâtiments urbains souvent mutilés, beaucoup d'ouvrages subsistent encore aujourd'hui ne demandant que très peu de travaux d'entretien. On connaît, par exemple, parmi les ponts à arche, ceux de Vaison, de Nyons, de Viviers, et l'un des plus beaux, orné à chaque extrémité d'un arc de triomphe : le Pont-Flavien de Saint-Chamas (Bouches-du-Rhône) construit grâce au legs testamentaire d'un flamine : L. Donnius Flavus. Une autre technique consiste à lancer un tablier de bois sur des piles de maçonnerie ; elle est utilisée par exemple à Saint-Girons, sur le Lez, et surtout à Genève, qui conservera du IIe jusqu'au XVIe siècle son pont sur le Rhône de 220 m de long et 6 de large reposant sur 20 piles énormes[203].

En ce qui concerne la chaussée elle-même[204], les ingénieurs recherchent la plus grande stabilité, laquelle exige une structure bien drainée, à la fois solide et souple. La conception de l'assise varie en fonction du substrat en place. S'il est résistant, aucune préparation ne s'impose ; s'il est plus meuble il peut subir un pilonnage, et s'il est humide recevoir des fossés latéraux, des pilotis ou des fascines (branchages entremêlés) voire une véritable charpente complexe (marécages de la vallée du Thérain). La première couche suivante consiste dans tous les cas en un hérisson de moellons disposés comme ce nom l'indique de chant. Vient ensuite le noyau formé de sable parfois alterné de graviers et de pierrailles. Le revêtement de surface n'est, le plus souvent, qu'une dernière couche de sable parfois lié d'argile ou de chaux et rechargée de temps à autre. Seuls les plus fréquentés des passages reçoivent le fameux dallage de grands blocs étroitement jointifs : carrefours, abords des villes et, naturellement, rues urbaines supportant le trafic de transit[205]. Toujours en vue du drainage, le profil de l'ensemble est légèrement bombé.

En montagne, dans les passages les plus délicats, la voie est entaillée au pic dans la roche et munie d'ornières bien utiles au bord des précipices[206]. On connaît un certain nombre de ces tracés dans les Alpes parmi lesquels on peut citer celui de Pierre-Ecrite, près de Sisteron. Pour parvenir à la vallée de Saint-Geniez où il implante son domaine qu'il baptise Cité de Dieu, Dardanus, notable romain, correspondant de saint Augustin, aménage au début du Ve siècle une route qui emprunte une cluse élargie au pic et à la pioche. Pour immortaliser son œuvre, il fait graver l'inscription suivante au passage le plus resserré, à même le rocher[207] : « Claudius Postumus Dardanus, homme illustre, revêtu de la dignité de Patrice, ex-consulaire de la province viennoise, ex-maître des requêtes, ex-questeur, ex-prêteur des Gaules et Nevia Galla, noble et illustre dame, son épouse, ayant fait tailler les flancs de la montagne, de chaque côté, ont donné des routes praticables au lieu nommé Théopolis, lieu qu'ils ont fortifié par des murs et des portes. Ce travail a été exécuté dans leur propriété particulière, mais ils ont voulu néanmoins qu'il serve à la protection de tous ; il a été fait encore avec l'aide de Claudius Lepidus, homme illustre, compagnon et frère du sus-mentionné, ex-consulaire de la province romaine, ex-secrétaire de l'Empire, ex-intendant des affaires privées. Afin que leur sollicitude pour le salut de tous et un témoignage de la reconnaissance publique puissent être montrés par cette inscription. »

La largeur des voies varie entre 4 et 8 m en fonction de l'importance des villes reliées et donc du trafic, mais aussi des difficultés naturelles qu'il faut vaincre. Elle permet toujours le croisement des chars. De chaque côté, s'ajoutent éventuellement trottoirs et bas-côtés sablés utilisables par les cavaliers.

Des aménagements et tout un mobilier placé en bordure de la voie facilitent ou agrémentent le voyage[208]. Les plus importants des itinéraires sont jalonnés de bornes milliaires (tous les mille pas, soit 1 478 m), monolithes de 2 à 3 m de hauteur portant, outre des renseignements concernant l'empereur sous le règne duquel la voie est tracée et la date des travaux, la distance au chef-lieu de la cité. Des piliers gravés de diverses indications de direction et de distance permettent de s'orienter en ville. De loin en loin, des bosquets offrent leur ombrage et des puits ou des citernes leur eau. Divers types de relais et d'hôtelleries où l'on peut loger à pied et à cheval *(mansiones)*, changer ce dernier *(mutationes)* et se restaurer, prennent place sur les grandes voies tous les 10 à 12 km. Au surplus, divers monuments font partie du paysage de la route : on citera le Trophée de La Turbie commémorant la pacification des Alpes, les mausolées où reposent de leur dernier sommeil les riches propriétaires terriens et qui s'élèvent en pleine campagne au bord de la voie la plus proche de leur *villa,* des temples *(fana)* en particulier dédiés en Gaule aux divinités des sources. Enfin, c'est souvent à proximité des voies que sont établis les camps militaires élisant généralement pour site des éminences facilement défendables.

Les campagnes centuriées[209]

S'il est un domaine où la volonté romaine de régularisation du paysage s'exprime, c'est bien celui des espaces centuriés, c'est-à-dire carroyés de limites cadastrales — et donc fiscales — rigoureusement équidistantes. Comme à propos des programmes urbains, on découvre que la Gaule n'est peut-être pas une exception dans le monde romain, contrairement à l'idée qu'un nationalisme, voire un régionalisme un peu étroits avaient imposée comme un dogme. Mais, à l'inverse, il convient de ne pas tomber dans la centuromanie et de ne pas retrouver des traces de cadastrations romaines un peu partout dans des parcellaires actuels approximativement étudiés.

Henri-Jacques Callot a dressé un véritable réquisitoire à l'encontre de ces méthodes aussi peu scientifiques que possible qu'utilisent parfois les plus réputés des archéologues[210]. Tout en reconnaissant le rôle des arpenteurs romains en Gaule, il faut bien admettre que les traces absolument certaines de centuriation dans un parcellaire actuel sont rares. Un contraste semble se dessiner cependant. Les plaines et les collines de la Province, devenue la Narbonnaise, auraient été plus touchées que les trois autres Gaules. On a cru repérer des vestiges en Languedoc et dans la vallée du Rhône, en Bourgogne, en Franche-Comté, en Bretagne, en Alsace, en Lorraine, en Brie, en Beauce, en Berry, en Normandie, etc. mais des vérifications s'imposent dans tous ces cas, même à Orange, seule colonie pour laquelle on possède une indubitable preuve épigraphique[211].

La méthode du filtrage optique qui, sur une photographie aérienne, permet de sélectionner les limites des parcelles orthogonales s'avère la plus sûre, à condition de l'étayer sur des consultations de cadastres anciens et des vérifications métriques[212]. Les mesures agraires romaines doivent, en effet, se retrouver régulièrement sur d'assez courtes distances. Il arrive, mais rarement, que les limites des centuries elles-mêmes apparaissent en filigrane sous un parcellaire plus ou moins discordant comme, par exemple, dans la plaine d'Aix-en-Provence observée d'avion dans certaines conditions d'hygrométrie du sol et de pousse de la végétation[213].

En quoi consiste la centuriation et quel paysage crée-t-elle ? On dispose comme sources d'information des traités écrits par divers arpenteurs ou *gromatici* (du nom de l'instrument de visée orthogonale appelé *groma*) tels que Hygin, Balbus ou Frontin, de la photographie aérienne et d'un exceptionnel document malheureusement très incomplet : le cadastre d'Orange publié par A. Piganiol en 1962[214]. Il s'agit des 415 débris de trois immenses tables formées de plusieurs plaques de marbre de Carrare et apposées sous Vespasien contre un mur situé sans doute sur le *forum* ou à proximité. La plus grande mesurait 7,56 × 5,90 m soit près de 45 m^2. Sur chacune d'entre elles, était gravé le plan cadastral détaillé à l'échelle approximative du 1/5 000e de trois régions situées la première au sud de Montélimar, la deuxième entre Orange et Carpentras et la troisième sans doute vers Châteaurenard (photo 13 et fig. 6).

Centurier un territoire, c'est opérer une division des terres

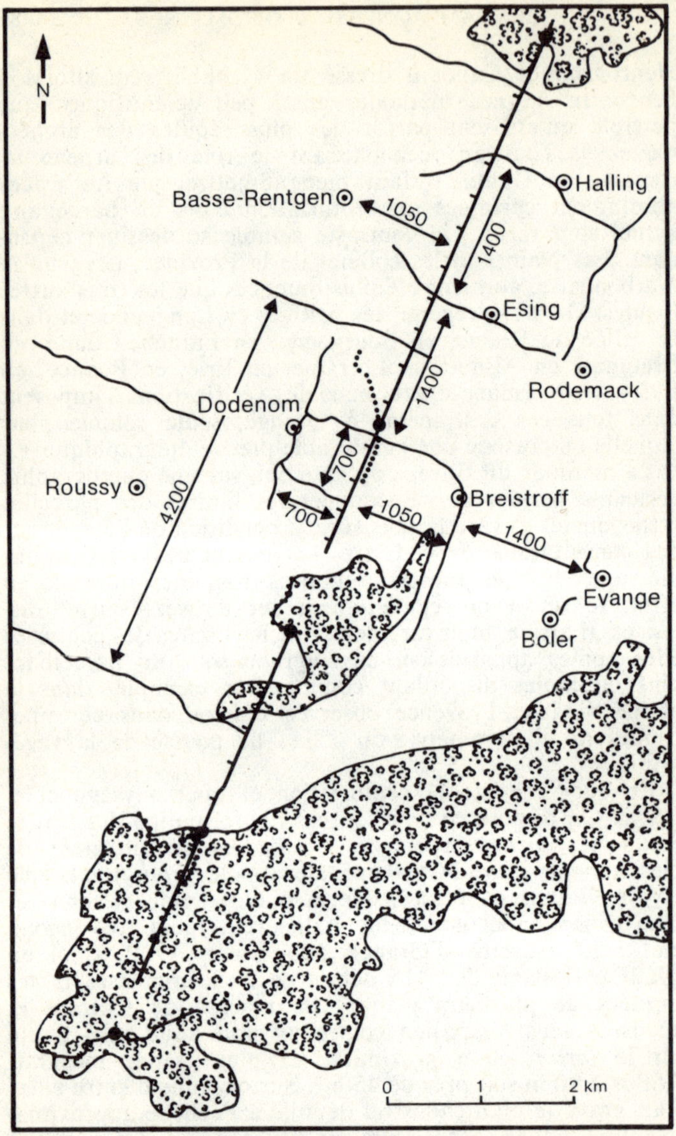

Fig. 4. - MESURES ITINÉRAIRES ET MESURES AGRAIRES GALLO-ROMAINES AU NORD DE THIONVILLE

Bois ······ Limites de communes

Voie arpentée en lieues de 2222 m

Dimensions arpentées aux mesures agraires romaines

d'après J. Peltre : *Recherches métrologiques sur les finages lorrains*, 1975.

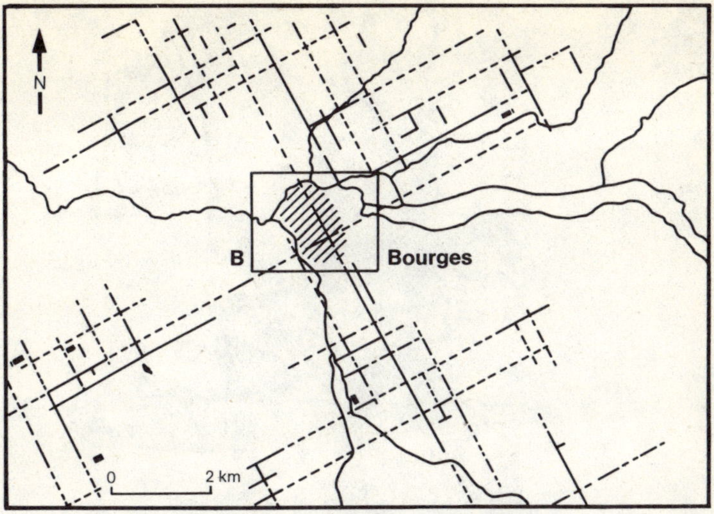

A Cadastration romaine sur le Berry

Villæ

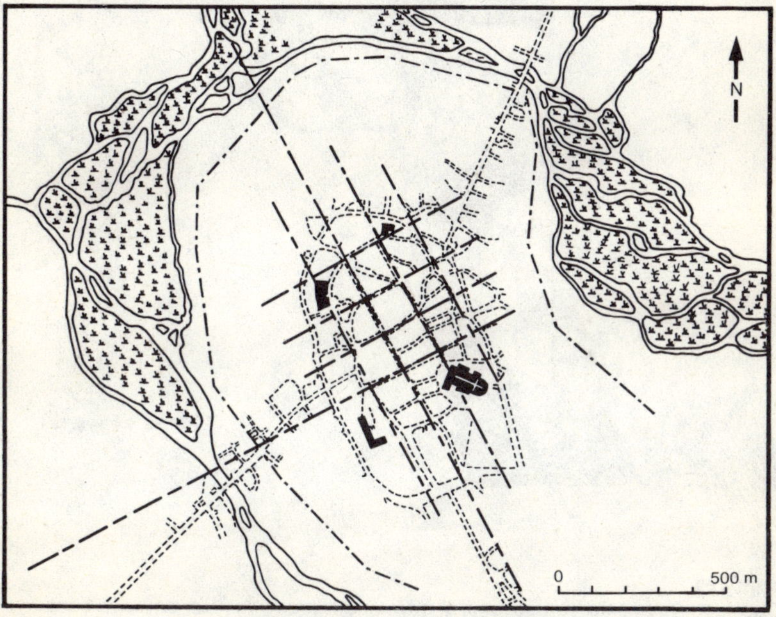

B Projection sur le maillage urbain

Fig. 5. - COINCIDENCE DE L'*ORIENTATIO* DE BOURGES ET DE CELLE DES CAMPAGNES CENTURIÉES ENVIRONNANTES

Source : A. Leday : Centuriations sur le Berry, *Cæsarodunum Total Archéologie*, 1980.

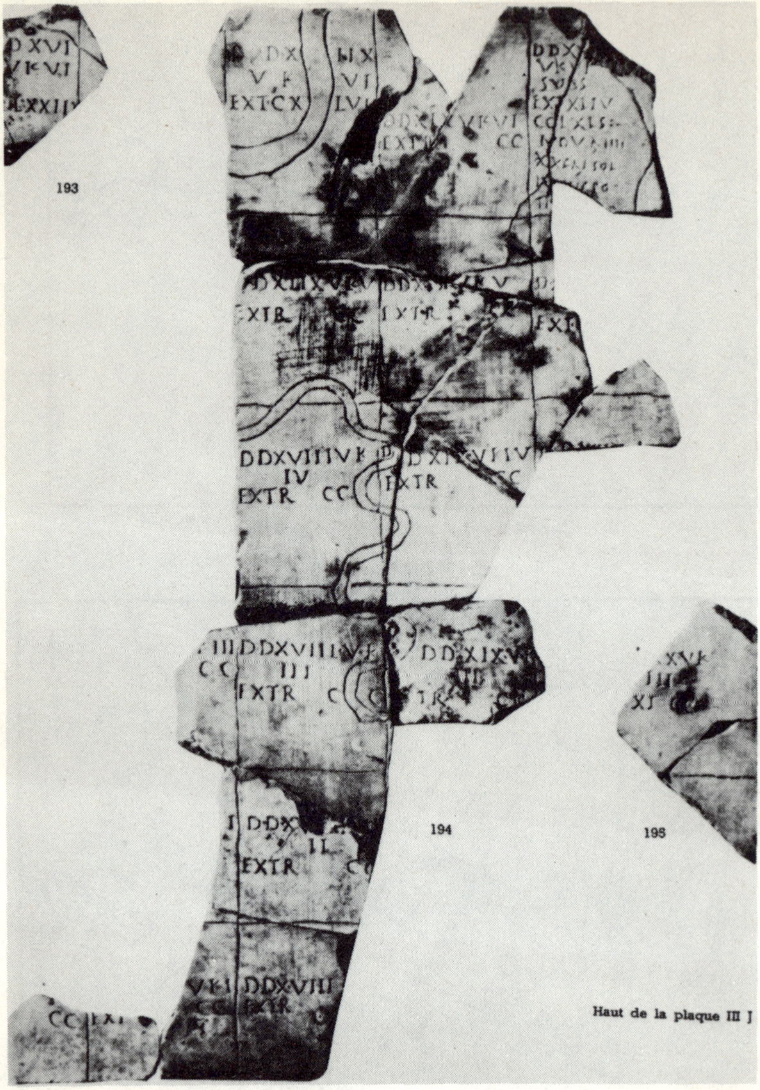

Photo 13
Quelques fragments du cadastre B d'Orange représentant un paysage centurié. in A. Piganiol : les Documents cadastraux de la colonie romaine d'Orange, C. N. R. S. 1962, pl. XX.

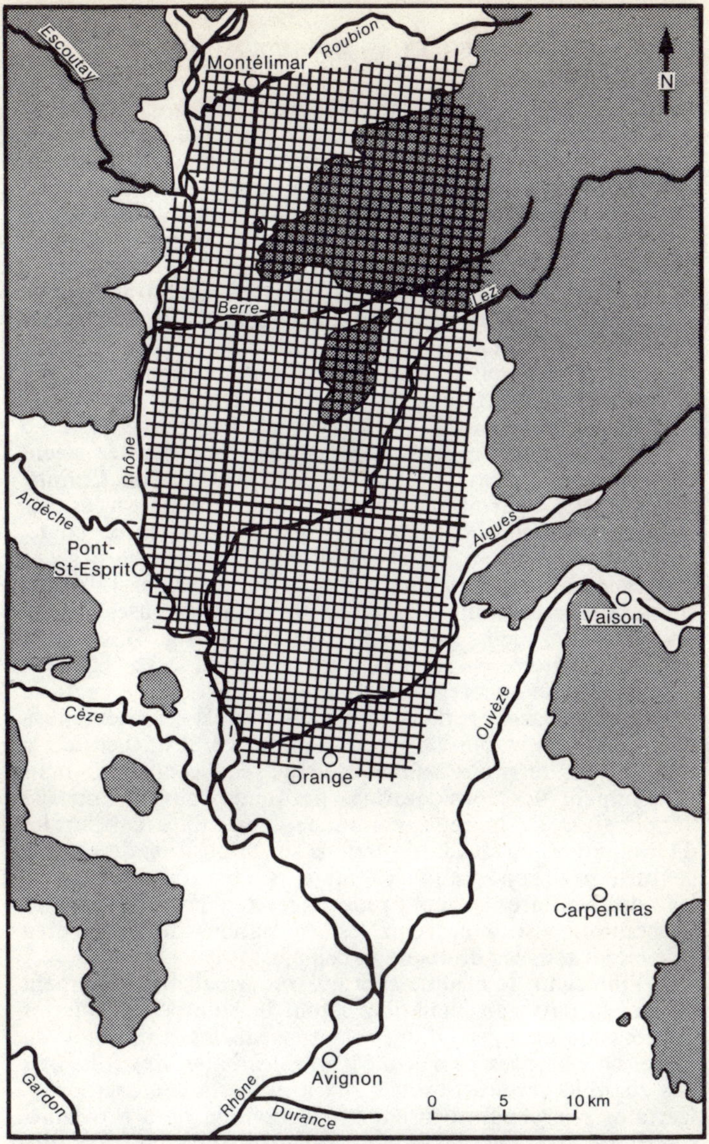

Fig. 6. - LOCALISATION PRÉSUMÉE DU CADASTRE « B » D'ORANGE

Limites des centuries — Decumanus et Cardo — Collines et montagnes

d'après A. Piganiol : *Les documents cadastraux de la colonie romaine d'Orange*, 1962.

devenues propriété de l'État (*ager publicus*) après conquête, c'est-à-dire confiscation des biens des indigènes. Cette pratique caractérise donc les colonies et prépare l'attribution des meilleures terres à des vétérans-colons, à l'administration de la colonie ou à l'État romain, voire leur restitution partielle aux dépossédés (les Tricastins dans le cas d'Orange). Les règles d'établissement sont semblables à celles qu'on observe en ville. Un *decumanus maximus* est tracé sur le terrain dans la même direction que la course du soleil le jour de la visée du *gromaticus* (tout au moins en théorie) puis, perpendiculairement, un *cardo maximus*. Il est fréquent que ces axes prolongent ceux des villes. C'est le cas, semble-t-il, à Bourges[215] (fig. 5) et à Montélimar[216] (cadastre B d'Orange). Il arrive aussi que les voies importantes soient choisies comme axes de référence de la centuriation. Comme en ville, des aberrations peuvent alors être observées par rapport aux points cardinaux. A partir de la croix axiale, l'arpenteur trace au sol et matérialise par des bornes des droites parallèles éloignées l'une de l'autre, dans la disposition la plus courante (mais il existe de nombreuses variantes), de 2 400 pieds, soit à peu près 706 m (fig. 4), de sorte que le territoire se couvre de carrés de 50,5 ha, soit 200 jugères ou encore 100 *heredia*, d'où le nom de centurie donné à ces carrés[217] dont on dit aussi qu'ils représentent la superficie cultivable par 100 hommes[218]. En théorie, la totalité du territoire d'une colonie est centuriée, mais évidemment des considérations pratiques peuvent entraver l'application de la règle commune. Les tables cadastrales d'Orange portent des informations sur la position de chaque centurie par rapport aux axes majeurs, la surface des terres, les adjudicataires et leurs redevances (ou leur exemption). L'opération vise à prévenir les usurpations de terres et à rappeler à tous les droits de la colonie.

A l'intérieur de chaque centurie, on ne sait trop comment s'opère la partition, mais il y a tout lieu de penser que les limites des champs adjugés sont parallèles aux côtés du carré, non bornées ni marquées par des haies, des fossés ou des chemins stables réservés aux axes de la centuriation[219]. Certains chercheurs pensent à une division en 3 à 6 lanières[220]. Le paysage d'ensemble est probablement celui des champs ouverts.

Ainsi, la centuriation des campagnes, s'ajoutant à la planification urbaine et au tracé des voies, représente une véritable tentative de mise au pas de l'organisation de l'espace. Elle résulte de l'application d'un système fiscal élaboré et de la profonde croyance en la nécessaire intégration de l'œuvre des hommes au cosmos et à ses lois. On l'a comparée à juste titre au système *jôri* du Japon et au *township* américain[221], encore que les étendues concernées ne soient pas les mêmes ; des centuriations furent, en effet, effectuées d'une extrémité à l'autre de l'Empire. Pour ce qui est de la France, aucune régularisation de cette ampleur n'a jamais plus été tentée à aucun moment de son histoire. Les conditions historiques ne se sont même pas prêtées à une aussi bonne conservation qu'en Italie ou en Tunisie, bien qu'elle forme encore probablement la trame du paysage des plaines du Midi[222].

La villa

Si la centuriation oriente la structure agraire, elle n'est pas liée pour autant à un type particulier d'exploitation. Tous les cas de figures se rencontrent : des centuries peuvent être divisées entre plusieurs adjudicataires possédant éventuellement des parcelles dans d'autres centuries plus ou moins éloignées ; des exploitations peuvent englober en totalité plusieurs centuries ; enfin, des exploitations de toutes tailles peuvent aussi se partager des espaces agricoles non centuriés. A toutes ces situations correspondent des paysages différant tout spécialement par l'habitat qui peut être groupé ou dispersé et comporter des maisons dont l'emprise au sol varie de quelques mètres carrés à plusieurs hectares. Mais tout le monde s'accorde aujourd'hui à reconnaître que les grandes *villae* dominent très largement[223].

La remarque formulée à propos des villes vaut aussi pour les campagnes : l'habitat gaulois n'a pas disparu en un jour pour laisser place aux *villae* latines. L'usage de l'architecture de terre et de pierre sèche s'est longtemps maintenu, surtout dans les régions pauvres et les montagnes. Dans la région de Metz, certaines mardelles (petites dépressions) représentent les vestiges de fonds de cabanes circulaires datées du IIe et du IVe siècles ap. J.-C.[224]. De même en est-il des bories ou capitelles dont l'érection n'a cessé de se poursuivre jusqu'en plein XXe siècle dans tout le Midi de la France, plutôt dans les régions d'élevage, semble-t-il. En ce qui concerne les plus grandes des maisons rurales, par exemple les *aedificia* de Picardie, leur maintien est attesté pendant un siècle et demi ou deux après la Guerre des Gaules. R. Agache a mis en évidence l'existence de grandes fermes indigènes en voie de romanisation, c'est-à-dire s'adjoignant un édifice à soubassement en dur et de plan régulier[225]. Un exemple semblable est connu à Mayen (RFA)[226]. Lorsqu'il y a continuité d'occupation d'un site habité, on peut penser que la romanisation se réalise au fur et à mesure des réfections et de la pénétration des conceptions nouvelles dans les campagnes, toujours plus lente que dans les villes. Il arrive aussi parfois que l'*aedificium* soit détruit et ne soit pas remplacé.

La coordination de l'archéologie aérienne et des fouilles devrait permettre dans les années qui viennent de préciser les modalités d'implantation de la *villa*, forme classique de l'habitat rural romain qui diffère de la maison gauloise par ses matériaux, son plan, son emplacement, ses relations avec les terres cultivées. Dès le Ier siècle av. J.-C., la construction de nombreuses *villae* accompagne la colonisation de la Province. Appliqué à une ferme gallo-romaine extérieure à la Province, le mot *villa* apparaît pour la première fois dans Tacite[227] relatant les événements qui se déroulent en 21 ap. J.-C., alors que César ne l'utilise pas une seule fois. C'est donc que quelque chose est en train de changer, mais le mouvement est très progressif.

Il faut attendre près de deux siècles pour que l'ensemble du paysage rural des Gaules soit transformé en profondeur. La raison en est simple : agir ponctuellement en bâtissant des villes est tâche relativement rapide et facile dans une civilisation qui jusqu'alors n'accordait à la vie urbaine qu'une place secondaire et qui accueille la greffe sans déplaisir ; extirper les antiques habitudes de populations rurales requiert patience et temps. Pour s'être fait attendre, le résultat n'en est pas moins éclatant : la *villa* devient en Gaule la forme la plus courante d'exploitation du sol et d'habitat rural. Les maîtres mots de l'économie rurale gallo-romaine tournée vers la production massive des céréales[228] sont rentabilité, rationalité, exportation ; le corollaire paysager est : dispersion de l'habitat, grands domaines, grands champs, bâtiments spacieux et adaptés à leur fonction.

R. Agache propose[229] l'emploi du terme de *villa* « chaque fois que, dans la campagne, la photographie aérienne révèle un ensemble de substructions s'ordonnant par rapport à une habitation principale et groupant autour d'une ou deux cours à la fois le ou les corps de logis, les bâtiments d'exploitation, les granges, les hangars, les resserres — autrement dit, un ensemble évoquant une grande ferme... » De fait, la cour est un élément constant, de même que la construction des murs sur des fondations en dur qui persistent dans le sol même après destruction de la *villa*. Ces dernières ont depuis longtemps été remarquées par les paysans qui les accrochaient du soc de leur charrue et qui ont donné à ces terres des toponymes suggestifs : les Murs, les Murailles, les Pareds, Mazières (mur en ruine), Mézières, Mazeret, Murger, Perrière, Bussière (du buis, plante calcicole se plaisant sur ces cailloux souvent calcaires), etc. Il va de soi que ces toponymes désignent aussi des sites n'ayant jamais porté la moindre *villa*, mais ils peuvent constituer de précieuses indications à l'occasion de prospections réalisées, par exemple, sur des plateaux limoneux ou dans des plaines argileuses.

Si les fondations sont toujours en pierre pour assurer la stabilité et l'étanchéité des murs, ceux-ci peuvent être bâtis de matériaux fort variés qui sont ceux des environs immédiats. A l'exception de quelques plaques de marbre destinées à l'embellissement du logis du maître, jamais des carrières lointaines ne sont mises à contribution pour l'édification des *villae* qui, même si elles témoignent souvent d'un goût prononcé pour l'ostentation, n'en sont pas moins des exploitations agricoles et donc, à ce titre, soumises à des impératifs de rentabilité économique. Pour l'essentiel, les murs des *villae* picardes sont faits de torchis et de pisé associés au bois[230]. Aujourd'hui décomposés ou fondus dans la presque totalité des cas, ces matériaux ont parfois laissé des taches argileuses assez vastes et repérables d'avion de part et d'autre des chicots des fondations. Malheureusement, jusqu'au XVIIIe siècle, les paysans puiseront dans ces réserves de terres noires pour amender leurs champs, si bien que la dispersion de cette argile riche en matière organique et des tessons qu'elle contient est source possible d'erreurs archéologiques[231]. Sur les plateaux calcaires de Bourgogne ou du Sud-Ouest, la pierre appareillée en *opus caementicum* est en usage. Généralement, des tuiles ou des ardoises ou parfois des dalles sciées recouvrent des charpentes robustes (la *tegula* est très lourde) et forment des toitures à pente faible, mais il n'est pas rare que certains bâtiments d'exploitation reçoivent une couverture de chaume.

Les *villae*[232] occupent presque toujours une très grande surface. Ces fermes assises au milieu de vastes domaines (*latifundia*) ne peuvent donc se comparer aux maisons rurales traditionnelles des siècles ultérieurs, mais aux villages entiers. Il est frappant de constater dans la plaine suisse[233], par exemple, la coïncidence entre l'étendue des domaines gallo-romains — que l'on peut approcher par l'étude de l'implantation des *villae* — et celle des communes actuelles. Ainsi s'explique le fait qu'en Gaule nombre de *villae* s'étendent sur 600 m de longueur et 150 de largeur. Leur plan trahit leur origine latine, car elles s'inspirent étroitement des préceptes des agronomes latins : Caton l'Ancien, Varron, Columelle, Palladius, etc.

Les bâtiments se groupent toujours autour d'une ou deux cours, voire davantage pour les plus vastes. Dans les régions méridionales, les premières romanisées, la présence d'un *atrium* est courante, mais la taille et le plan de masse varient beaucoup d'une *villa* à l'autre. Dans le Nord, en revanche, c'est à un véritable modèle stéréotypé que l'on a affaire (photos 14 et 15). L'ensemble symétrique est rectangulaire ou trapézoïdal ; les bâtiments s'ordonnent autour de deux cours fermées et séparées par un mur percé d'un porche. La *pars urbana* ou résidence du maître (*dominus*) occupe l'extrémité de la *villa,* et sa façade comportant une galerie ouverte et parfois deux tours d'angle donne sur la plus petite des cours, probablement un jardin. Installations de chauffage, thermes, mosaïques reflètent la richesse du domaine, ainsi que le goût du luxe de cette classe de grands propriétaires terriens. De part et d'autre de la deuxième cour, la *pars agraria* ou *pars rustica* réunit les bâtiments d'exploitation proprement dits (étables, écuries, greniers, fenils, remises, forge, éventuellement ateliers de tissage ou d'un autre artisanat[234], etc.), la résidence de l'intendant (le *villicus* qui est un esclave ou un affranchi), les logements des esclaves et des ouvriers agricoles. C'est encore une fois dans la Picardie sillonnée par R. Agache que ce modèle est le mieux connu, reproduit à plusieurs centaines d'exemplaires. Les prospections aériennes dans d'autres régions réservent sans doute pour le futur quelques surprises, car il n'y a guère de temps encore, la Picardie était considérée comme à peu près dépourvue de *villae*[235] !

Plus exceptionnelles et personnalisées sont les *villae urbanae,* formule que l'on pourrait traduire par palais. La partie résidentielle s'y distingue par son ampleur et son opulence ; c'est sans doute ce qui fait dire à Pline « qu'il y a plus à balayer qu'à labourer[236] » dans ces domaines luxueux. La villa de Vieux-Rouen-sur-Bresle (Somme) découverte d'avion par R. Agache en 1973 appartient à ce type[237]. Le bâtiment principal d'une *pars urbana* hypertrophiée couvre plus de 6 000 m² au sol. Dans le Sud-Ouest, des fouilles exhaustives ont révélé depuis longtemps l'existence de semblables *villae*. Celle de Chiragan à Martres-Tolosanes s'inscrit à l'intérieur d'un mur d'enceinte de 1,5 km et devait abriter environ 400 personnes vivant autour du maître[238]. A Montmaurin, dans le Comminges, la résidence compte une cinquantaine de pièces et la *pars rustica* s'étend sur quelque 18 hectares[239] ! C'est dire que Pline exagère un peu et que si les fastueux propriétaires de ces *villae* n'hésitent pas à étaler un luxe insolent, c'est qu'ils disposent de grands moyens et que ceux-ci proviennent évidemment pour partie de la vente de leurs productions agricoles. Le domaine de Chiragan, par exemple, est estimé à 8 000 ha. Sidoine Apollinaire décrit ainsi au Ve siècle une *villa urbana* du Languedoc[240] : « Quel superbe aspect elle offre aux regards !... son temple, ses portiques, ses thermes magnifiques la font briller de loin, et les champs, les eaux, les vignobles, les oliviers, le vestibule, la plaine, la colline ajoutent encore à ses agréments. »

C'est la fertilité du sol qui attire les *villae*, car elles sont avant tout sources de revenus et autonomes par surcroît grâce à leur bétail, à leurs jardins maraîchers et leurs vergers, à leurs ateliers artisanaux. Or, pendant la Paix romaine, la principale façon de tirer des bénéfices du sol est de cultiver des céréales. C'est pourquoi dans le Nord de la France, il y a coïncidence entre la géographie des limons et celle des *villae* et, ailleurs, d'une manière générale, ces dernières sont implantées sur de bons sols, en terrain peu accidenté, là où la productivité a toutes les chances d'être maximale car les labours y sont aisés, les rendements élevés et les récoltes rapides grâce à la moissonneuse gauloise (*vallus*) qui fait ici merveille. Dans le Midi méditerranéen, les *oppida* ruraux sont abandonnés au profit des riches plaines alluviales. Dans d'autres régions telles que la Bourgogne, l'emplacement des *villae* peut être lié à la recherche d'une complémentarité de terroirs[241]. L'enclos est évidemment exclu d'un tel paysage, car il ne pourrait qu'entraver l'efficacité du système de production. Tout laisse à penser, comme l'a montré X. de Planhol[242], que la structure agraire est celle d'un openfield-mosaïque semblable à celui des plateaux du centre du Bassin parisien aujourd'hui.

Aucun rapport ne s'établit entre les grandes voies de communication et l'implantation des établissements agricoles. C'est là un changement majeur avec l'époque précédente. La *villa* isolée est reliée à la route par une voie de desserte sans aucun doute privée : le *diverticulum*. En revanche, les *vici*[243] encore peu nombreux que l'on a

Photo 14
Vestiges d'une grande villa *gallo-romaine s'étendant sur plus de 400 m de longueur à Estrées-sur-Noye (Somme). La* pars urbana *se situe en haut de la photographie. Photo R. Agache. Direction régionale des antiquités de Picardie.*

Photo 15
Tentative de reconstitution d'une villa *gallo-romaine de Picardie. La maison du maître* (pars urbana) *est en haut, celle du régisseur sur le côté droit de la grande cour agricole* (pars agraria). *Maquette conservée au musée d'Abbeville. Photo R. Agache. Direction régionale des antiquités de Picardie.*

reconnus semblent plutôt rechercher la voie pour se fixer. C'est parce qu'à l'activité agricole pratiquée par de petits tenanciers payant redevance aux grands propriétaires ou à l'administration des villes s'y ajoute le commerce : marché de produits agricoles et artisanaux locaux ou apportés par des marchands ambulants, accueil des voyageurs. Plutôt que village, la meilleure traduction du *vicus* de l'époque gallo-romaine serait donc bourg. Et c'est probablement parce que beaucoup de vestiges de ces agglomérations reposent sous des villages actuels que si peu ont été mis au jour. Plus généreuse que l'archéologie, la toponymie conserve dans les Vic, Vicq, Vis, Vix, etc., la trace d'un certain nombre d'entre eux dont on ignore tout, par ailleurs, et qui peuvent dater de la période des invasions.

Vicissitudes du vignoble gallo-romain

Si puissant est l'attachement des Romains pour le décor arboré et jardiné, le « bel paesaggio » dont parle Emilio Sereni[244], qu'ils tentent de l'imposer partout dans l'Empire. En dehors de son harmonie, point de bonheur de vivre. La Province aux conditions naturelles comparables à celles de l'Italie se couvre vite de vignes, d'oliviers et de vergers déjà timidement implantés par les Phocéens. Dans la région de Salon-de-Provence, des olivettes antiques sont repérables d'avion par des points sombres régulièrement disposés au milieu des pâturages de la Crau[245]. Dans les Gaules non méditerranéennes, une adaptation s'impose. L'olivier n'y pousse pas ? Qu'à cela ne tienne ; des arbres fruitiers les remplacent. Diverses espèces de pommiers, poiriers, pruniers, cerisiers, châtaigniers, font leur apparition accompagnés d'arbres ornementaux comme le platane adopté par les Morins des rives de la Manche.

Roger Dion a magnifiquement retracé l'itinéraire de la viticulture antique en Gaule[246]. Sortie de la Narbonnaise sous Auguste, la vigne gagne d'abord deux têtes de pont : Gaillac et le pays allobroge au sud de Vienne, la *vitifera Vienna* de Martial (Côte-Rôtie, Condrieu, Hermitage). Sur ces côteaux favorisés à la fois par la nature et par l'existence d'une batellerie autorisant l'exportation vers les régions encore vouées à la cervoise et à l'hydromel, les viticulteurs gallo-romains entreprennent d'adapter une spéculation jusqu'alors exclusivement méditerranéenne à des conditions climatiques plus rudes. De nouveaux cépages et de nouvelles techniques permettent à la vigne de gagner l'Ouest et le Nord des Gaules et d'atteindre Bordeaux, Paris et la Moselle.

La suite de l'aventure viticole est connue : sous la pression des grands propriétaires de vignobles italiens et dans le souci de maintenir en Gaule le niveau de la production céréalière exportable menacée par l'engouement pour le vin, l'empereur Domitien ordonne en 92 ap. J.-C. l'arrachage de plus de la moitié des vignes et interdit désormais toute nouvelle plantation. Cet édit d'assainissement que bien des auteurs français couvriront par la suite d'opprobre concerne tous les vignobles qui croissent en des lieux propices à l'emblavure et l'intérieur des villes gênées par l'envahissement des ceps. On ne peut douter qu'il entraîne une sensible remontée qualitative et mériterait sans doute d'être repris par le législateur d'aujourd'hui à l'égard de certaines régions par trop soucieuses de quantité ! Quelques cités bénéficient plus tard — début du IIIe siècle, probablement — de mesures d'exception : par exemple, celle des Éduens qui plantent le premier vignoble de la Côte-d'Or et celle des Trévires qui se tournent vers les coteaux du Rhin. La mesure que les Gaulois avaient ressentie comme une brimade est levée par Probus en 276. Un raz de marée viticole s'ensuit qui atteint la Normandie et, outre-Manche, la Bretagne. Un tel relâchement dénote que le bel édifice économique et paysager de la Gaule romaine commence déjà à se lézarder sous l'effet des tensions intérieures et extérieures qui ne tarderont pas à en venir à bout.

DEUXIÈME PARTIE

Le temps du pragmatisme

V

Le grand flottement du haut Moyen Age

*L'*ager *battu en brèche, le* saltus *triomphant*

Dès la fin du IIe siècle ap. J.-C., la conjonction de plusieurs phénomènes entraîne une rupture dans le paysage rural parallèle à celle qui brouille le décor urbain. Aux premières incursions barbares génératrices de destructions et d'insécurité s'ajoute la crise politique et économique interne à l'Empire et, conséquences de ces flottements, les révoltes de paysans (Bagaudes). Mais il s'écoule encore à peu près trois siècles avant que le labeur gallo-romain soit réduit à néant ou presque par les saccages répétés des envahisseurs. Les analyses effectuées grâce au radio-carbone en Bretagne montrent que l'occupation des *villae* ne cesse que vers 420, à l'époque où, précisément, s'amplifie le mouvement de colonisation des Bretons chassés de chez eux par les Anglo-Saxons[247].

Bien que difficile à préciser, géographiquement parlant, c'est un tableau nuancé qu'il faut brosser de la Gaule du Ve siècle. Ici, on vit tant bien que mal au milieu des ruines et, lorsque le calme et un relatif retour de la prospérité le permettent, on rebâtit... jusqu'à la prochaine crise et, parfois, jusqu'à l'abandon définitif du domaine par ses habitants. Là, les Gallo-Romains, plus ou moins contraints de faire une place aux Germains, tentent la coexistence pacifique. Il y a alors continuité comme dans la Basse-

Auvergne étudiée par G. Fournier[248]. Le domaine est morcelé — évolution amorcée avant même la germanisation — et, à côté de la *villa*, se constituent de petites exploitations. L'ordre impérial, théoriquement encore applicable, s'estompe. La centuriation perd sa raison d'être ; d'année en année les parcelles se déforment. De nouvelles fermes s'élèvent, dispersées ou, plus souvent, regroupées pour mieux faire face à un éventuel assaillant. Beaucoup de *vici* datent de cette période. Ainsi, à Laboissière (Somme), le village de Germains se forme à proximité de la *villa* qui disparaît dans le courant du haut Moyen Age[249], car la structure économique et sociale qui la porte est devenue caduque. La déformation sémantique de *villa* en village est une réalité paysagère. Ailleurs, à la suite de quelque raid meurtrier qui a pour auteurs des Goths, des Vandales, des Burgondes, des Huns, des Alains ou des Saxons, toute trace de vie s'efface. Alors la friche s'installe, puis, petit à petit, une forêt secondaire repousse plus ou moins dense selon l'état du sol et favorisée par le réchauffement du climat attesté entre 500 et 1200 environ[250]. C'est le triomphe du *saltus*.

Nombreuses sont les ruines d'établissements gallo-romains situées encore aujourd'hui au milieu des bois : par exemple en Bourgogne, dans la forêt de Châtillon ou dans celle de Cîteaux. De même en est-il des tracés de voies romaines qui, à l'origine, évitaient les massifs forestiers. Beaucoup des anciennes voies continuent à être utilisées, ce qui ne veut pas dire entretenues. Il n'est pas rare au Moyen Age de voir des paysans labourer sur le tracé même des routes[251]. A mesure que les siècles passent, certaines voies jadis importantes se muent en petits chemins de traverse ou layons — dans la forêt de Cîteaux[252] (fig. 8), par exemple — ou disparaissent sous la ronce. Et pour ce qui concerne celles qui demeurent praticables, c'est le souvenir de leurs auteurs qui s'estompe. Les hommes du Moyen Age attribueront parfois les voies romaines à César, mais plus souvent à Charlemagne ou surtout à la reine d'Austrasie Brunehaut[253] (fig. 7). Quoi qu'il en soit, lorsque des vestiges gallo-romains se trouvent au milieu d'une forêt, il est difficile d'attribuer à une autre période que le haut Moyen Age la repousse de celle-ci, surtout lorsqu'il s'agit de régions comme la Picardie (photo 16), la vallée de la Saône (fig. 8) ou la plaine languedocienne, plus tard recherchées, comme dans l'Antiquité, pour leurs bons sols.

Les connaissances actuelles ne permettent pas — et de loin

— de décrire avec précision la forêt gauloise à l'aube du Moyen Age, mais si l'on considère l'ampleur de l'œuvre de défrichement accomplie au cours de la dizaine de siècles qui suit et pour laquelle on possède des traces écrites, on est en droit de penser qu'une notable partie du territoire a retrouvé un couvert forestier au cours des invasions. C'est en relevant et en cartographiant les toponymes Artigues, mot signifiant défrichement dans la France du Midi, que Charles Higounet est parvenu à reconstituer la grande forêt-galerie bordant la Gironde en Médoc et Graves[254] (fig. 9).

Une vague de défrichements opérés en forêt par les arrivants germains et les abbayes aux VIe et VIIe siècles a été mise en évidence[255], mais son ampleur demeure mal appréciée. Les trois siècles suivants marquent, au contraire, un ralentissement des progrès de l'*ager*. Le polyptique d'Irminon, abbé de Saint-Germain-des-Prés au début du IXe siècle, permet d'apprécier l'importance des forêts du centre du Bassin parisien à cette époque : sur 40 000 hectares recensés, 17 000 sont boisés[256]. Lorsque commencent les grands défrichements des XIe et XIIe siècles, la forêt couvre au moins la moitié du territoire de la Francie occidentale. Les mentions textuelles de *vastus saltus, silva, foresta* — terme à l'origine controversée utilisé pour la première fois en 648 et qui, petit à petit, exclut les autres[257] —, les toponymes Bosc, Wald (Gault), Haye, etc. dénotent l'omniprésence du couvert forestier.

Dans la plupart des massifs montagneux, rien ne change par rapport à la période gallo-romaine : la forêt n'a guère disparu que des vallées les plus larges et pénétrables des Ardennes, des Vosges, du Massif central, des Alpes. Ailleurs la localisation des grands massifs forestiers est liée à deux causes. Ils recouvrent les sols lourds ou froids développés sur granite, sable, grès, argile, meulière, etc. : *Wavra sylva* (Woëvre), *Brigensis saltus* (Brie, surtout dans sa patrie orientale précisément appelée Gault, terme dérivé de *wald*), *Sylva Pertica* (Perche), *Santonae sylva* (Ouest de la Saintonge), *pagus Silvestrensis* (Soubestre)[258]. D'autre part, les forêts séparent les diocèses entre eux. Il s'agit là de la survivance d'un fait remontant aux époques gauloise et gallo-romaine, puisque, pour l'essentiel, les limites de diocèses suivent celles des cités. Pendant le haut Moyen Age, les diocèses apparaissent donc comme des clairières cernées de forêts s'approchant parfois à brève distance du siège épiscopal. Le *pagus* du Mans en est un exemple caractéristique. La forêt d'Argonne, jadis aux confins des

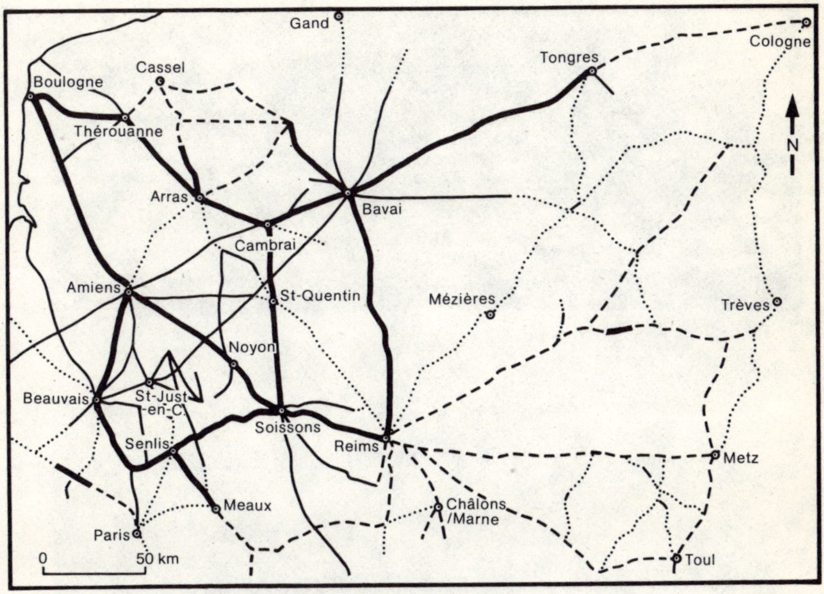

Fig. 7. - LES VOIES HÉRITÉES DE L'ANTIQUITÉ DANS LE NORD DE LA GAULE DU HAUT MOYEN AGE (Ve-XIe SIÈCLES)

« Chaussées Brunehaut » — Indiquées dans la Table de Peutinger et dans l'itinéraire d'Antonin
— Non indiquées dans la Table de Peutinger ni dans l'itinéraire d'Antonin

Voies qui n'ont pas été appelées « Chaussées Brunehaut » - - - - Voies romaines notées par la Table de Peutinger et l'itinéraire d'Antonin
.... Autres voies romaines mentionnées par les textes et l'archéologie

d'après M. Rouche : L'héritage de la voirie antique *in Flaran II*, 1982.

Photo 16
La grande voie romaine arasée d'Amiens-Beauvais à Chaussoy-Epagny (Somme). Parfois présent sous forme d'un chemin ou d'une route, son tracé n'apparaît le plus souvent que sur les vues aériennes grâce aux différentes teintes dans les céréales ou dans la végétation de la forêt. Photo R. Agache. Direction régionale des antiquités de Picardie.

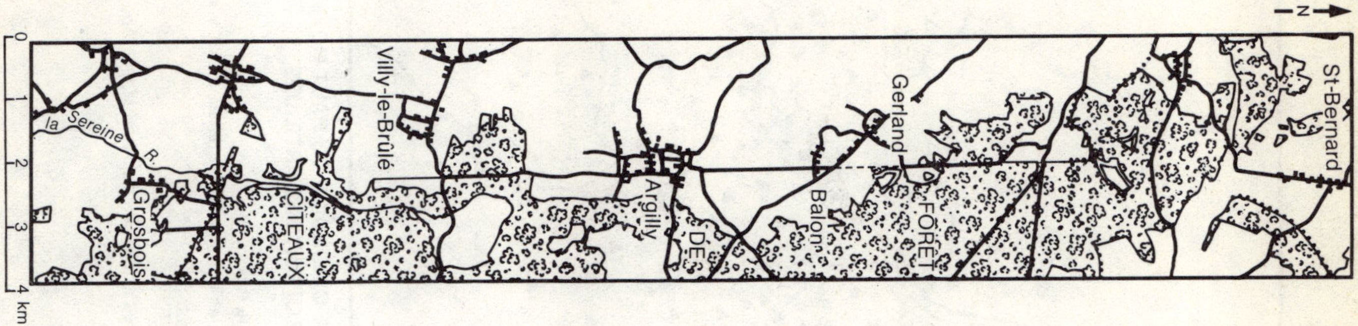

Fig. 8. - LE TRACÉ DE LA VOIE ROMAINE LYON-TRÈVES DANS LE PAYSAGE ACTUEL DE LA BOURGOGNE

Bois

•••••• Limites de communes

---- Sentiers

d'après la feuille IGN de Beaune au 1 : 50 000

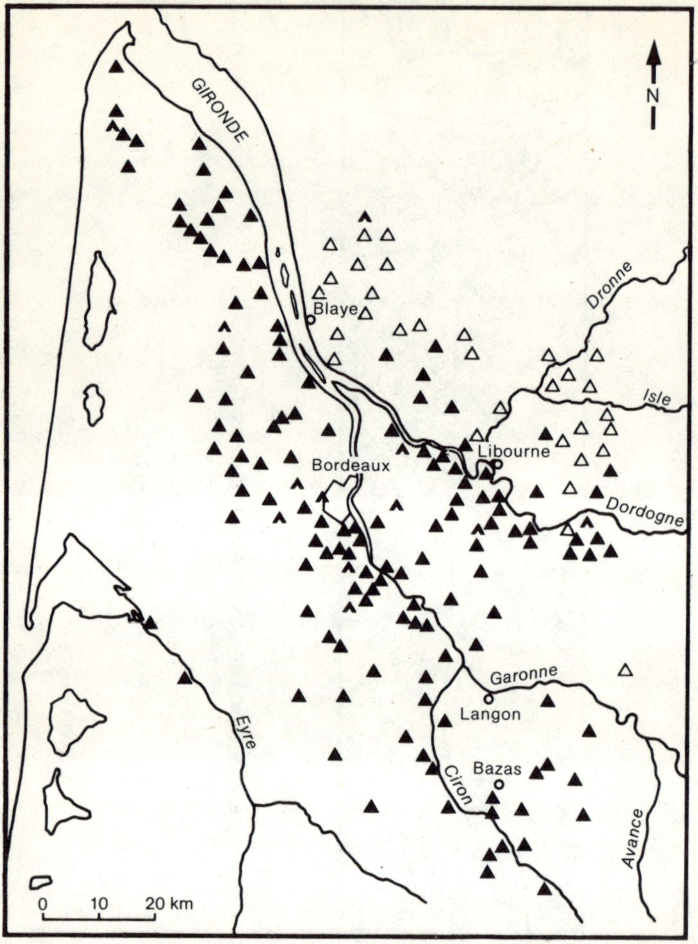

Fig. 9. - LA FORÊT-GALERIE GIRONDINE DU HAUT MOYEN AGE D'APRÈS LES TOPONYMES ARTIGUES

▲ Artigue dans la toponymie
▴ Artigue dans les documents médiévaux
△ Essart dans la toponymie

d'après Ch. Higounet : *Paysages et villages neufs du Moyen Age*, 1975.

cités des Rèmes, des Leuques, des Médiomatriques et des Trévires, sépare désormais les diocèses de Reims, Châlons, Toul et Verdun et, après le traité de Verdun, en 843, la Francie occidentale du royaume de Lothaire[259].

C'est lorsqu'elle assume ce rôle de *limes* que la forêt prend le nom de haie (du francique *haga*), lequel n'a désigné plus tard une clôture arborée qu'à la suite d'une déviation sémantique[260]. La fonction défensive des grandes haies forestières est évidente dans le royaume de Francie comme dans toute l'Europe centrale. A condition de demeurer touffues, c'est-à-dire d'être épargnées par le pâturage, les élagages et les coupes de bois, elles constituent un obstacle efficace contre une cavalerie. En 864, dans l'édit de Pîtres, Charles le Chauve exige « que quiconque aurait fait récemment des châteaux, des fertés et des haies *(haias)* sans [sa] permission, devrait défaire toutes ces fortifications pour les calendes d'août[261] ». Certaines de ces haies ont survécu jusqu'à une date récente : celles de Brie, par exemple, aux limites du comté de Champagne et du domaine royal, encore partiellement visibles sur la carte de Cassini et même sur la première carte d'état-major sous forme d'une bande de 10 km de longueur et 500 m de largeur. Progressivement, au cours du Moyen Age, les haies fondent comme neige au soleil et leur fonction se restreint à limiter les petites seigneuries, avant que leur rôle défensif ne tombe en désuétude.

Il reste à évoquer le paysage des forêts du haut Moyen Age que l'on connaît surtout par les hagiographies[262]. Or, celles-ci exagèrent à plaisir leur aspect impénétrable et terrifiant pour mieux mettre en valeur l'héroïsme du saint qui choisit de s'y retirer. L'abbaye de Saint-Wandrille est fondée en 645 au cœur d'une forêt rendue « inaccessible par l'âpreté des buissons, la densité des épineux, l'immensité des espaces inutiles et des marais. On y trouvait plus de repaires de brigands et de tanières de bêtes sauvages que d'habitations humaines ». Les communautés monastiques et les ermites ont, en effet, pour voisins les exclus, les marginaux, les brigands qui fuient les espaces cultivés. L'aristocratie franque, qui raffole de la chasse tout autant que les Gaulois, parcourt fréquemment les forêts à la poursuite des sangliers, des cervidés et des aurochs, lesquels peuplent en abondance les massifs en compagnie des loups et des chats sauvages.

C'est en lisière de forêt que sont bâtis les palais ruraux de l'aristocratie carolingienne et, en particulier, les résidences royales, l'idéal étant le double voisinage de la forêt et des marais, venaison et poisson constituant la base de l'alimentation de la haute société[263] (fig. 10). Certaines parties de forêts giboyeuses situées à proximité de grands *palatia* sont encloses et servent ainsi de réserves. La toponymie en a conservé la trace par le mot breuil. On en connaît à Taverny, à Saint-Maur-des-Fossés, à Aix-la-Chapelle. Au total, les espaces boisés ne sont donc pas aussi déserts que les vies de saints le prétendent, mais ils sont parfois si vastes que les asociaux et les chasseurs ne parviennent pas à les humaniser vraiment.

Frontières et paysages agraires

Toutes ces destructions opérées par les envahisseurs n'ont pour but, il ne faut pas l'oublier, que de prendre la place de la Rome affaiblie en vue d'une mise en valeur agricole selon les principes germaniques et d'une installation enfin stable. La civilisation déclinante n'ayant ni la force de résister, ni celle d'assimiler pleinement et de transmettre le flambeau, le résultat de cette mise à sac est une vertigineuse régression suivie d'un nouveau départ de très bas. Certains peuples barbares ne font que traverser le territoire et partent se fixer ailleurs, en Espagne (Suèves) ou en Afrique du Nord (Vandales). Ceux-ci ne laissent derrière eux que désolation. En revanche, l'errance s'achève en Gaule pour les Burgondes, les Alamans et surtout les Francs, tandis que d'autres encore s'avancent au-delà, mais conservent pour un temps à l'intérieur des royaumes qu'ils constituent une portion des Gaules : Wisigoths et Ostrogoths. Alors s'amorcent sur le champ des ruines les tâtonnements qui conduisent à une très grande diversification des paysages agraires.

On a signalé la remarquable persistance des frontières entre les cités gauloises qui survivent dans celles des diocèses et même dans certaines limites départementales actuelles. Ainsi, la cité des Helviens devient diocèse de Viviers, province du Vivarais, puis département de l'Ardèche. Mais certaines frontières se placent à une autre échelle territoriale. Robert Specklin a souligné[264] la permanence de la grande limite Poitou-Léman qui partage la France en deux sur le plan linguistique et littéraire et aussi sur celui du paysage rural. Il pourrait s'agir d'un long *limes* défensif utilisé par les populations néolithiques (Ligures ?) se protégeant des Celtes ou bien par les premiers arrivants celtes contre les vagues ultérieures. Ensuite, cette même

Photo 16 *bis*
Céréaliculture et viticulture aux portes d'une ville carolingienne. Dessin du Psautier d'Ultrecht (IXᵉ *siècle*).
Bibliothèque nationale. Photo B.N.

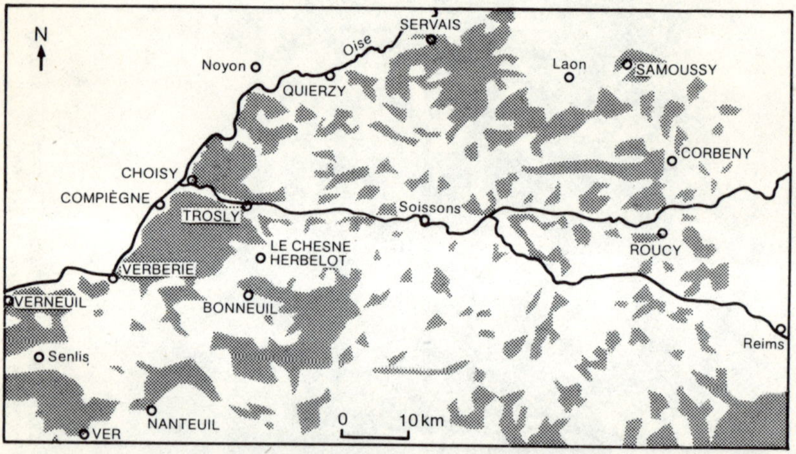

Fig. 10. - ESPACES SAUVAGES ET RÉSIDENCES CAROLINGIENNES DANS L'ANCIENNE FORÊT DES SILVANECTES (A L'EST DE L'OISE)

Laon Siège d'évêché VER Résidence carolingienne Espace sauvage

d'après R. Hennebique : Espaces sauvages et chasses royales dans le Nord de la France. VIIe - IXe siècles, *Revue du Nord*, 1980.

ligne aurait marqué la résistance des Gallo-Romains au Nord contre les Burgondes et les Wisigoths arrivés du Centre-Est et enfin de ces derniers contre la poussée franque avant que celle-ci ne se transforme en raz de marée. Ce serait là l'origine de la grande partition des structures agraires (champs, villages, maisons), encore très lisible aujourd'hui, compliquée seulement par la ligne Nord-Sud Poitou-Normandie qui délimite l'îlot de résistance celte.

Ceci dit, il importe de se garder d'une croyance qui a empoisonné pendant un siècle la géographie et l'histoire agraires : celle de la permanence des paysages. Les frontières peuvent, en effet, remonter à la plus haute Antiquité, il n'y a aucune fixité dans l'aspect des espaces qu'elles contiennent. Les paysages que l'on connaît avec sûreté depuis le XVIIIe siècle — par exemple, la carte de l'openfield d'après A. Young établie par R. Dion[265] (fig. 23, t. II) — ne sont pas ceux du Moyen Age et à plus forte raison ceux de l'Antiquité finissante. Pour séduisantes qu'elles soient, les explications de l'allemand Meitzen qui, en 1895, croit découvrir un rapport étroit ethnie-structure agraire[266] ne peuvent plus satisfaire, pas plus que les lyriques suppositions de Gaston Roupnel faisant remonter la campagne aux prodigieux Brachycéphales venus du Danube pendant le Néolithique. Sans parler des propos tenus longtemps par les géographes sur le rôle déterminant des facteurs naturels. Tout humaniste et possibiliste qu'il soit, Vidal de La Blache n'écrit-il pas en 1900[267] : « ... En Picardie..., on voit des villages... constitués par une agglutination de fermes. La nécessité de se grouper autour des points d'eau est la cause de cette concentration. » André Meynier a bien mis en lumière la grande complexité de la constitution des paysages agraires et la vanité des explications simplistes. Sa brève synthèse parue en 1958[268] demeure la plus pénétrante, même si elle recèle autant d'interrogations que de certitudes. Le paysage rural est l'expression des principes de vie sociale, des institutions juridiques qui en découlent et des connaissances agronomiques des ethnies qui agissent aussi en fonction d'un puissant imaginaire. Le paysage dont elles héritent des civilisations antérieures est tantôt inutile, incompris et détruit, tantôt assez impressionnant pour qu'il devienne une véritable ornière.

Le Germain et la haie

On peut faire dire à peu près tout ce que l'on veut aux rares textes de la période des invasions barbares et la question de l'idéal paysager que les Germains ont véhiculé sur les terres gallo-romaines en décadence demeure pendante. Certains auteurs — dont Robert Specklin est le dernier en date[269] —, constatant que la limite méridionale des champs ouverts coïncide, à peu de chose près, avec celle de la première grande avancée des Francs, ont tenté d'attribuer la paternité de ce paysage à ces derniers. César n'écrit-il pas[270] des Suèves : « Ils pensent que la plus grande gloire d'une nation, c'est d'établir autour de son territoire une zone désertique aussi vaste que possible » ? Plus précis, encore, Grégoire de Tours[271] rapporte le propos de Roccolène : « Je raserai toute la végétation qui est autour de la ville, en sorte que le pays sera digne d'être passé à la charrue » et ceux de Mérovée à Tours : « Pourquoi restons-nous ici ? jouissons des paysages découverts. »

S'appuyant sur diverses lois barbares plus révélatrices des usages réels que les terrifiantes descriptions de Grégoire de Tours, Xavier de Planhol montre[272] que la clôture des champs est une pratique agraire généralisée dans toute l'Europe occidentale continentale pendant le haut Moyen Age. Il rapporte la loi des Wisigoths, qui affirme que si le propriétaire d'un pâturage a négligé de s'enclore, l'usage de l'herbe devient *ipso facto* commun. Et plus loin, cette même loi autorise les voyageurs à franchir les clôtures si aucun autre chemin n'est disponible, preuve qu'elles peuvent être suffisamment nombreuses pour que la circulation soit entravée. Le chapitre XIX de la loi des Burgondes s'intitule : « Des animaux faisant du dégât dans les enclos ». On pourrait aussi ajouter la loi des Bavarois[273] : « On doit labourer, semer, clore, moissonner, transporter et engranger les ansanges légales... » Pour X. de Planhol[274], ces usages persistent jusqu'en plein XIIIe siècle en Lorraine, devenue depuis un openfield parfait. Les paysans sont tenus à la corvée de clôture sur la réserve seigneuriale. Sans doute s'agit-il de haies mortes, de plesses (branches épineuses ou non entrelacées autour de pieux fichés en terre), ancêtres des clôtures en fil de fer barbelé, mais l'abondance de leur mention permet d'affirmer qu'il ne peut être question d'openfield à cette époque. L'éclatement des grands domaines gallo-romains et l'inégal remplacement de leurs propriétaires par la noblesse germanique ne peut que favoriser l'enclos.

Comment l'openfield pourrait-il exister, d'ailleurs, puisque le berger communal y est inconnu et que le regroupement de l'habitat, condition *sine qua non* de l'openfield médiéval, ne semble pas général chez les Germains si l'on en croit Tacite qui écrit[275] : « Ils ne peuvent souffrir que leurs habitations se touchent. Ils ont des maisons séparées, isolées, selon qu'une source, un site, un bois les a séduits. » Roger Dion a, dans son *Essai*, souligné[276] que le paysage du Nord de la France résulte d'un aménagement lié aux troupeaux, à la différence de celui du Sud exprimant davantage les préoccupations d'agriculteurs. C'est, en effet, des nécessités de l'élevage que naît l'openfield à partir du milieu du XIIIe siècle. D'une manière plus générale, il souligne[277] que les paysages ruraux sont influencés par deux techniques fondamentales : la force motrice du labour et la solution apportée au problème de la nourriture du bétail.

Plus récemment, Jean Chapelot et Robert Fossier ont fait le point[278] des connaissances sur le paysage agraire de ces siècles obscurs. Ils ne peuvent que se borner à constater que des haies existent incontestablement, des talus et des fossés aussi, mais sans préciser leur importance relative par rapport aux limites moins matérialisées. Henri-Jacques Callot admet[279] pour l'Alsace l'existence d'*ackerberge* (crêtes de labours dues à l'accumulation de la terre par la charrue en bout de parcelle et de groupe de parcelles) remontant à cette époque et même à l'époque romaine, tout comme Alan Baker[280] en Loir-et-Cher, à Josnes, mais tous deux reconnaissent l'impossibilité actuelle de les dater avec précision.

Au-delà de la question pour l'heure insoluble de la haie, sans doute le paysage est-il constitué d'un ensemble de parcelles cultivées en permanence autour de l'habitation isolée ou des maisons du village. Il n'existe pas de terme français pour désigner cet *ager*, mais on peut l'assimiler à l'*infield* de Grande-Bretagne, à l'*esch* allemand ou encore au méjou de Bretagne. Il est assolé, peut-être même, comme le pensent certains, avec une rotation triennale, au moins sur les meilleures terres du Bassin parisien. A l'extérieur s'étend le *saltus* (*outfield, kampen*) qui est le domaine, indispensable à l'élevage, des pâturages, de la lande et de la forêt. Il peut parfois être temporairement mis en culture par écobuage et les parcelles labourées sont alors sans doute encloses de haies mortes (plesses).

Quels que soient les bouleversements intervenus au moment des invasions, les structures gallo-romaines subsistent ici ou là, sous forme de direction dominante du parcellaire dans les régions précédemment centuriées. De nombreux auteurs ont mis en évidence de telles permanences évoquées plus haut. Après 30 années de recherches menées dans un milieu comparable à la France, celui de la partie centrale et orientale du moyen-pays suisse, Georges Grosjean a établi[281] un remarquable modèle d'évolution paysagère en région centuriée. Cette hypothèse ne peut que stimuler les recherches des géographes comme des historiens.

Dernier avatar de la villa

A la différence de l'Allemagne, des Pays-Bas, des pays scandinaves, de la Grande-Bretagne, la France ne dispose pas pour le haut Moyen Age de résultats archéologiques nombreux et probants permettant de proposer plus qu'un balbutiement de synthèse. Il n'est pour s'en convaincre que de consulter l'ouvrage récent de J. Chapelot et R. Fossier[282]. La France y est traitée en parent pauvre, non du fait, bien sûr, des auteurs, qui eussent aimé sans doute lui consacrer un plus long développement, mais en raison de l'indigence des connaissances de la science archéologique. Les sites connus pour cette période longue de plusieurs siècles se comptent sur les doigts d'une main et encore ne sont-ils que partiellement fouillés, à l'exception de Brébières dans le Pas-de-Calais[283]. Il est vrai que les retraits démographiques et les abandons de villages des siècles ultérieurs n'ont pas atteint en France l'ampleur qu'ils ont connue chez nos voisins du Nord et du Nord-Est[284]. Si bien que l'immense majorité des sites de cette période repose — jusqu'à plus ample informé — sous les villages, les bourgs et les villes actuels.

Il est probable que le nombre des *villae* mérovingiennes et carolingiennes est moins important qu'à l'époque gallo-romaine, bien que cette forme d'occupation du sol ou plutôt d'économie rurale joue encore un rôle déterminant[285] et que nombre de toponymes en « ville » (issus de *villa*) datent de cette époque. Les puissants à qui ces *villae* appartiennent possèdent, en effet, des étendues de terres considérables dont une partie constitue leur propre réserve et l'autre est divisée en manses tenues par des familles paysannes dépendantes. Manse vient du latin *manere,* qui signifie résider, et désigne une parcelle avec une maison, une cour, des abris pour les bêtes et les récoltes, un jardin potager, un verger puis, par extension, la tenure entière, unité d'exploitation familiale. Un certain nombre de mots actuels en dérivent : mas du Midi, meix, qui désigne le jardin en Bourgogne et en Lorraine, masure, nom de la maison à cour ouverte du Pays de Caux[286].

De la *villa* de Villance dans les Ardennes belges dépendent, en 892, une soixantaine de manses qui couvrent six communes actuelles[287]. D'après le polyptique d'Irminon[288], 25 *villae* se partagent au début du IXe siècle les 40 000 ha appartenant à l'abbaye de Saint-Germain-des-Prés et commandent à 2 000 manses. Les réserves de ces *villae* (*terrae indominicatae*) représentent environ la moitié du domaine total. Sur celles-ci, le paysage est beaucoup plus homogène que sur les manses, les labours couvrant de 30 à 90 ha d'un seul tenant constituant de vastes parcelles appelées coutures. Pour Pierre Brunet, sur les plateaux tertiaires compris entre Seine et Oise, les manses occupent au IXe siècle les terroirs de « vallée et de montagne » aux sols assez légers pour pouvoir être travaillés avec un petit train de culture ou une bêche, tandis que les réserves s'implantent sur les plateaux limoneux plus lourds à travailler[289].

Le plan des *villae* s'inspire naturellement de l'Antiquité — Columelle passe toujours pour un modèle et son ouvrage est recopié —, mais des changements architecturaux interviennent. L'usage du bois et du pisé remplace souvent celui de la pierre, ce qui explique la rareté des découvertes archéologiques. Seules certaines *villae* royales sortent de l'ordinaire et sont bâties en pierre comme, par exemple, la résidence carolingienne d'Annapes (Nord)[290], entourée, il est vrai, de 17 communs édifiés en bois. Un jardin y est adjoint, décrit comme suit dans l'inventaire du fisc d'Annapes : « Une petite cour, elle aussi entourée d'une haie, à la belle ordonnance et plantée d'essences diverses ». Une haie bien entretenue enclôt la *villa* et ses dépendances comme le stipule le capitulaire de Villis. L'ensemble porte le nom de *curtis* qui se retrouve dans la toponymie sous la forme des suffixes en « court ».

Villages et maisons du haut Moyen Age

Quel que soit leur statut juridique (manses ou domaines libres), les fermes géographiquement éloignées des *villae* se multiplient donc pendant le haut Moyen Age. Certaines sont dispersées selon le modèle décrit par Tacite[291], mais beaucoup se regroupent en villages ou hameaux (du saxon *ham*).

A en juger par Brébières et ses nombreux homologues germaniques d'outre-Rhin, cet habitat groupé obéit plutôt à un ordre lâche assez représentatif de pratiques communautaires peu développées. La comparaison avec un village neuf africain d'aujourd'hui permet de comprendre l'origine de tels villages. A Barreina, dans le Trarza (Mauritanie), une localité est née récemment de la sédentarisation d'une fraction de tribu nomade[292]. Les maisons sont éloignées de plus de 10 m les unes des autres (parfois 50 ou 100 m), n'obéissent à aucune orientation préférentielle et forment une longue nébuleuse. Les pratiques communautaires sont totalement absentes, même s'il règne une certaine solidarité entre les habitants. Chaque famille fait garder son troupeau par l'un de ses membres et aménage donc selon ses besoins des enclos vaguement circulaires constitués de branches épineuses plantées en terre et entrelacées. Leur usage est double : enfermer les animaux (petits ruminants surtout) pendant la nuit ou pratiquer à proximité des points d'eau des cultures ainsi protégées de la dent du bétail. L'enclos exprime une sorte d'appropriation temporaire du sol, le reste des terres étant d'usage collectif. Au terme de leur vie nomade, ces Mauritaniens ne sont-ils pas un peu semblables aux Francs se fixant en Gaule et n'adoptent-ils pas, dans un contexte très différent, une attitude similaire créant un paysage finalement analogue ?

Dans les régions méridionales, l'abandon des *villae* localisées dans les plaines coïncide souvent avec la réutilisation des sites d'éperon pré-romains. On a maintes fois dit que le perchement de l'habitat s'explique uniquement par le souci de défense des populations face à divers envahisseurs. Ce n'est pas toujours vrai pour cette période du haut Moyen Age surtout lorsque ce sont les envahisseurs qui se perchent ! Il faut donc aussi invoquer une régression des techniques agricoles et un glissement géographique. L'élevage caprin et ovin reprenant le pas sur la culture céréalière, il est tout naturel que l'habitat se rapproche des terrains de parcours. On a même découvert à Velfaunès, dans l'Hérault[293], une grotte occupée au Moustérien, puis abandonnée pour être de nouveau habitée aux IVe et Ve siècles ap. J.-C. Les ossements découverts mettent en évidence la séquence suivante : un retour à la chasse, puis l'élevage du mouton, suivi par celui de la chèvre et, enfin, par celui du porc et du bœuf avant un nouvel et définitif abandon. Ainsi se trouve résumé ce haut Moyen Age troublé : un retour aux origines pré- ou protohistoriques, suivi d'un réapprentissage d'autant plus rapide qu'il suffit parfois aux paysans d'observer une réalité qui n'a jamais cessé complètement d'être vécue sur certains domaines voisins. Deux villages perchés du Midi remontant à cette période ont été fouillés : Rougiers (Var)[294] et l'*oppidum* de Lombren (Gard)[295] qui n'a, lui aussi, été occupé que pendant un temps très court aux IVe et Ve siècles. Ses maisons rectangulaires de pierre sèche n'ont guère plus d'une dizaine de m^2 d'emprise au sol, mais la régression n'est ici que partielle, puisque les charpentes sont recouvertes de *tegulae* et d'*imbrices*.

C'est un processus tout à fait analogue que P. Toubert a bien montré[296] dans le Latium des Xe et XIe siècles, au moment de la phase de l'*incastellamento* marquée par le choix de sites villageois perchés en fonction de leur « aptitude à coordonner un nouvel assemblage de terroirs ».

Progressivement, les techniques de construction se transforment. Le Nord de la Gaule adopte les maisons germaniques importées d'Europe centrale : rectangulaires, à armature de bois — on retrouve les trous des poteaux —, murs de pisé, toiture de chaume ou de branchages, type de construction adapté aux pays boisés et à hivers froids. De telles bâtisses sont tout à fait semblables aux maisons danubiennes du Ve millénaire av. J.-C., encore que les techniques d'assemblage du bois puissent atteindre une grande complexité si l'on en juge par les découvertes effectuées en Grande-Bretagne ou en Allemagne[297]. A leur côté, on retrouve de nombreux fonds de cabanes très typiquement germaniques : à Brébières ou à Dieue-sur-Meuse, par exemple. Ces fosses exiguës recouvertes d'une structure légère peuvent servir soit d'habitat temporaire ou destiné aux esclaves, soit d'annexe de la maison principale pour abriter une récolte particulièrement abondante, de jeunes animaux ou une activité domestique telle que le tissage, comme le suggère un dessin du psautier d'Utrecht datant du IXe siècle[298]. Ici, encore, la régression n'a qu'un temps, puisque ces cabanes malcommodes disparaissent totalement au Xe siècle, tandis que les maisons principales s'améliorent sensiblement.

Une région du Nord de la Gaule semble moins reculer : un îlot situé à cheval sur la Champagne et la Lorraine[299] traversé par la voie Lyon-Trèves, c'est-à-dire ayant probablement gardé plus longtemps le contact avec le Sud. Aujourd'hui encore, les toitures y sont couvertes de tuiles canal (fig. 19), ce qui ne signifie pas que l'on n'y a jamais construit de maisons germaniques à toit végétal, mais que l'interruption a été plus courte ou seulement partielle. Une autre preuve d'une meilleure survie de l'héritage gallo-romain dans cette région est apportée par l'étude des dialectes locaux. Certains mots y sont « occitans ». On y utilise, par exemple, le mot « cavale » alors que la France du Nord dit « jument » (fig. 18). Jean Godfrin et Xavier de Planhol ont même retrouvé[300] un îlot de toits à *tegulae* et *imbrices* dans la région de Saint-Dizier, les tuiles en question n'étant évidemment pas gallo-romaines, mais fabriquées entre 1865 et 1935 par une tuilerie de Cousancelles. Cette curiosité pose un problème passionnant, car, la tuilerie et ses archives ayant brûlé en 1935, on ignore si les *tegulae* correspondent à une demande locale et, dans ce cas, à une survivance, ou s'il s'agit d'une pure invention du fabricant. Pour ce qui est de l'emploi de la tuile canal en Lorraine, X. de Planhol penche pour une reconquête des campagnes à partir de quelques foyers résiduels urbains, la preuve étant faite que les maisons médiévales étaient très largement recouvertes de chaume.

Au sud de la grande limite Poitou-Léman déjà évoquée, l'empreinte romaine a été plus forte, et dans le paysage comme dans la langue ou la littérature la germanisation est plus superficielle. Rien ne prouve, dans l'état actuel des connaissances, que des maisons de bois de style germanique ne sont pas construites. On connaît, à la limite des deux zones, un exemple significatif : Saint-Victor-de-Massiac[301]. Les constructions mérovingiennes y sont sans doute couvertes de bottes de végétaux. Un peu plus tard, une chapelle carolingienne reçoit toiture de *tegulae* et d'*imbrices*. Aujourd'hui, le village est couvert de tuiles canal après s'être longtemps tourné vers la lauze de basalte ou de schiste, hésitation fréquente aux confins des deux grands domaines. Une telle évolution suggère que la technique romaine ne s'était pas totalement perdue. Peut-être restait-il quelques bâtiments encore couverts de manière traditionnelle dont les matériaux furent copiés au moment de l'édification de la chapelle. Peut-être a-t-on tout simplement utilisé des matériaux de récupération. Le processus doit être sensiblement identique dans tout le sud de la Gaule. Techniquement, la *tegula* est difficile à réaliser : taille importante, forme complexe, grande épaisseur rendant le séchage et la cuisson délicats. Au contraire, l'*imbrex* se moule aisément sur la cuisse et peut être beaucoup moins épais. De plus, la toiture originelle exige une charpente plus lourde et complexe. Il est donc tout naturel que l'*imbrex* seul se soit maintenu presque exclusivement. Jusqu'au XIXe siècle, toutefois, les vraies tuiles romaines ont continué d'être utilisées sur certaines toitures d'églises ou même de maisons rurales du Massif central. C'est le cas de l'église de Brioude (Haute-Loire)[302]. De telles survivances sont observables ailleurs dans le monde romanisé : à Rome et dans le Latium, par exemple.

Premières forteresses rurales

Si le développement de l'habitat perché pendant le haut Moyen Age ne peut trouver une explication suffisante dans le souci de défense, cela n'implique pas pour autant que les fortifications soient absentes en cette période. L'insécurité exige la protection. On connaît par des textes ou des fouilles des *villae* du Bas-Empire protégées par des remparts à Bourg-sur-Gironde ou à Carouge, près de Genève. On sait que 15 000 personnes se réfugient dans la forteresse de Châteaumeillant en 583 sous la menace de Chilpéric, roi des Burgondes. L'aristocratie germanique édifie des ouvrages fortifiés un peu partout. Ceux-ci abritent des églises, des baptistères, des ateliers monétaires, voire des foires. Ainsi naissent ou renaissent Alise, Flavigny, Mont-Lassois, Chastel-Marlhac, Thiers, Amboise, Loches, Chinon, etc.

Avec l'avènement des Carolingiens, quelques nouvelles forteresses rurales voient le jour : Turenne, par exemple. Pépin le Bref rebâtit celle d'Argenton en 762 ; Charlemagne élève celle de Fronsac en 769, mais, d'une manière générale, les souverains carolingiens n'accordent qu'un intérêt limité aux ouvrages militaires, préférant asseoir leur autorité par d'autres moyens. Comme le remarque Gabriel Fournier, ils cherchent à imiter les empereurs romains, lesquels n'érigeaient de forteresses qu'à proximité du *limes*. Couvrir leur domaine de forts aurait manifesté aux yeux de tous leur incapacité à y maintenir l'ordre. C'est d'ailleurs ce qui explique la relative facilité de la conquête normande et la profondeur des incursions hongroises ou sarrazines. Ce n'est qu'à la fin du IXe siècle et au Xe qu'ils se décident à élever un peu plus de fortifications.

Certains remparts entourent des palais primitivement ouverts (Compiègne, sous Charles le Simple en 917, la résidence des comtes d'Angoulême à Andone en Charente), des cours agricoles (*villae*) ou des monastères. D'autres ouvrages qui portent le nom de *castrum* ou de *castellum* ont une fonction purement défensive et sont élevés sur des emplacements stratégiques, ce qui n'exclut pas des liens avec des établissements religieux ou agricoles voisins. Ainsi l'abbé Géraud construit un vaste château-refuge au-dessus du monastère qu'il a fondé à Aurillac et finit par y résider, préfigurant l'attitude des puissants dans les siècles ultérieurs.

Les matériaux utilisés pendant cette période sont surtout le bois, qui sert à élever des palissades, et la terre, tout comme dans les maisons rurales. Fossés, levées de terre, plus rarement des murs de pierre constituent des défenses périphériques assez efficaces pour que des machines de guerre soient nécessaires pour les enfoncer : ainsi en est-il au siège de Mareuil-sur-Ay, en 952. Récemment encore, l'histoire militaire de l'Ouest américain au XIXe siècle a montré que la palissade n'est en rien un fétu de paille comme on serait tenté de le croire.

C'est au début du Xe siècle que les fortifications cessent d'être simplement des restaurations des systèmes de défense pré-romains ou des annexes des établissements civils ou religieux ne servant qu'en cas d'urgence. Elles deviennent alors les sièges de l'autorité féodale et leur conception change profondément.

VI

Naissance de la mosaïque des paysages ruraux au Moyen Age

On s'accorde à reconnaître une relation étroite entre la croissance de la population, le renouvellement de l'imagination agronomique et la transformation des paysages ruraux à partir du XIe siècle. Il est possible qu'une telle révolution agricole ait été favorisée par les « douceurs de l'an mil et des siècles environnants » comme le suggère prudemment E. Le Roy Ladurie[304]. Peut-être les dernières invasions, celles des Normands, sont-elles aussi liées à la clémence des cieux.

Au cours de cette période des grands défrichements, comme pendant tout le haut Moyen Age, on a continué à vivre sur une association de l'*ager* et du *saltus* (de l'*infield* et de l'*outfield*). Innombrables sont les miniatures médiévales montrant côte à côte un espace emblavé et une lande où paissent des moutons en lisière de forêt (photo 17). Cependant, il n'en reste pas moins que l'histoire du paysage rural médiéval représente, avec des hauts et des bas, l'histoire de la résorption des forêts, des landes, des marais et celle des progrès des espaces agricoles permanents dont le visage s'ordonne de mieux en mieux.

La forêt apprivoisée, meurtrie, puis protégée

En créant des breuils destinés à préserver leurs domaines cynégétiques, les souverains mérovingiens et carolingiens avaient déjà préfiguré l'arsenal des mesures conservatoires qui s'enrichit de plus en plus. Le capitulaire *De Villis* qui date du début du IXe siècle stipule[305] déjà : « Que nos bois et nos forêts soient bien surveillés ; et là où il y a une place à défricher que nos intendants la fassent défricher et qu'ils ne permettent pas aux champs de gagner sur les bois ; et où il doit y avoir des bois, qu'ils ne permettent pas de trop les couper ou de les endommager, et qu'ils veillent bien sur notre gibier dans les forêts. »

Après avoir bénéficié d'un court répit pendant les troubles du Bas-Empire et du haut Moyen Age, la forêt recommence à subir mille avanies dès le XIe siècle. Car si les règlements se perfectionnent, la paysannerie est toujours en avance d'une attaque. C'est à qui « pare, plume et écorche[306] » le plus les espaces boisés. Les besoins de la construction, du chauffage et de la cuisine, du pâturage et surtout de l'agriculture conquérante font se rétrécir les vastes massifs boisés. D'aucuns pratiquent le furetage, qui consiste à exploiter les plus belles perches des taillis ; d'autres choisissent les meilleures essences sans les remplacer. Les charbonniers et les forgerons créent de véritables clairières où ils installent leurs huttes. Chèvres, moutons, porcs ne se contentent pas de la glandée, mais s'attaquent aux jeunes pousses, empêchant ainsi le renouvellement des peuplements et, en arrachant les écorces, font périr nombre d'arbres adultes. Ils sont aidés par leurs bergers, qui se livrent à l'effeuillage ou à l'incendie pastoral, lequel régénère l'herbe, mais détruit le bois. Seule la cueillette des fruits (poires, pommes, châtaignes, etc.) et des champignons n'entraîne guère d'effets destructeurs.

Plus intensément utilisée et donc fréquentée par les hommes, la forêt devient progressivement un monde moins hostile. Les animaux sauvages y sont un peu plus rares et craintifs. Le goupil Renard et le loup Ysengrin du *Roman de Renard,* écrit à la fin du XIIe siècle, sont devenus des animaux familiers, l'un incarnant la malice et l'autre la crédulité. Cette littérature exorciste n'élimine évidemment pas les dangers réels des loups en certaines régions et certains hivers. La chasse, qui reste très sportive, prend peu à peu également des allures de promenade, ce que les textes et les images montrent bien. Les somptueuses fresques de

Photo 17
Planche de mars des Très riches heures du duc de Berry. *Au pied du château de Lusignan (Vienne), détruit pendant les Guerres de religion, plusieurs paysages ruraux du Moyen Age ont été figurés. Au premier plan, un laboureur passe la charrue dans un champ triangulaire qui constitue l'une des premières tentatives pour suggérer la perspective. Au deuxième plan, à droite, un paysan sème les blés de printemps (marsage). A gauche, des vignerons taillent et piochent une vigne complantée d'arbres fruitiers et enclose d'un mur. A l'arrière-plan, à gauche, un berger garde des moutons sur une jachère ou sur les pacages du* saltus. *Photo Tallandier.*

Photo 17 *bis*
La forêt médiévale recule devant l'agriculture conquérante. Miniature extraite du Livre des Profits champêtres *(xv*[e] *siècle). Bibliothèque nationale. Photo Roger-Viollet.*

la chambre du cerf au Palais des Papes d'Avignon, peintes par l'Italien Matteo Giovanetti en 1343, offrent le spectacle d'une forêt-jardin. Des damoiseaux y chassent en costume d'apparat, tandis que d'autres s'amusent à y charmer les oiseaux ; dans un vaste vivier qui semble tout droit sorti d'un atrium romain, on pêche d'étonnants poissons à l'expression enjouée. C'est un monde enchanteur et fleuri bien éloigné des terreurs rapportées par les vies de saints des siècles précédents. La forêt envahit même au XVe siècle les tapisseries dites de verdure et sert donc de décor très commun aux logis seigneuriaux. Pour autant, les forêts n'ont pas cessé d'être le refuge des ermites et des marginaux de la société médiévale, et les mauvaises rencontres sont toujours possibles lorsqu'on les traverse. On connaît la trop célèbre émotion de Charles VI traversant la forêt du Mans et se heurtant au vagabond qui aggrave sa folie.

La première ordonnance royale connue à propos des forêts est prise par Philippe-Auguste en 1219[307]. Elle concerne les attributions des gardes de la forêt de Retz (Villers-Cotterêts). Petit à petit, tout un personnel hiérarchiquement organisé est chargé de la surveillance des forêts royales, preuve des pressions qui pèsent sur elles. Il est vrai que les revenus qu'elles procurent aux finances royales sont loin d'être négligeables : à peu près le quart du total à l'époque de Saint Louis, qui possède environ 200 000 ha répartis en 160 forêts. C'est un véritable code forestier que Philippe VI de Valois met ensuite en place par l'ordonnance de Brunoy du 29 mai 1346[308]. Celle-ci est particulièrement malthusienne à l'égard des droits d'usage dont la liste des concessionnaires est déclarée close. Charles V en 1376 et Charles VI en 1388 et 1402 reconduisent ces dispositions. Malgré les répits de la Guerre de Cent Ans et des creux démographiques entraînés par les épidémies, les destructions ne cessent pas, et c'est sur une véritable crise forestière que débouche le Moyen Age finissant. Désormais, les grands massifs hérités de l'Antiquité ou reconstitués pendant les invasions, sont morcelés et leurs vestiges grignotés de tous côtés par les défrichements : Ardennes, Vosges, Yvelines, Rambouillet, Jura, Médoc et Entre-deux-Mers, etc. L'*ager* l'a définitivement emporté sur le *saltus*.

A côté de cette dialectique destruction-conservation qui forme l'essentiel de l'histoire des forêts médiévales, un fait nouveau mérite d'être signalé : l'apparition aux XIVe et XVe siècles des premières plantations d'essences « rentables ». Dans les Vosges, des bourgeois remplacent hêtres et chênes par des conifères à la croissance beaucoup plus rapide. Ainsi naît le paysage végétal indissociable aujourd'hui de la ligne bleue des crêtes vosgiennes et qui semble pourtant tellement « naturel ».

Le grand essartage (photo 18).

Il est maintenant prouvé que des signes avant-coureurs des grands défrichements apparaissent aux VIe et VIIe siècles, puis au IXe, mais c'est principalement entre le XIe et le XIIIe que les mentions se multiplient dans les textes, révélant une activité fébrile d'augmentation des espaces cultivés au détriment du *saltus*[309]. Celle-ci concerne aussi bien l'agrandissement des espaces agricoles existants que la fondation de nouveaux finages indépendants. Dans la plaine suisse, selon Georges Grosjean, la structure gallo-romaine en damiers persiste dans le premier cas, tandis qu'une structure étoilée apparaît dans le second[310].

Le terme essart dérive du latin *exsartum,* de *sarire,* sarcler, et fait donc allusion à l'usage d'outils tels que houes, sarcloirs, haches, serpes, etc. Mais il contient aussi le radical « art » que l'on retrouve dans « artigue », utilisé dans la France du Sud-Ouest et qui dérive peut-être du latin *ardere*, brûler[311]. Le brûlis de forêts et l'écobuage des landes (brûlis en tas de la surface du sol découpée en mottes) sont pratiques courantes. Les toponymes Sauveté, Bastide, Villefranche, Villeneuve, Neuville, Bourgneuf, Neufbourg indiquent également la fondation de nouveaux finages gagnés sur le *saltus* par des communautés accueillies par des seigneurs laïcs ou des abbayes. On connaît, par exemple, le rôle éclairé en la matière de Suger, abbé de Saint-Denis-en-France. Parfois, les paysans agissent de leur propre chef, c'est-à-dire sans autorisation du propriétaire des forêts.

Le choix des essarts est dicté par plusieurs types de motivations. Au premier chef, il faut mentionner les nécessités démographiques, plus ou moins pressantes d'une région à l'autre, mais générales en France depuis la fin des invasions et l'avènement de la paix. R. Fossier a nettement montré[312] (fig. 11) que la deuxième vague d'essarts relevés dans les documents médiévaux de Picardie (1210-1250) est consécutive à la poussée démographique des années 1180-1210, elle-même conséquence de la première flambée de défrichements (1150-1180). Vient ensuite le dynamisme des communautés monastiques (Prémontrés, Cisterciens, Chartreux, Trappistes), dont beaucoup satisfont aux exigences de la règle de saint Benoît concernant le travail manuel en conquérant des espaces agricoles sur la forêt, souvent au plus profond des massifs qui se trouvent ainsi de plus en plus mités. Enfin, les instruments de labour jouent un rôle non négligeable. Car ce n'est pas tout de défricher, il faut aussi ameublir et retourner la terre. Si elle est légère, l'araire suffit bien, mais si elle est argileuse, l'antique instrument, tout au plus capable d'égratigner, ne suffit plus. La charrue s'impose par la profondeur de sa morsure et son versoir qui retourne la motte soulevée. Or, celle-ci ne se répand que tardivement même si son usage est attesté dès l'époque gauloise[313] puis carolingienne dans certaines régions du Nord. C'est ainsi que, dans le domaine méridional de l'araire, les Causses sont mis en valeur avant les lourdes terres de la dépression du Limargue[314].

Les deux instruments évoqués ont surtout des effets très différenciés sur la forme des champs. L'araire exige un labour à deux passages croisés perpendiculairement, mais un attelage léger à un âne ou un mulet suffit à le tirer. C'est pourquoi il se trouve généralement associé à des champs de forme massive, c'est-à-dire non pas nécessairement de grande taille, mais aussi longs que larges. Au contraire, un seul passage de la charrue suffit, mais celle-ci est lourde à manier et exige un attelage de 2 ou 4 bœufs. Il y a tout intérêt à ne pas affronter trop souvent le problème du demi-tour. C'est pourquoi elle favorise plutôt la création de champs en longueur. Une autre originalité du champ labouré à la charrue est de présenter une surface de raies et de sillons alternés ; parfois même, en terrain humide, plusieurs sillons sont déversés les uns sur les autres pour former un billon séparé du suivant par un fossé.

Grosso modo, la charrue est utilisée au Nord de la ligne Poitou-Léman, tandis que l'araire sert aux labours du Sud[315]. S'agit-il d'un partage d'origine ethnique et culturelle ou bien d'une adaptation à la pédologie ? Sans doute l'un et l'autre, mais qu'importe : ainsi se crée le grand contraste entre les champs plutôt laniérés du Nord et du Nord-Est et les champs plutôt massifs du Sud avec, il est vrai, de notables exceptions qui invitent, comme toujours, à la défiance vis-à-vis des explications simplistes.

Tout différemment se présente le problème purement juridique de la superficie des parcelles. Celles qui dépendent d'une réserve seigneuriale ou d'une abbaye sont vastes et donc généralement assez massives, le rapport longueur/lar-

Photo 18
Un petit essart médiéval en forêt de Compiègne : Saint-Jean-aux-Bois (Oise).
Photo R. Agache. Direction régionale des antiquités de Picardie.

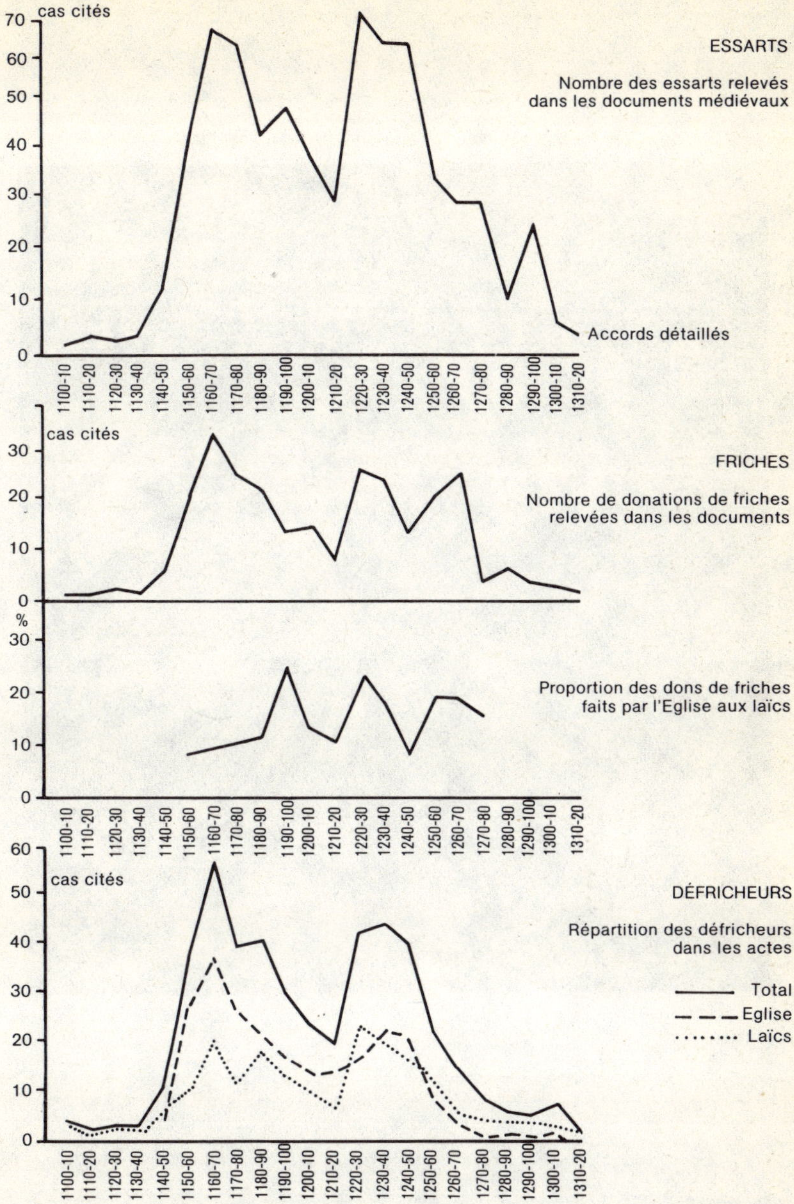

Fig. 11. - LES DÉFRICHEMENTS DANS LA PICARDIE MÉDIÉVALE

d'après R. Fossier : *La terre et les hommes en Picardie jusqu'à la fin du XIII*[e] *siècle*, 1968.

Photo 19
Parcellaire rayonnant sur l'emplacement de l'ancien étang de Montady (Hérault) asséché en 1248. Photo I. G. N.

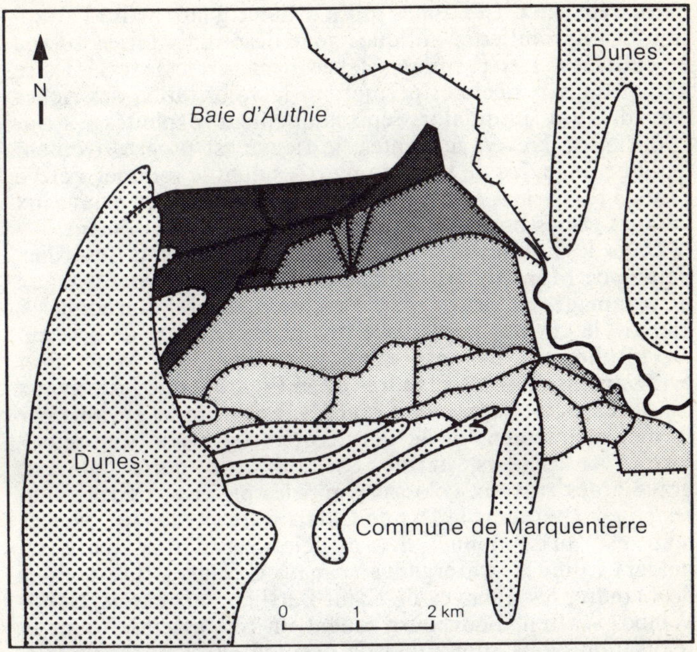

Fig. 12. - PHASES DE L'ACCROISSEMENT DU RIVAGE AU SUD DE LA BAIE D'AUTHIE

- Renclôtures faites par la commune de Marquenterre (1258-1597)
- Renclôture de 1737
- Renclôture de 1781
- Renclôtures concédées par l'Etat (1817-1860)

d'après A. Briquet : *L'évolution du rivage du Nord de la France et l'activité de l'homme*, Orléans, 1930.

geur n'ayant plus guère d'importance à partir d'une certaine contenance. C'est ce qu'a montré Charles Higounet[316] en étudiant le terroir de la grange de Vaulerent, dans la plaine de France, dépendance de l'abbaye cistercienne de Chaalis, d'après un exceptionnel état rédigé en 1248 (fig. 13). Les parcelles accensées, au contraire, sont plus exiguës.

L'essartage revêt des caractères particuliers lorsqu'il s'effectue au détriment de terrains régulièrement inondables ou marécageux. Ces zones qui n'avaient guère attiré l'attention des agriculteurs antiques sont désormais mises au sec et cultivées. Les premières levées (ou turcies) de la Loire datent du XIIe siècle et permettent la valorisation des riches sols du Val jusqu'alors épisodiquement exploités[317]. Sur 500 km, de Nevers à Nantes, le fleuve est progressivement endigué de levées de terre empierrées dont le sommet s'élève jusqu'à 7 m au-dessus du niveau d'étiage. Les nouveaux villages et des ponts s'y appuient ; on y circule aisément.

Dans le Languedoc, au pied de l'*oppidum* d'Ensérune, l'étang de Montady est asséché en 1248, grâce à des travaux de drainage autorisés par l'archevêque de Narbonne[318]. Depuis, le curieux parcellaire rayonnant en parts de brie qui en résulte n'a pas été modifié (photo 19). Mais c'est évidemment dans les Flandres et en Picardie que les travaux les plus spectaculaires sont réalisés. Les terrains envahis par la mer au moment de la dernière transgression sont transformés en polders (terme issu du latin *palus*, marais) grâce à des travaux colossaux appelés en Picardie renclôtures (fig. 12) et dans le Pas-de-Calais wateringues (ce dernier nom est aussi donné aux associations d'utilisateurs du polder) : digues, watergangs (canaux), écluses. Les comtes de Flandre, les abbayes de Saint-Bertin, Clairmarais, Saint-Winoc, Watten, Bourbourg jouent un rôle essentiel dans la réalisation ou la promotion de ces coûteux aménagements. Le comte de Flandre Philippe d'Alsace dit dans une charte de 1169 concernant les marais de l'Aa[319] : « Entre Watten et Bourbourg un marais répandait sur une vaste étendue une vase inaccessible et se refusait à tout usage humain. J'ai fait, à mes frais, assécher cette mer boueuse, au prix de bien des fatigues et, lui arrachant presque par violence un comportement naturel plus favorable, je l'ai transformé en terre féconde. » D'autres polders naissent dans les marais de Dol, Breton, Vendéen ou Poitevin ou en Camargue sous l'impulsion de l'abbaye de Montmajour. Des marais continentaux sont également asséchés pendant cette période, tel celui du poljé de Cuges, en Provence, entre 1450 et 1475.

La Dombes[320] constitue l'une des exceptions dans ce grand mouvement d'assèchement des marais. Ici, les sols morainiques sont ingrats et la mise en culture peu payante pour le travail qu'elle exige. Aussi, un original système est mis au point. Les leschères (nom local des marécages) sont aménagées en réservoirs qu'il est facile de vider en ouvrant une vanne. Pendant deux années consécutives, la leschère reste en eau et fournit du poisson (carpes, brochets). Au terme de cette période, elle est vidée de son eau, ce qui permet une pêche miraculeuse et elle est mise en culture, la vase ayant amendé le sol. Les premiers aménagements de ce type remontent au XIIIe siècle[321]. Les plus vastes (étang de Grand-Birieux, par exemple) datent du XIVe siècle.

Naissance du paysage de champs ouverts

Dans son *Essai* de 1934, Roger Dion présente le problème du grand contraste du paysage rural français de la manière suivante[322] : « Tout se passe comme si les campagnes du Nord avaient été aménagées par des hommes qui concevaient l'exploitation agricole comme un travail collectif ; celles du Sud, par des hommes attachés à sauvegarder l'indépendance et la liberté d'initiative de chaque cultivateur sur sa terre. Ces conceptions primitives, dont les origines se perdent dans une antiquité sans date, régnaient encore souverainement, au XVIIIe siècle, sur la vie rurale française. » Ce qui reste vrai pour le Sud dont la constitution du paysage s'est étalée sur de nombreux siècles ne l'est plus du Nord. R. Dion avait nettement montré que le paysage de champs ouverts correspond à une utilisation plus intense de l'espace agricole, sans pouvoir préciser la date de son apparition. A la suite des travaux magistraux des géographes allemands (A. Krenzlin, par exemple), le processus et la chronologie de l'apparition des paysages de champs ouverts est maintenant beaucoup mieux cerné.

L'openfield apparaît avec l'assolement triennal dans la région de Mayence vers 800 et sa propagation s'étale jusqu'au XVe siècle[323]. Le XIIIe siècle marque le début de la grande transformation des paysages ruraux du Nord et du Nord-Est de la France[324]. Celle-ci provient de la surcharge pastorale du *saltus* qui, réduit par les essartages à la portion congrue, ne parvient plus à nourrir les animaux devenus nombreux dans les villages. Il n'y a aucune autre solution que de placer tout le bétail sous la conduite d'un seul berger

— chacun conservant la propriété et la jouissance de ses animaux — et d'introduire le troupeau ainsi constitué sur l'*ager*. Mais alors, le regroupement des jachères s'impose, et donc l'assolement triennal réglé qui consiste à diviser l'*ager* en trois parties égales ou soles. Chacun conserve, là encore, la propriété et la jouissance de ses champs bornés de pierres, mais, sur une sole donnée, tout le monde est tenu de pratiquer la même culture (céréale semée en hiver ou au printemps) ou de laisser ses champs au repos une année sur trois. La sole de jachère permet la vaine pâture, laquelle ne peut se dérouler qu'en l'absence totale de clôture entre les parcelles. Ainsi naît — tardivement — le paysage des champs ouverts appelé encore champagne ou campagne et plus couramment aujourd'hui, par les géographes, openfield. Il remplace la marqueterie des champs du haut Moyen Age séparés par des haies mortes ou vives plus ou moins denses. Il couvre tout le Nord-Est de la France à l'exception de la Thiérache qui devient bocagère à partir du XIVe siècle[325].

Un avantage considérable est induit par cette transformation : la fumure rationnelle des terres qui accroît les rendements céréaliers. Dans la deuxième moitié du Moyen Age, les vastes plaines et plateaux du Bassin parisien prennent le visage d'océans de blé alternant avec les immenses étendues herbeuses des jachères où paissent les troupeaux. F. Sigaut préfère[326] le terme de pâtis à celui de jachère trop vague car pouvant désigner les champs après le labour ou après la récolte (chaumes). Ce sont ces pâtis que Jeanne d'Arc a connus en gardant le troupeau des villageois de Domremy lorsque revenait le tour de son père[327]. La mosaïque culturale n'apparaît qu'à la périphérie des villages, dans le *hortus* où chacun est libre de créer jardins, vergers ou chènevières là où il le veut. L'habitat groupé qui, lui, remonte au moins aux invasions n'est donc pas génétiquement lié à l'openfield. Cependant, il représente un facteur favorable, voire un préalable nécessaire dans la mesure où la promiscuité paysanne qu'il crée engendre liens sociaux profonds, solidarité et, lorsque le besoin s'en fait sentir, pratiques communautaires librement consenties. Il va de soi que le perfectionnement du régime seigneurial joue aussi un rôle décisif dans la généralisation du système.

Le processus de constitution de l'openfield à été mis en évidence avec précision pour la Lorraine par X. de Planhol[328]. Dans la région de Metz, la mention du berger communal ou herdier apparaît dans les textes juridiques dans le dernier quart du XIIIe siècle. L'idée de serrer de près la création de l'emploi de herdier est la conséquence des

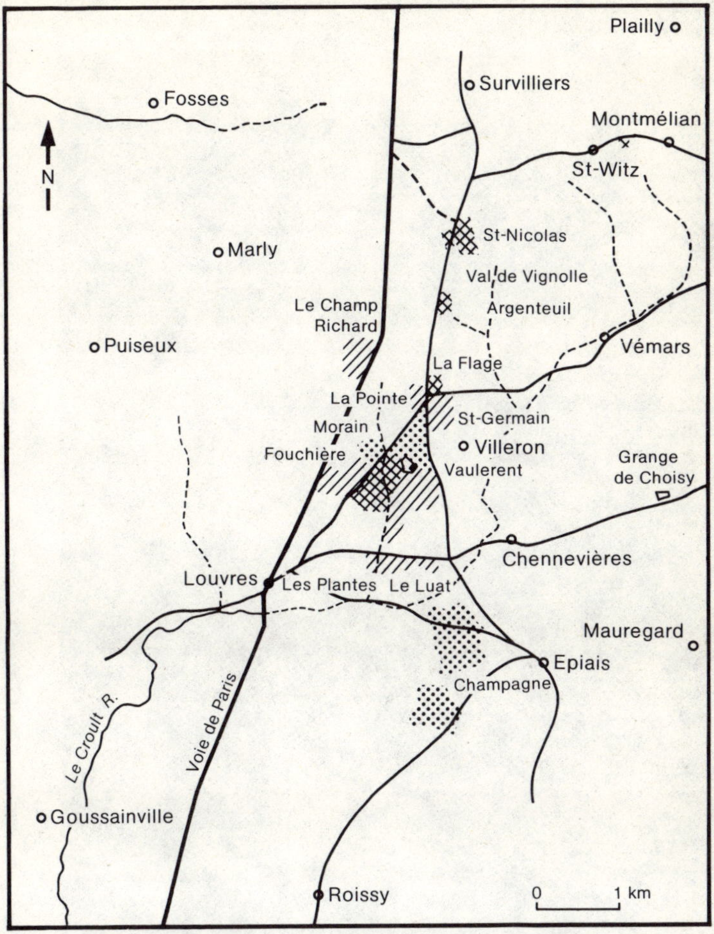

Fig. 13. - LE TERROIR DE LA FERME DE VAULERENT EN 1315
RESTITUTION DU PLAN D'ASSOLEMENT

d'après Ch. Higounet : *Paysages et villages neufs du Moyen Age*, 1975.

Photo 20
Un finage d'openfield en Lorraine : Saint-Louis (Moselle). Au-delà des jardins et vergers qui cernent le village-rue, les champs ouverts laniérés s'étendent jusqu'aux limites de la forêt. Photo A. Perceval. Documentation française.

études réalisées par l'auteur en Anatolie méridionale. Le paysage rural de la plaine pamphylienne est l'enclos et correspond à une surveillance individuelle et plutôt lâche des animaux. C'est le domaine de ce que X. de Planhol appelle « l'anarchie pastorale primitive ». Mais lorsque la densité des cultures devient importante, l'institution du berger communal s'impose et, dès lors, comme il a pu l'observer dans plusieurs villages pendant les années 1940, l'enclos s'estompe pour faire place à l'openfield. Dans les textes lorrains du XIIIe siècle, les mentions de haies disparaissent à mesure que se multiplient celles du herdier qu'accompagnent les procès pour droit de troupeau à part. L'argument selon lequel ces derniers manifesteraient plutôt l'individualisme grandissant du XIIIe siècle[329] ne vaudrait que si le berger communal n'était pas une nouveauté à cette même époque.

Un peu plus tôt ou un peu plus tard, c'est sensiblement à la même époque que l'openfield apparaît dans tout le Nord de la France et pousse des pointes jusqu'au cœur du Massif central, aux confins de l'Aquitaine et aux portes de Lyon. Dans le Mâconnais du XIe siècle étudié par G. Duby[330], les champs ouverts sont liés aux défrichements collectifs, mais un siècle plus tard les défrichements individuels engendrent bocage et habitat dispersé. Dans la plaine de France, le terroir de la grange cistercienne de Vaulerent (fig. 13) est soumis en 1 315 à l'assolement triennal[331] : « Tout le terroir de Vaulerent est divisé en trois années. La première porte des blés ; la seconde est en jachère ; la troisième est en marsage » (céréales plantées en mars). En Limagne[332], c'est la multiplication des accensements seigneuriaux entre le XIe et le XIIIe siècle qui est l'origine du laniérage et des champs ouverts. En Vendée[333], des terroirs laniérés sont attestés au XIIIe siècle.

Mais au XIIIe siècle, l'openfield n'a pas encore atteint la perfection du XVIIIe siècle, à l'époque où Arthur Young le décrit. Son élaboration se poursuit encore en Lorraine au XVIIe siècle.

Le paysage nouvellement créé ne modifie pas tout de suite le parcellaire. Aujourd'hui encore, en Lorraine ou en Alsace, des vestiges de centuriations romaines semblent subsister ici ou là. Cependant, l'absence de haies, l'usage de la charrue et les partages successifs au moment des héritages font des openfields de la France septentrionale le domaine privilégié du laniérage des champs (photo 20). Très densément peuplée, l'Alsace atteindra plus tard des records en la matière avec un paysage agraire fait de minuscules lames de parquet. Comme on l'a dit, l'araire exclut ce paysage au Sud de la France, à moins que la prédominance ancienne des petits champs massifs n'ait engagé à conserver l'araire qui, de plus, s'accommode mieux des sols légers plus répandus dans cette région.

Le laniérage se présente avec un certain géométrisme dans la mesure où les groupes de champs parallèles sont réunis en quartiers délimités par des chemins, mais il présente parfois de singulières irrégularités qui ont passionné les géographes agrariens pendant des décennies. Il s'agit de bombements dans le profil et de courbures dans les limites. A l'exception de certaines régions humides, la plaine de la Lys[334], par exemple, dans lesquelles le bombement est axial de manière à ce que les limites du champ jouent le rôle de fossé de drainage, les bourrelets se rencontrent plutôt aux extrémités et sont dus à l'action accumulatrice de la charrue. Avant chaque demi-tour effectué en bout de parcelle sur un espace mort appelé chaintre (ou cheintre ou tournière), le laboureur détache, en effet, à l'aide d'une raclette, la terre qui s'est collée au soc et au versoir. Si le sol est argileux, cette terre est abondante et, à la longue, elle finit par former un bourrelet épais. Ce sont les *ackerberge* déjà évoqués. Sur les terrains en pente, ils deviennent rideaux de culture volontairement accentués pour réduire la pente. Le paysage est alors intermédiaire entre celui du plan unique et des terrasses.

Le problème des champs courbes ne se pose évidemment pas lorsque les parcelles épousent des courbes de niveau, des cours d'eau ou des chemins sinueux. En revanche, il est plus délicat lorsque les champs affectent la forme d'un S ou d'un S inversé, sur un terrain plat[335]. La courbure peut être due tout simplement à la difficulté de tracer un sillon droit sur une grande longueur, mais aussi à la nécessité d'amorcer le demi-tour des attelages de bœufs à une certaine distance de l'extrémité de la parcelle, ou bien encore au décalage axial entre le laboureur et le conducteur qui doivent pouvoir communiquer visuellement dans les attelages complexes. Dans tous les cas, les champs courbes sont liés à l'usage de la charrue.

Le paysage des contrées de l'Ouest

Le paysage rural de l'Ouest français présente de nombreuses analogies avec celui des autres régions atlantiques de l'Europe (Norvège, Grande-Bretagne, Galice, etc.), mais la belle synthèse descriptive et explicative que mériterait cette aire reste à écrire[336]. Jusqu'à ces dernières années, la caractéristique essentielle en était la prédominance du bocage dont on sait maintenant qu'il n'a rien d'immémorial. Si les premiers fossés-talus, avec ou sans haies, datent probablement de la préhistoire, les derniers ont été élevés dans l'Entre-deux-guerres. L'ennoiement sous la mer ou sous des dunes de certains talus bretons est difficile à interpréter dans la mesure ou les dernières oscillations transgressives de la mer datent du Moyen Age. Les trouvailles d'une statuette phénicienne, de monnaies romaines ou ducales dans les talus sont plus significatives, mais ces découvertes souvent anciennes ont été mal exploitées. Pendant longtemps, on a affirmé que le bocage était celte et qu'il avait donc connu une phase d'expansion au moment de l'arrivée des Bretons en Armorique. Cette idée reposait sur les intuitions de Meitzen. Dans une synthèse commode des idées sur le bocage breton, J. Meyer affirme[337] que « l'une des interrogations majeures de l'histoire du bocage breton, à savoir si les Celtes insulaires ont, ou non, contribué à renforcer le bocage de la Bretagne occidentale, reste sans réponse. »

De fait, on dispose, malheureusement, de peu de documents pour le Moyen Age. L'un des plus précieux est le cartulaire de Redon étudié par A. Meynier, A. Guilcher et P. Flatrès[338]. Ses chartes les plus anciennes remontent au IXᵉ siècle, à l'époque de la lutte entre Bretons et Carolingiens. Pour Pierre Flatrès, dans les régions gallo-franques concernées par ces documents (Sud de l'Ille-et-Vilaine et Nord de la Loire-Atlantique actuelles), les champs ouverts dominent à cette époque (ils sont limités par des bornes) de même que l'habitat groupé en *vici* auxquels s'ajoute un petit nombre d'écarts. Les régions bretonnes d'alors (Est du Morbihan et Ouest de l'Ille-et-Vilaine) présentent un aspect différent. Les fossés-talus délimitant les domaines (*ran*) y sont nombreux, de même que les landes incultes. L'habitat y est dispersé en hameaux ou en fermes isolées. Les chartes ultérieures datant des Xᵉ-XIIᵉ siècles révèlent un paysage homogène de type breton. Les mentions de *fossatum novum* abondent et témoignent des progrès de l'enclos à cette époque, mais aussi du fait que le bocage est encore loin d'être complet.

L'étude minutieuse du parcellaire breton actuel permet à André Meynier de proposer[339] une chronologie de la constitution du paysage (fig. 14). L'absence de logique dans le parcellaire n'est, en effet, qu'apparente. D'abord apparaissent des directions antérieures au Moyen Age : orientations mégalithiques (celles qui avaient servi à l'érection des monuments) ou centuriations (autour de Corseul, Redon, Rennes). Elles ne correspondent plus au Moyen Age à des croyances cosmologiques, mais il suffit qu'elles demeurent visibles sous forme de traces au milieu des landes ou des bois pour que les nouveaux colons (Bretons à l'Ouest, Gallo-Francs à l'Est) les réutilisent. L'élément médiéval le plus ancien semble être constitué par les ellipses facilement repérables sur une photographie aérienne ou le cadastre des régions non remembrées. Elles sont aujourd'hui divisées en parcelles, mais forment au Moyen Age des espaces défrichés au cœur de la lande ou de la forêt comparables à l'*esch* germanique ou à l'*infield* britannique, à la différence qu'elles sont plus petites que ces derniers. L'ellipse assimilable à la *ran* est cultivée en permanence par le petit groupe (1 ou 2 familles) qui réside dans le hameau établi en son centre. Son paysage est probablement ouvert, ce qui l'assimile aux méjous actuels qui peuvent d'ailleurs représenter des noyaux primitifs. Un fossé-talus la délimite, aujourd'hui encore, plus haut et surmonté d'une haie plus touffue que ceux qui ont été dressés par la suite pour délimiter les parcelles intérieures à l'ellipse. Pour A. Meynier, la constitution de ces ellipses s'échelonne entre l'époque gauloise et le XIIIe siècle. Après quoi, la croissance démographique gonfle les hameaux, entraîne un partage des ellipses, l'édification de talus intérieurs et une extension de l'*ager* au-delà de la haie périphérique. Ces défrichements forment des groupes de parcelles laniérées, ce qui implique l'openfield et des pratiques communautaires. Ils portent le nom breton de méjou ou celui, français, de gaignerie qui désignent encore aujourd'hui ces micro-openfields sertis dans le bocage. Comme l'ellipse originelle, un fossé-talus planté ou non d'une haie entoure le méjou et le sépare du *saltus*. De longues bandes de parcelles sont également repérables au bord des chemins et semblent indiquer une colonisation médiévale. Enfin, les espaces vacants sont occupés au fur et à mesure des besoins, mais cette fois-ci sans ordre préétabli, d'où la confusion apparente du dessin d'ensemble. Les parcelles ainsi défrichées sont de forme massive et sont aussitôt encloses, seul moyen dont dispose le paysan pour manifester clairement son appropriation.

A Sévignac (Côtes-du-Nord), la toponymie témoigne de cette évolution[340] (fig. 15). Le hameau de Trégaudeuc est situé au cœur d'une ellipse ; l'ensemble est donc antérieur au Xe siècle, puisqu'on a cessé de parler breton dans la région à cette époque. Tout contre l'ellipse, un ensemble de parcelles laniérées porte le nom de Chêne Hervo ; il est donc postérieur puisqu'il associe un nom commun français et un nom propre breton. Enfin, un peu plus loin, de longues bandes dites Les Ecobues témoignent d'un défrichement par le feu également postérieur à l'ellipse.

Au XIVe siècle, plus de la moitié des terres armoricaines sont occupées par la lande ; ailleurs, le bocage coexiste avec l'openfield des méjous, ce dernier étant encore probablement très répandu. La « Très ancienne coutume de Bretagne » admet la clôture des champs, stipulant que les champs non clos sont soumis à la vaine pâture d'août à février[341].

Peu à peu, les différences entre l'Est et l'Ouest de la France se précisent donc. Comment aboutissent-elles à une telle opposition ? Diverses explications du bocage ont été avancées. Il serait une protection contre le vent, argument auquel il est aisé de rétorquer que les régions littorales de la Bretagne — et donc les plus ventées — en sont dépourvues. Le bocage serait aussi une parade à l'imperméabilité du sous-sol[342], explication bien ambiguë, car alors comment s'expliquerait l'openfield de la ruisselante Woëvre lorraine ? De plus, la haie sert autant à maintenir l'humidité qu'à l'ôter. Certes le milieu naturel de l'Ouest (sols souvent médiocres, climat océanique) convient mieux à l'élevage qu'à la céréaliculture, mais comme l'a souligné A. Meynier après Perriaux[343], si la haie est efficace pour contenir de « placides bœufs charolais bavant avec lenteur sur leurs fanons épais », elle se révèle une bien piètre limite pour « d'espiègles vaches bretonnes ». L'openfield à assolement triennal réglé a été mis au point sur les plateaux du Nord-Est propices à la céréaliculture et où, dès le XIIIe siècle, les habitants avaient poussé le *saltus* jusqu'à ses limites inférieures extrêmes. Au contraire, dans l'Ouest armoricain, l'importance de la lande est encore telle au Moyen Age que la vaine pâture ne s'impose pas avec autant d'exclusivité. Elle existe sur les portions limitées de l'espace rural que sont les méjous. Ailleurs, la plus grande liberté règne encore.

Les lents progrès du bocage avant, pendant ou après le Moyen Age manifestent donc un certain archaïsme — il s'agit d'un paysage-relique — et ont contribué à développer le sens de l'individualisme chez les paysans de l'Ouest. En poussant le raisonnement à l'extrême, on peut presque dire que l'esprit communautaire germanique et l'individualisme celte — prétendument originels — sont nés du paysage et non l'inverse. L'enclos est donc fondamentalement une marque juridique d'appropriation de la terre défrichée, ce qui ne l'empêche pas, ici ou là, de couper le vent, de régulariser l'humidité dans le sol, de contenir à peu près les troupeaux ou de protéger les cultures contre ceux-ci. Dans ses travaux sur la région nantaise, J.-M. Palierne a proposé[344] une fructueuse distinction entre « bocage organique » adapté au relief, à l'hydrographie, au sol et « bocage mimétique » indépendant de ces facteurs et comme imité du premier sans raison apparente. Il faut également signaler le caractère multiforme du bocage : avec ou sans talus, avec ou sans haie arbustive, buissonnante, plessée ou non, avec ou sans murettes de pierres sèches, etc.

Dans le débat sur les origines du bocage qui a déjà fait couler beaucoup d'encre, le dernier mot revient à A. Meynier[345] : « Pour notre part, frappés de la coïncidence si fréquente aujourd'hui du déclin de la haie et des progrès de l'élevage, nous opterions pour une légère primauté ancienne du facteur juridique, devenu aujourd'hui inutile avec les progrès de l'instruction : le paysan sait que, en cas de contestation, les documents cadastraux soutiendront son bon droit, bien plus que la hauteur du talus en laquelle ses ancêtres avaient placé leurs espoirs. »

Si les clôtures s'élèvent donc petit à petit dans la Bretagne du Moyen Age, dans toutes les autres régions de l'Ouest : Maine, Anjou, Vendée, Normandie... le paysage est encore largement ouvert, tout comme en Thiérache. C'est aussi la situation de l'Angleterre. Pour Pierre Bonnaud[346], c'est pourtant en Basse-Normandie que le mot haie apparaît dans la toponymie pour la première fois pendant le haut Moyen Age, tout comme le mot bocage dérivé dialectal normand de bosc (du latin *boscum*) et comme hameau dont la ressemblance avec haie lui fait supposer qu'au Moyen Age les haies sont liées aux abords des maisons constituant le hameau. Villers-Bocage, en Picardie, a d'ailleurs un finage totalement ouvert sauf autour du village lui-même. Le bocage se répand en Normandie dans les régions de sol assez pauvre tournées très tôt vers l'élevage. Au Sud de la Seine, il est associé au pommier à cidre qui permet d'économiser les grains (utilisés dans la fabrication de la bière ou de la cervoise) peu abondants. En Pays de Caux, le pommier n'arrive qu'au XVᵉ siècle et en Picardie au XVIᵉ siècle[347].

Photo 21
Le bocage armoricain à Saint-Léonard-des-Bois (Sarthe).
Photo A. Perceval. Documentation française.

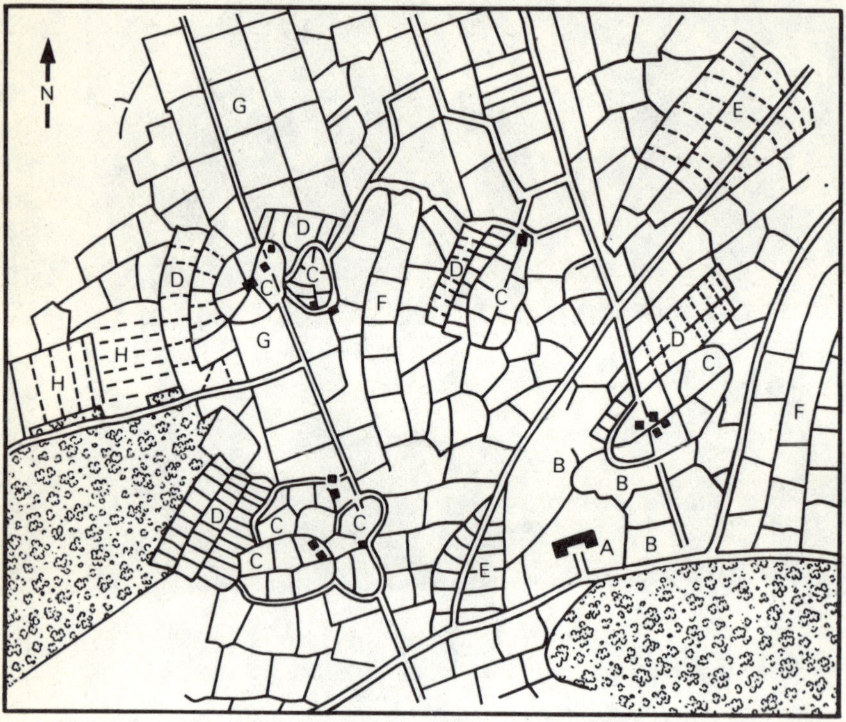

Fig. 14. - CROQUIS THÉORIQUE DU PARCELLAIRE BRETON

A Château
B Fermes dépendant du château
C Ellipses originelles
D Groupes de champs étroits et longs, en bandes longues, souvent associés à une ellipse C
E Bandes indépendantes de l'ellipse initiale
F Nouveaux défrichements en longues bandes
G Grandes parcelles provenant du défrichement des landes communales au XIXe siècle
H Méjous accompagnant des hameaux - rangées

d'après A. Meynier : *Les paysages agraires*, 2e éd. 1967.

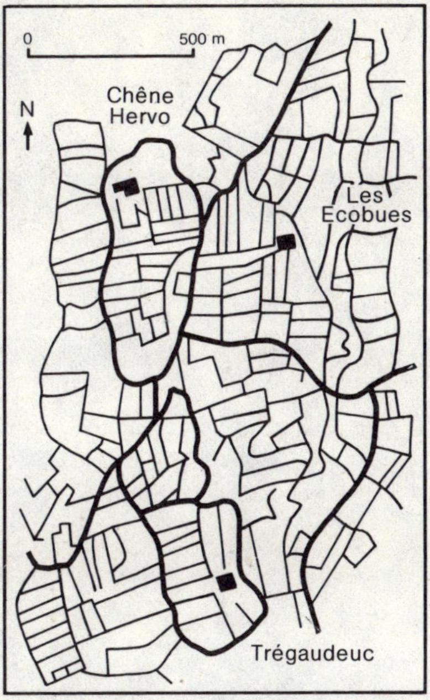

Fig. 15. - CHRONOLOGIE DU PARCELLAIRE BRETON SÉVIGNAC (CÔTES-DU-NORD)

——— Talus

▬▬▬ Talus majeurs

Trégaudeuc : avant le Xe siècle
ellipse ou méjou fossilisé

Chêne Hervo : X^{e} - XIIe siècles

Les Ecobues : XIe - XIIe siècles

Source : A. Meynier : La genèse du parcellaire breton. *Norois*, 1966.

Photo 22
Un openfield méridional : le fond du poljé de Balagué (Ariège).
Photo J.-R. Pitte

La diversité méridionale

Tandis que le grand contraste Est-Ouest s'amorce, puis se précise dans le courant du Moyen Age au Nord de la France, la plus grande diversité prévaut dans le Sud, déroutant la synthèse. Une fois la Loire dépassée, l'openfield à assolement réglé est plus rare et moins strict, bien que présent en Limagne, en Forez, sur les Grands Causses ou dans certains secteurs limités des Pyrénées. Dans le Castillonnais (Ariège), il s'est même maintenu jusqu'à nos jours. D. Faucher[348] et M. Chevalier[349] ont décrit de tels finages à assolement biennal réglé. A propos de la sole emblavée de Balagué (photo 22), M. Chevalier écrit[350] en 1956 : « L'on a, de loin, l'impression d'un champ unique. Du moins de nos jours aucune obligation réglementaire, mais la consigne de l'assolement est à peu près suivie par tous. » L'origine de ce paysage est ici probablement liée aux servitudes de passage stipulées dans les usages locaux de l'Ariège.

A ces quelques régions près, Marc Bloch a qualifié[351] les paysages découverts du Sud de domaine des « champs ouverts et irréguliers » sur lesquels chaque exploitant pratique son assolement biennal librement. Ils dominent dans les plaines de Provence ou du Languedoc. La forme des parcelles est souvent massive, quadrangulaire ou polygonale. Ainsi, le cartulaire de l'abbaye Saint-Victor de Marseille permet de déterminer que dans la Provence du XIe siècle la largeur des champs atteint de 48 à 77 % de leur longueur[352]. Ce caractère trapu s'explique sans doute plus par l'usage de l'araire que par la chaleur qui contraindrait la paysan à recourir souvent à la gourde laissée en bout de champ et, par conséquent, à ne pas travailler sur de trop grandes longueurs[353]. Les gourdes portatives sont, en effet, d'un usage courant et ancien ! L'absence de clôture n'est pas ici la marque de pratiques communautaires contraignantes, même si la vaine pâture est fréquente sur les jachères d'après récolte ou de repos biennal (droit de compascuité en Provence), sans formation d'un troupeau commun, toutefois. Bien au contraire, elle est la marque du droit écrit, de tradition romaine, qui protège beaucoup mieux que la coutume les intérêts de l'individu. C'est le parchemin qui remplace la clôture, aidé, il est vrai, par le bornage. Une cause naturelle peut venir appuyer ce fait. Le compartimentage du relief provençal fait que les communautés disposent souvent dans les collines ou les montagnes proches d'un vaste *saltus* constitué de garrigues ou maquis, terrain de parcours idéal pour les troupeaux d'ovins. Ainsi, les cultures ne sont pas menacées par les animaux. Sur ces champagnes méridionales, le laniérage n'est pas totalement exclu, mais sans doute est-il plus tardif, résultant de partages successoraux ou s'imposant pour des raisons techniques dans les terroirs irrigués.

A côté des paysages découverts, le Sud connaît aussi le bocage arboré ou de pierre, mais il est rare qu'il soit aussi fermé que dans l'Ouest, simplement parce qu'il ne correspond pas à une farouche volonté de clore. En Aquitaine, rares sont les champs enclos de toutes parts. Les haies ne bordent fréquemment qu'un ou deux côtés des parcelles et sans régularité apparente dans les finages. Plus que de bocage, il vaut mieux parler pour le Sud de paysages arborés nés du mariage d'un climat plus chaud et de l'amour des arbres hérité de Rome. Roger Dion rappelle[354] que sous Louis XI les arbres fruitiers sont si abondants dans le Val de Loire que la région porte le nom de *Franciae Viridarium.* Plus au sud, l'arbre est fréquent en bordure ou au milieu des champs cultivés, voire en plantations exclusives : noyer en Berry, Poitou, Quercy ou Dauphiné, châtaignier sur le pourtour du Massif central, du Limousin au Vivarais, dans les Maures ou dans la Corse sous administration pisane où il commence à se répandre[355], amandier et surtout olivier dans les régions méditerranéennes. Dans ces paysages souvent associés à l'habitat dispersé, la forêt n'est pas cantonnée aux confins du finage, ce qui n'aurait aucun sens, mais morcelée en bosquets piquetant ici ou là l'espace cultivé. Le plan du terroir de Caumel (Haute-Garonne) datant de 1490 et qu'a commenté Ch. Higounet[356] offre l'une des plus anciennes représentations figurées du paysage aquitain (photo 23).

En montagne, la situation est encore moins nette. La plus grande liberté règne sur les espaces cultivés, les contraintes étant réservées aux forêts et aux pacages d'altitude (alpages, estives). Tous les cas de figure se rencontrent : champs ouverts, bocage de prés, bocage de champs ou mélange de ces différents paysages. Les jachères durent fréquemment plusieurs années sur les terrains pauvres. Il faut à leur terme défricher à nouveau. Une particularité des montagnes est le fréquent affleurement du substrat géologique, qui exige l'épierrement lorsque la partie superficielle de celui-ci est délitée. Les limites de parcelles se transforment alors en murgers parfois bâtis en murs lorsque les pierres sont de forme régulière et point trop abondantes, parfois formant de larges échines incultes pouvant atteindre dans les Préalpes du Sud (Diois, Baronnies, Plateau de Valensole, Lubéron, etc.) plusieurs mètres de largeur, travail de titan réalisé labour après labour, génération après génération. Dans la région de Gordes (Vaucluse), les amas de pierres occupent une surface parfois équivalente à celle des maigres lopins de sol arable. Le paysage est d'autant plus surprenant que l'habitat traditionnel en bories se confond presque avec les murgers.

Lorsque la pente est trop forte, des aménagements s'imposent. Le climat et l'épaisseur des sols du Nord de la France permettent souvent la mise en valeur des versants par des parcelles disposées dans le sens de la pente. Dans le Sud, particulièrement le Sud méditerranéen, les pluies sont trop violentes pour autoriser cette pratique. Sur la bordure orientale et méridionale du Massif central (Vivarais, Cévennes), dans les Pyrénées orientales, dans certaines parties de la Provence, du Comté de Nice ou en Corse, le système de la terrasse est seul possible. Les champs horizontaux ou faiblement inclinés peuvent être retenus par des talus de terre, des murs de pierre sèche, solution la plus fréquente, ou des murs de maçonnerie dans certains rares cas. Dans le Vivarais, l'omniprésence de ces escaliers sur lesquels on cultive au Moyen Age surtout du seigle et, timidement, quelques châtaigniers[357], s'exprime dans la richesse du vocabulaire qui les désigne d'une micro-région à l'autre : accols, faysses, échamps, chambas, chalets[358].

Bien que très incomplète et provisoire, cette esquisse des trois grands types de paysages ruraux qui coexistent dans la France médiévale est restée vivante jusqu'à une date récente. Il s'agit de paysages très largement nouveaux en discordance avec ceux de l'Antiquité. Le modèle de Grosjean[359] n'est valable que localement, dans les plaines provençales, par exemple. Comme l'a écrit Jean Chapelot[360] : « il est vraisemblable que le paysan romain, transporté dans la France des XIIe-XIIIe siècles, retrouverait difficilement ses champs dans le parcellaire de cette époque, au milieu d'un réseau de chemins de desserte mis en place progressivement et en fonction d'un parcellaire créé largement après l'époque romaine et tout particulièrement lors des grands défrichements des Xe-XIIIe siècles. »

Photo 23
Le paysage aquitain : plan du terroir de Caumel (1490) à Calmont (Haute-Garonne). L'habitat est dispersé. Les bosquets, les haies et les arbres isolés sont nombreux sans, toutefois, que le bocage soit complet.
Photo Archives départementales de la Haute-Garonne.

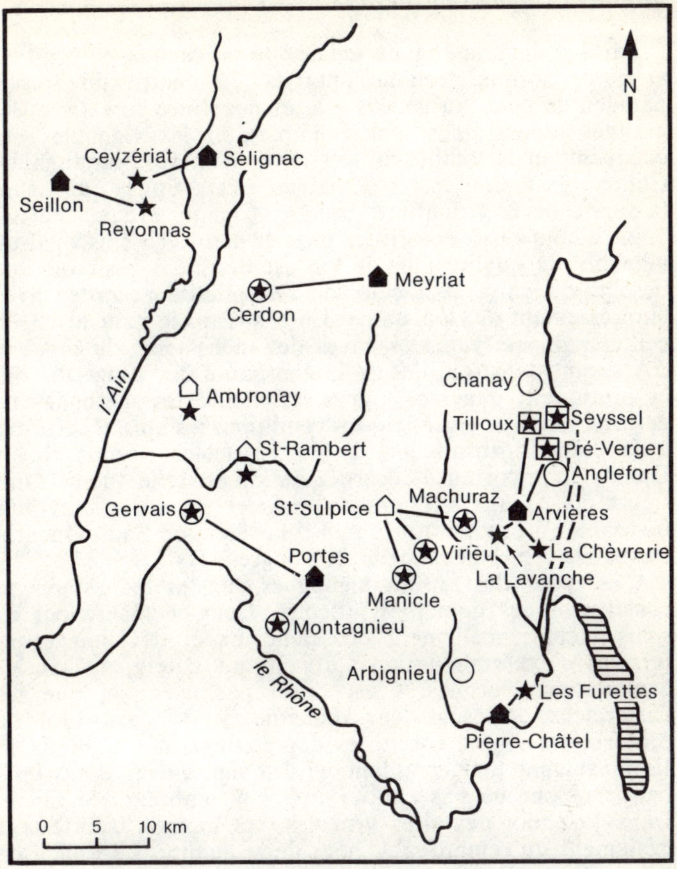

Fig. 16 - ORIGINE MÉDIÉVALE MONASTIQUE DE LA VITICULTURE DE QUALITÉ EN BUGEY

Chartreuse

Autre abbaye

Domaine viticole dépendant d'une abbaye

Appellations

A.O.C. Seyssel

V.D.Q.S. suivi d'un nom de cru

Paysages viticoles médiévaux

Partout dans la France médiévale prévaut la polyculture vivrière, hormis certaines parties du centre du Bassin parisien de nouveau vouées à la monoculture céréalière (les granges monastiques, par exemple), et les vignobles qui occupent sur la totalité du territoire une place grandissante. Comme en bien d'autres domaines, c'est l'Église qui assure la survie de la viticulture antique. Chaque évêque met un point d'honneur à constituer près de son siège épiscopal un vignoble de qualité dont le vin est destiné à pourvoir aux besoins du culte et à ceux de l'hospitalité accordée avec empressement aux puissants. En cas d'année mauvaise, son cellier pallie le vide des caves des monastères du diocèse. « Assurant dans son diocèse la continuité de l'usage du vin, et pratiquant dans ses vignes les meilleures méthodes de culture, l'évêque maintient les conditions les plus nécessaires à la bonne transmission de l'art viticole... » écrit Roger Dion[361]. L'importance accordée au vin est telle que certains sièges épiscopaux antiques se déplacent vers des sites plus favorables à la viticulture. Ainsi, l'évêque de Saint-Quentin s'expatrie vers Noyon, celui de Tongres vers Liège.

C'est pour des raisons analogues que les monastères se constituent des domaines viticoles. Ceux-ci bénéficient de soins exceptionnellement consciencieux et deviennent des terrains d'expérimentation agronomique déteignant sur les exploitations voisines. C'est ainsi, par exemple, que les Cisterciens enclosent leur domaine de Vougeot afin de protéger les vignes contre les déprédations des animaux[362]. Ils y excluent tout complantage des vignes avec des arbres fruitiers pour ne pas épuiser le sol ni ombrager le raisin. Dans le choix des sites viticoles, les moines manifestent également un remarquable sens de la qualité. Le Bugey en est un exemple encore lisible[363]. Les meilleurs coteaux portent des vignobles d'origine monastique dépendant, le plus souvent, d'abbayes retirées au fond des combes forestières et près desquelles la viticulture est impensable (fig. 16). Cette dissociation est alors fréquente (Cîteaux-Vougeot, Conques, Bonneval ou Bonnecombe-Marcillac, etc.), mais il arrive aussi, comme pour les sièges épiscopaux, que les abbayes s'implantent sur des sites propices à la viticulture : Hautvillers en Champagne, Saint-Pourçain en Bourbonnais ou Château-Chalon dans le Jura, par exemple.

Le paysage viticole se rencontre également au Moyen Age à proximité des châteaux[364]. Il constitue une partie du jardin qui, comme dans l'Antiquité, comporte nombre de plantes utiles. Un des plus beaux témoignages picturaux en est la planche de septembre des *Très Riches Heures du duc de Berry* figurant le gracieux château de Saumur entouré de son vignoble déjà réputé (photo de couverture).

A ces trois emplacements privilégiés pour la vigne viennent s'ajouter les alentours de toutes les villes[365]. On le voit, la proximité d'un marché de consommation et l'exigence de qualité de celui-ci expliquent, bien plus que les conditions naturelles, la localisation des paysages viticoles. Il n'en sera pas autrement jusqu'à la révolution industrielle et des transports. De grands vignobles commerciaux se constituent dans les régions les plus privilégiées par les voies de communication ou la taille des marchés de consommation : région parisienne, Val de Loire, Champagne, Bourgogne, vallées de la Saône et du Rhône, et surtout le Bordelais, lié aux marchés anglais et flamand. A l'intérieur de chacun de ces ensembles, la concurrence incite les producteurs à varier les vins en jouant sur les différences dans les aptitudes naturelles, l'encépagement, les techniques de vinification. Une autre raison de la faveur croissante pour les vignes — outre, naturellement, le rôle essentiel du vin dans la civilisation chrétienne — est le contrat de complant[366]. Selon les clauses de cette association, un propriétaire concède un terrain à un paysan qui le plante en vigne et, au bout de cinq ans, les ceps étant en état de produire, la moitié du terrain revient au bailleur et l'autre reste attribuée au planteur en pleine propriété ou en métayage. C'est là le moyen pour des paysans sans terre de se constituer une exploitation à des conditions intéressantes et, pour les propriétaires, la solution aux problèmes de main-d'œuvre. C'est également le moyen d'imposer des façons culturales de qualité, puisque le respect de la clause finale du contrat dépend évidemment des soins accordés par le preneur à la plantation.

L'aspect des vignes revêt partout un caractère extrêmement désordonné en raison de la technique de propagation en usage : le marcottage ou provignage[367]. La plantation initiale d'une parcelle s'effectue grâce à des boutures le plus souvent non racinées et plantées dans des trous ou des fossés assez espacés. Ensuite, les ceps sont multipliés par l'enfouissement dans le sol des sarments jugés vigoureux, lesquels sont séparés de la souche-mère après enracinement. On aboutit ainsi à une densité allant de 10 000 à 40 000 ceps à l'hectare. Un tel procédé, comme on peut s'en douter, donne une physionomie très opposée à celle des vignes actuelles bien peignées. Au bout de quelques décennies, même si la plantation initiale est disposée en lignes, le plus grand désordre règne dans la vigne qui peut même être tout encombrée de bois mort. La conduite est basse, et dans ce cas la vigne s'appuie sur des échalas, ou bien haute, et alors elle court souvent, à la façon méditerranéenne, d'arbre en arbre. Beaucoup de vignes sont, en effet, complantées d'arbres fruitiers variés, pratique qui nuit évidemment à la qualité de la production, tout comme l'édification de haies arborées entre les parcelles. Dans les vignes-jardins, deux techniques élaborées, probablement héritées de l'Antiquité, sont utilisées : la conduite sur treillage en berceau constituant une allée ombragée et sur treillage en toiture ou pergola recouvrant toute la surface d'une parcelle[368]. Un dernier élément du paysage viticole reste à évoquer : l'étagement en terrasses sur les pentes vraiment trop raides : l'Hermitage, Banyuls et quelques rares autres coteaux. Ailleurs, les paysans remontent chaque année la terre que les pluies ont entraînée vers le bas. Une telle pratique contribue grandement à l'amélioration du sol par le brassage qu'elle implique.

L'échalassage et le matériel vinaire exigent une grande quantité de bois. C'est la raison de la constitution de taillis — principalement de châtaigniers, mais aussi de saules et de chênes — à proximité des vignobles. C'est « l'œuvre » du Bordelais ; ce sont tous les bois de châtaigniers des plateaux siliceux de la région parisienne (Montmorency, Sénart, Meudon, etc.) dont G. Fourquin a montré[369] qu'ils datent de la fin du Moyen Age ; c'est aussi l'origine des châtaigneraies alsaciennes situées juste au-dessus des vignes.

VII

Le paysage bâti des campagnes médiévales

En même temps que se transforme et se recrée l'espace cultivé et inculte, l'aspect des bâtiments ruraux et leur agencement entre eux subissent une profonde transformation dans le courant du Moyen Age. L'amélioration du bâti reflète à la fois les progrès ou les redécouvertes techniques et la transformation de la société qui se vertèbre en s'organisant sur le mode féodal et en tentant de vivre le christianisme le moins mal possible. Châteaux, églises, abbayes et leurs dépendances sont les trois articulations du paysage bâti, c'est-à-dire les aimants qui attirent les maisons et, par voie de conséquence, les chemins et les routes qui desservent les lieux habités.

De la motte à la forteresse

Dans la société émiettée de la fin du Xe et du début du XIe siècle, l'insécurité règne de toute part. C'est dans ce contexte que prend forme le système féodal qui marque la profonde décadence de l'État. Aux grandes résidences royales du haut Moyen Age vont donc succéder une constellation de petites résidences seigneuriales qui sont des donjons quadrangulaires de bois élevés sur des mottes de terre généralement circulaires et cernées d'un fossé[370]. Un espace-refuge périphérique — la basse-cour — est protégé par une palissade. Quelques-unes des mottes bretonnes figurent sur la tapisserie de Bayeux : Dol, Rennes, Dinan. Un célèbre texte du début du XIIe siècle décrit[371] le donjon d'Ardres dans le Calaisis, véritable chef-d'œuvre d'un charpentier nommé Louis et natif de Bourbourg. Sur plusieurs niveaux s'étagent porcherie, réserves de vivres, salle de garnison, logis seigneurial, chapelle. Toujours dans les Flandres, l'archidiacre Gauthier écrit dans la vie de Jean, évêque de Thérouanne[372] : « c'est l'habitude de tous les hommes les plus riches et les plus nobles de la région de faire, en amoncelant de la terre, une motte aussi élevée qu'ils en sont capables ; de creuser tout autour une fosse aussi large que possible et d'une grande profondeur ; de fortifier cette motte sur toute la périphérie de son espace terminal au moyen d'une palissade de planches très solidement assemblées en guise de murailles... »

On admet aujourd'hui que les mottes castrales sont beaucoup plus des résidences civiles pouvant se défendre que des édifices à vocation d'abord militaire stratégiquement disposés. La palissade, la rupture du fossé et la verticalité du donjon suffisent amplement à dissuader ou à repousser les troupes d'assaillants des XIe et XIIe siècles. Mais, fondamentalement, les mottes sont les points forts de l'économie et des paysages ruraux. Beaucoup de villages se cristallisent autour d'elles (les castelnaux, créations du XIe et de la première moitié du XIIe siècle, dans le Sud-Ouest, et les châteauneufs), c'est-à-dire, autour des seigneurs, qui donnent à la vie rurale son élan et aussi, bien sûr, protègent en cas de besoin. Ainsi, l'abbé de Saint-Sever cède en 1074 une terre à Mugron, dans la vallée de l'Adour, à un seigneur pour qu'il y construise un château susceptible d'attirer la population[373]. C'est un mouvement de même nature qui accélère le perchement des villages, ou enchâtellement *(incastellamento)*, dans la France du Sud, mouvement dont les causes purement agricoles ont déjà été évoquées.

Dès le milieu du XIe siècle — au château de Brionne ou à Loches, par exemple — la maçonnerie refait son apparition[374]. Elle se généralise dans le courant du XIIe siècle et, au XIIIe siècle, la technique de la motte a complètement disparu. Il est vrai que, si bien charpenté qu'il soit, le bois se corrompt et brûle et que, facteur aggravant, il se fait plus rare. Mieux organisée, la société médiévale progresse techniquement très vite et retrouve l'art de bâtir en pierre, qui s'était presque perdu pendant le haut Moyen Age. Dans le même temps, l'art de la guerre se perfectionne et la fonction du château dévie progressivement, même si sa fonction résidentielle n'en sera exclue que dans quelques rares cas. Pour plus d'efficacité, le système architectural de défense passive est renforcé : hauteur du donjon, masse de la maçonnerie, des nouveautés destinées à la défense active apparaissent : créneaux, archères. Le donjon s'affine, devenant quadrilobé (Tour Guinette d'Étampes), octogonal (Gisors) voire à seize pans (Châtillon-sur-Loing), rond, enfin (Châteaudun, parmi les premiers), mais il demeure l'élément essentiel du château.

Ce n'est qu'à la fin du XIIe et au début du XIIIe siècle que, sous l'influence byzantine et arabe, le simple donjon fait place à des forteresses de plan complexe[375]. Constante de l'histoire du paysage médiéval et moderne de la France : ce n'est, au fond, qu'une redécouverte et une adaptation des façons de faire antiques permise, en l'occurrence, par les Croisades. Le modèle du château fort naît en Terre Sainte. Comme l'écrit G. Fournier[376] : « Dès le XIIe siècle, le château franc de Terre Sainte, au lieu d'être formé par la juxtaposition d'un donjon et d'une enceinte, constitua un ensemble cohérent dont tous les organes s'imbriquaient les uns dans les autres pour concourir à la défense. » Tout en penchant pour l'hypothèse de l'influence antique par l'intermédiaire de l'Orient, Fournier suggère également le rôle prépondérant de Richard Cœur de Lion et de Philippe Auguste dans l'évolution des techniques militaires. Et comme il se doit en pareil cas, il conclut au caractère non contradictoire de ces deux hypothèses, terrain sur lequel on ne peut que le suivre. Les apports orientaux sont, par exemple, l'apparition des mâchicoulis ou du talus maçonné. Les cours (lices) entourées d'enceintes se multiplient tout comme les tours qui, de plus, acquièrent du volume. Quant au donjon, il écrase de sa masse l'ensemble de la forteresse ; les plus remarquables et efficaces sont de plan circulaire. La basse-cour perd de son importance et, surtout, s'intègre plus étroitement au système de fortification ; on le voit, par exemple, à Tarascon. Dans ces conditions, le renforcement de la fonction militaire rend le séjour dans les châteaux beaucoup moins agréable. En temps de paix, certains seigneurs résident donc hors de leur forteresse dans des logis plus accueillants : ainsi Richard Cœur de Lion au pied du Château-Gaillard.

Au XIIIe siècle, la France se couvre de châteaux dans lesquels se reconnaît l'emploi d'un certain nombre de recettes architecturales communes. C'est que leur perfectionnement exige le recours à des bâtisseurs professionnels qui voyagent et contribuent donc à la diffusion du modèle. Il serait trop long de passer en revue tous les types de châteaux médiévaux, mais quelques-uns méritent une mention[377] : Coucy, le plus accompli du XIIIe siècle, Arques-la-Bataille, remarquable par sa taille (200 m de longueur) et par l'énormité de son fossé (30 m de largeur), taillé dans la craie, Bonaguil, démesuré et « inutile », à la hauteur des ambitions de Bérenger de Roquefeuil et, enfin, parmi les fantastiques châteaux de montagne, les quatre forteresses de Lastours, qui hérissent les premiers pitons de la Montagne Noire, ou l'inexpugnable Peyrepertuse, qui se confond avec les rocs des Corbières sur 300 m de longueur. C'est dans ces prodiges de l'architecture médiévale que s'exprime le mieux l'autre fonction du château, celle qui n'est pas directement utilitaire, c'est-à-dire défensive : le besoin de paraître des seigneurs (ceux de Coucy, par exemple). Une telle fonction perdurera jusqu'en plein XVIIe siècle, alors que la poudre a, depuis longtemps, rendu peu efficaces les fortifications médiévales. C'est à ce puissant symbolisme que Richelieu s'attaquera en 1629 en ordonnant la destruction de tous les châteaux de l'intérieur[378].

Plus subtilement, les châteaux sont aussi des espaces de rêve : de par leur confinement et de par leur perchement fréquent qui les place en plein ciel. On pense alors à Montségur, à Quéribus ou à bien d'autres qui prolongent de leur silhouette les montagnes françaises, des Vosges aux Pyrénées. Quel plus beau réduit pour les derniers cathares que l'inaccessible Montségur juché sur sa falaise urgonienne ? Comment ne pas se sentir « parfait » en un tel lieu ? L'aménagement des lices, surtout après le XIIe siècle, révèle le souci des architectes et des commanditaires de créer des microcosmes enchanteurs à l'abri de tous les regards. Le jardin du petit château de La Laupie (Drôme) est révélateur à cet égard : enchâssé dans une tour, cerné de hauts murs, il ne s'ouvre que sur le ciel et, par d'étroites meurtrières, sur la vallée du Roubion. De retour des croisades, l'un des seigneurs en fait un résumé des jardins de l'Orient, y plantant toutes sortes de végétaux rares qu'il a rapportés.

Chaque château possède généralement son courtil[379] planté à l'intérieur des murailles et comportant des préaux, c'est-à-dire des parterres géométriques et quelques allées couvertes de berceaux réalisés grâce à des tilleuls recourbés, des vignes ou des rosiers (photo 24). Au château d'Ardres, le dessin d'ensemble du courtil est celui d'un labyrinthe. Faute de place, le verger est généralement relégué à l'extérieur G. de Lorris décrit un merveilleux courtil dans le *Roman de la Rose* : celui de Déduit, dans lequel se marient héritage antique et influence orientale. Œuvre d'imagination pour une large part, puisque les cyprès et les oliviers ne poussent guère sur les bords de Loire où l'auteur le situe, mais qui témoigne d'une renaissance très brillante de l'art des jardins. Le plus extraordinaire, et celui-ci bien réel, est sans conteste le parc d'Hesdin créé à la fin du XIIIe siècle pour le comte Robert II d'Artois dans la région d'Arras. Outre les bosquets plantés des essences les plus diverses, des « fabriques » prennent place un peu partout, tout comme dans les jardins anglo-chinois du XVIIIe siècle : fontaines, pavillons, pont sur un ruisseau et surtout une galerie des enchantements dans laquelle des automates arrosent le promeneur d'eau, de farine ou de suie. « Peu à peu, le jardin redevenait ce que l'Antiquité l'avait fait : une image humanisée d'un monde merveilleux » écrit Pierre Grimal[380]. Ainsi, tout en constituant l'une des marques les plus spécifiques de l'homme médiéval dans le paysage, le château et ses annexes sont à replacer dans la lignée de l'Antiquité avec laquelle, on le redécouvre, le Moyen Age a souvent vécu de plain-pied.

La géographie des châteaux médiévaux a donné lieu à des interprétations contradictoires. Il n'est pas douteux que beaucoup de leurs emplacements soient stratégiques, c'est-à-dire susceptibles de permettre le contrôle d'un passage ou la surveillance d'une frontière. Dans une région comme le Roussillon, la répartition des châteaux semble même correspondre à un système de signalisation optique centré sur Castelnou[381], mais G. Fournier pense[382] que de tels réseaux sont beaucoup plus rares qu'on le dit et que la mise en place des châteaux revêt plutôt un caractère très progressif et fortuit. Le château est avant tout le siège d'une seigneurie foncière et banale. Il est implanté là où il y a des paysans à protéger : sans eux, d'ailleurs, ni ressources, ni main-d'œuvre pour le seigneur ; c'est là une évidence qu'il convient de garder présente à l'esprit. Parmi les dépendances du château, il y a, d'ailleurs, toujours les édifices banaux : four, pressoir, moulin à eau d'abord, puis à vent à partir du XIIe siècle, suivant une technique sans doute introduite elle aussi d'Orient. La stratégie qui préside au choix d'un emplacement n'est pas toujours militaire, mais parfois purement économique. Une route peut, bien sûr, livrer passage à des armées, mais aussi à des commerçants susceptibles de payer un péage, voire d'être rançonnés. Pour avoir trop bien compris cette dernière possibilité, le sire de

Photo 24
Un courtil médiéval du xve siècle. Illustration du Roman de la Rose. *Photo Snark.*

Photo 25
Une abbaye cistercienne des XIIe-XIIIe siècles : Fontfroide (Aude).
Photo Coccione-Rapho.

Glun voit son château bâti sur le Rhône détruit par Saint Louis en 1246. En revanche, en 1131, le seigneur de Châteauneuf-sur-Sarthe rend un service insigne aux voyageurs en élevant en même temps que son château un magnifique pont, manière habile d'attirer la fortune à lui[383].

Ainsi, les forteresses complètement isolées sont rares (Quéribus, Peyrepertuse). Le château attire les habitants, donc villages et bourgs ou villes peuplés de paysans, mais aussi les chevaliers et les clercs du châtelain et, profitant du marché de consommation que constituent les habitants du château, des artisans et des commerçants. Le plus souvent, si le relief n'est pas trop escarpé, les maisons se pressent dans la basse-cour ou, plus tard, au pied même des murailles. Abcès de fixation du peuplement, les châteaux constituent donc souvent des têtes de pont de défrichements encouragés tout en étant canalisés par les seigneurs[384]. Tous les châteaux construits au XIe siècle par le comte Foulques Nerra dans l'Anjou resté très forestier ont joué ce rôle moteur dans l'évolution du paysage rural.

Un blanc manteau de monastères et d'églises

De façon plus nette encore que les constructions militaires, l'architecture religieuse médiévale est stéréotypée. C'est que, malgré la diffusion des techniques, les premières sont l'expression de l'émiettement politique du monde féodal, tandis que la seconde témoigne de l'unité de l'Église et, tout spécialement, du monachisme. Or, nulle part ailleurs que dans la règle de saint Benoît l'obéissance n'est magnifiée à ce point. Le succès de la règle bénédictine ne peut qu'engendrer la diffusion d'un modèle de monastère. L'ordre romain renaît.

Le premier art roman dont J. Puig i Cadafalch a étudié[385] la géographie et les origines est spécifiquement monastique. Il naît dans la deuxième moitié du IXe siècle et s'épanouit aux Xe et XIe. Parmi ses caractères, la voûte est le plus notable pour ce qui est de la technique de construction ; elle implique grande épaisseur des murs, réduction des ouvertures et contreforts. L'élément décoratif fondamental est la présence des bandes lombardes, reliefs très plats en arcatures disposés sur les murs. L'aire de diffusion couvre la Catalogne, le Languedoc, la Provence, la vallée du Rhône, la Bourgogne, l'Alsace et, au-delà, la Flandre et les Pays-Bas, l'Allemagne, l'Italie jusqu'à Rome, la côte dalmate, vaste domaine dont l'unité s'explique par les voies de communication : Méditerranée, fleuves, voies romaines plutôt mal conservées mais encore utilisées. Maîtres d'œuvre et maçons voyagent énormément et répètent des formes apprises. Louis Courajod parle[386] de « bandes de maîtres lombards, équipes de travailleurs syndiqués et enrégimentés » qui parcourent l'Europe. Saint Guillaume, le bâtisseur de Saint-Bénigne de Dijon vient de San Giulio, accompagné de travailleurs lombards. Un autre de ces moines-architectes transhumants est bien connu : l'abbé Garin. Après avoir parcouru toute l'Italie de Venise au Mont-Cassin, il construit Saint-Michel-de-Cuxa. La propagation du modèle s'effectue aussi par l'intermédiaire des nombreux voyages qu'effectuent les moines non directement bâtisseurs. Bien que cloîtrés, les moines sont, en effet, les plus grands voyageurs de cette période, ignorant les frontières. L'un de leurs motifs de déplacement réside dans la transmission des rouleaux des morts, panégyriques des frères morts en odeur de sainteté. Georges Duby a bien montré[387] les effets artistiques de ces migrations monacales : « La pire des privations pour les moines était peut-être de s'enfermer à tout jamais dans un cloître ; beaucoup ne la supportaient pas ; il fallait les laisser eux aussi divaguer, changer de maison, se transporter d'abbaye en abbaye. Tout ce mouvement, dans le petit groupe de privilégiés dont dépendait la création de l'œuvre d'art, favorisait les contacts, les rencontres. »

Au premier art roman tout empreint de sobriété, d'humilité, même en ses plus vastes réalisations comme Saint-Philibert de Tournus, et aussi de naïveté, succède une expression architecturale beaucoup plus triomphaliste. Elle est dominée par Cluny, qui engendre 3 000 abbayes dans tout l'Occident. L'idéal de pauvreté est loin et, quoique sur le mode roman, les abbayes rivalisent de grandeur et de magnificence. La troisième mouture de l'abbatiale de Cluny, consacrée par le pape en 1130 et achevée en 1147, atteint 187 m de longueur, ce qui en fait la plus grand église de la chrétienté. Pour les clunisiens, l'abbaye doit offrir une image de la Jérusalem céleste, cité resplendissante et accomplie, ville forte cernée de clochers comme autant de bastions, et ruisselante d'ornements précieux comme le modèle décrit dans la vision apocalyptique de saint Jean.

Le rôle moteur des abbayes clunisiennes sur l'organisation des campagnes a été maintes fois décrit. Dans les paroisses dont elles ont la charge et les bénéfices s'élèvent des églises bâties sur le modèle en réduction de l'abbatiale-mère. Chapaize, Taizé, Brançion, Berzé-la-Ville et bien d'autres admirables petites églises de campagne témoignent en Mâconnais de l'emprise de Cluny. L'autre effet du monachisme clunisien sur le paysage vient de l'attrait qu'il exerce sur les populations. Des paysans cultivent les immenses domaines du monastère auxquels les moines ne mettent pas la main ; des artisans (maçons, sculpteurs, orfèvres, etc.) se fixent autour de l'abbaye, qui donne naissance à un bourg voire à une ville et joue en cela un rôle structurant sur le paysage, comparable à celui du château.

L'année 1134 marque un tournant décisif dans l'histoire de l'architecture religieuse. Cluny suscite une grande hostilité à cause de sa puissance religieuse, politique, économique. Rome, les évêques, le roi, la noblesse aspirent à d'autres formes d'expression de l'idéal codifié par saint Benoît. Le monopole clunisien s'effondre. Suger entreprend alors la reconstruction de Saint-Denis et donne son impulsion à l'architecture gothique dont le foyer est l'Ile-de-France puisqu'elle s'appuie sur la puissance royale qui s'affermit. Œuvres de tout un peuple, mais financées par les puissants et non plus autofinancées comme les grandes abbayes clunisiennes, les cathédrales deviennent l'ornement des villes et sont destinées à contenir les foules urbaines. Elles sont une forme d'expression artistique spécifiquement urbaine, même si elles exercent une influence sur l'architecture des églises de campagne.

En cette même année 1134, l'abbé Bernard de Clairvaux impose au chapitre général de l'ordre naissant de Cîteaux ses principes de rigueur[388]. Fustigeant les excès de luxe des abbayes clunisiennes, leur reprochant un excès d'originalité qu'il attribue à l'orgueil des abbés cherchant à laisser une trace singulière de leur passage sur terre, il prône un retour à la lettre de la règle bénédictine. Ses principes de dépouillement et d'humilité créatrice, sa croyance en la vertu de l'unité — dans la foi comme dans son expression matérielle et tout spécialement architecturale — donnent le coup d'envoi à la diffusion d'un autre stéréotype voué à un grand succès : l'abbaye cistercienne, épuration de l'héritage clunisien, réduction de celui-ci à la plus sobre formulation possible (photo 25).

Le monastère cistercien se distingue d'abord par son implantation isolée. Il élit domicile à l'écart des hommes et des routes dans les paysages les plus sauvages qui soient : forêts impénétrées, marécages (les cistels ou roseaux de Cîteaux), vallons de solitude (Sénanque). Ce choix n'empêche pas l'abbaye de défricher et de se constituer un domaine agricole, mais, dans un premier temps, celui-ci n'est qu'un moyen pour les moines de subsister et de satisfaire aux obligations de la règle concernant le travail manuel. Petit à petit, les donations des puissants se multipliant, les cisterciens deviennent de grands propriétaires fonciers et contribuent de manière décisive aux progrès de l'agriculture médiévale (assolement triennal, par exemple). Ils constituent de vastes domaines souvent d'un seul tenant — les granges — sur lesquels s'élèvent les plus grands et les mieux conçus des bâtiments agricoles du temps. Que l'on songe à l'immense nef de la grange de Vaulerent[389], dépendance de Chaalis, longue de 72 m et large de 23 m, flanquée de ses collatéraux, ou bien encore au cellier du Clos de Vougeot, propriété de Cîteaux, assez vaste pour abriter quatre gigantesques pressoirs. L'emprise terrienne des granges cisterciennes entraîne la dépossession des paysans et la désertion de certains villages, phénomène attesté dans la haute vallée de la Marne[390]. Mais avant d'être englués dans la richesse terrienne qu'ils exploitent grâce à leurs convers, les cisterciens du temps de saint Bernard expriment leur renoncement au monde par l'édification d'abbayes étonnantes, à la symbolique puissante qui parle encore si bien aujourd'hui.

L'abbaye et sa clairière ménagée au cœur d'une nature hostile figurent l'âme en marche vers Dieu dans un monde pécheur semé des embûches du Malin. L'ordonnance du microcosme ainsi créé est forte comme l'est la société des hommes qui l'habitent : rien n'est superflu dans cette forteresse bâtie pour une chevalerie de Dieu. Pour se défendre du monde, point de rempart ni de donjon, mais une communauté soudée par la prière et la fraternité et, pour l'y aider, une architecture cohérente et intimiste. Au cœur du bâtiment : le cloître, forum des moines, focalisant les quatre points cardinaux et donc intégré au cosmos comme le paysage sacré des Romains, mais aussi invitant à la méditation sur le paradis, puisque seul lieu où la lumière pénètre à flots, inondant un jardin. L'église est évidemment le bloc essentiel. Par la pureté de ses lignes et l'exclusion de toute décoration, elle force le recueillement. Point de haut clocher qui éveillerait inévitablement l'orgueil. Dortoir et réfectoire visent aux mêmes buts.

Stéréotype architectural, certes, mais aussi expression forte de la sensibilité du maître d'œuvre, l'abbaye cistercienne interprète et met en valeur le site élu tout comme la pierre qui lui est offerte par la nature. C'est ce qu'a admirablement montré Fernand Pouillon dans *les Pierres sauvages*[391], roman issu du savoir et de la sensibilité d'un architecte du XXe siècle qui tente de découvrir quels ont pu être les états d'âme du maître d'œuvre du Thoronet au travers d'une lecture de l'appareillage des pierres et des volumes créés. « La plupart des pierres seront traitées rudement, grossièrement : nous gagnerons ainsi du temps. Le soleil accrochera les facettes, les éclats, et fera précieuse la matière scintillante. Les angles, les joints dressés, ciselés, deviendront les pures arêtes, définiront le filet de la maille élémentaire, par la discrète diversité des fins appareillages que nul mortier apparent n'insensibilisera ... Nous avons trouvé ici des pierres pour la règle, elles ont la vocation cistercienne[392]. »

Jamais, sans doute, l'architecture n'a moulé aussi efficacement un groupe social et n'a correspondu, tout au moins pendant le XIIe siècle, avec autant de justesse aux aspirations de l'immense majorité des chrétiens d'Occident. Comme dans le paysage romain, le rêve de perfection religieuse, morale et sociale s'est concrétisé avec succès[393] alors que toutes les tentatives post-médiévales de création d'un paysage idéal seront vouées à l'échec, car se fondant sur des valeurs purement intellectuelles. Pour être exhaustif, il faudrait aussi évoquer les bâtiments édifiés par d'autres ordres religieux : chartreux, templiers, hospitaliers, etc., mais aucun de ceux-ci n'a été aussi fécond que Cluny et Cîteaux.

Le village médiéval

La difficulté de reconstituer le paysage des villages du Moyen Age repose sur le fait que les villages actuels occupent le même emplacement et reflètent l'évolution complexe intervenue à l'époque moderne et contemporaine. Les sources les plus intéressantes concernent donc les villages abandonnés dont l'archéologie a livré l'organisation, et les villages neufs médiévaux pour lesquels on possède souvent des textes complets sur la structure originelle.

Il n'est pas certain que les villages désertés soient tous significatifs, car les causes de leur abandon tiennent parfois à leur implantation trop extrême[394] : mauvais sols dont l'utilisation a été rendue inutile par les progrès de la charrue permettant la mise en valeur des sols lourds, perchement excessif par rapport aux terroirs cultivables, etc. A ces causes structurelles, il convient, bien sûr, d'ajouter les crises démographiques des XIVe et XVe siècles : Grande Peste, Guerre de Cent Ans. De plus, la France est beaucoup moins riche en villages abandonnés que les pays voisins (en Allemagne, 40 % de désertions à la fin du Moyen Age et pendant l'époque moderne). Sur un chiffre estimé de 32 500 paroisses en 1328, 900 seulement ont disparu cinq siècles plus tard. Compte tenu des créations intervenues pendant cette période, cela fait tout de même très peu. Dans le Nord-Ouest de la région parisienne, la perte n'est que de 3 % et les chiffres extrêmes sont atteints en Alsace (20 %) ou dans le diocèse d'Avranches (22 %)[395]. Enfin, facteur aggravant, le phénomène reste mal étudié en France où aucune cartographie d'ensemble n'a été tentée — elle permettrait sans doute de mieux cerner les causes — et l'archéologie s'est encore trop peu préoccupée de ces vestiges.

Parmi les villages fouillés, il faut signaler Dracy (Côte-d'Or) et surtout Rougiers (Var) ressuscité par les soins de Gabrielle Démians d'Archimbaud[396] qui s'y est attachée depuis 1961. Rougiers illustre le phénomène classiquement méditerranéen de l'alternance perchement-descente en plaine. L'implantation la plus ancienne remonte à La Tène II ; elle est perchée. Les *villae* romaines colonisent la plaine, puis le site perché est réutilisé pendant le haut Moyen Age. Ce premier *castrum* de Piégu et abandonné au XIIe siècle au profit d'une éminence voisine où se développe un vrai village autour d'un château, les terroirs agricoles demeurant situés en plaine. L'analogie avec l'*incastellamento* mis en évidence par P. Toubert dans le Latium[397] est frappante. Le village vit ainsi replié autour du château et à l'intérieur d'une enceinte jusqu'au XVe siècle, date à laquelle il est définitivement abandonné au profit de la plaine. Le mieux connu des paysages villageois purement médiévaux est donc un cas particulier puisqu'il repose sur une distorsion entre l'habitat et l'espace cultivé. Outre le logis seigneurial, les 29 maisons occupées au XIVe siècle sont bâties de manière relativement ordonnée de part et d'autre de l'unique rue charretière, sur laquelle se greffent d'étroits passages et des escaliers. Sur un site aussi escarpé, la place est comptée : les maisons-bloc en hauteur sont jointives et les jardins comme les bâtiments purement agraires inexistants. Ni bergerie, ni aire de battage, seuls des silos témoignent des activités rurales et des préoccupations de subsistance des habitants.

A côté du château, l'autre point d'ancrage du village

médiéval est l'église paroissiale dominée par son clocher destiné à couvrir du son de ses cloches l'ensemble du finage[398] et symbole du village (photo 26). Le groupement ecclésial comprend, outre le lieu du culte, divers bâtiments annexes : granges et greniers à dîmes, hospice, aître d'asile, presbytère. La taille de l'ensemble est proportionnelle à la richesse du lieu, mais aussi aux libéralités de son seigneur, lesquelles sont rarement en disharmonie avec les revenus escomptés. L'église est parfois fortifiée, soit qu'elle ait, dès l'origine, été conçue comme un édifice militaire, (Maguelonne, Lérins), soit qu'elle ait subi des modifications ultérieures en période de danger. Le cimetière connstitue une autre annexe de l''église. Pas plus que dans l'Antiquité, ce n'est un lieu d'effroi et de répulsion, du moins jusqu'au XIVe siècle. On s'y réunit fréquemment pour des cérémonies religieuses, pour écouter des prêches, voire pour y tenir marché, pour s'y réjouir et pour danser. Il est parfois fortifié comme à Germigny-des-Prés ou dans diverses localités alsaciennes[399].

Mais, évidemment, le principal espace de sociabilité du village reste la place qui atteint, cependant, rarement la taille du *green* anglo-saxon sauf dans certains villages bretons ou hameaux comportant un vaste espace découvert de forme triangulaire appelé placître et dont les fonctions sont largement agricoles[400]. Le village est souvent limité par des croix, en particulier dans le cas des sauvetés, marque du caractère sacré de l'espace habité placé sous la protection de Dieu et résurgence du *pomerium* antique. C'est surtout dans le Midi qu'un rempart vient matérialiser la protection et lui conférer une valeur militaire. Le village tout entier devient alors basse-cour du château. Le phénomène apparaît au XIIe siècle alors que les châteaux se ramassent sur eux-mêmes et que tous les habitants ne peuvent plus habiter la basse-cour proprement dite. Au XIVe et au XVe, tous les bâtiments importants reçoivent des aménagements défensifs : moulin, église, grandes fermes isolées.

Mieux connus que les établissements anciens, les villages neufs ont pour noyau, on l'a vu, un château (castelnaux et châteauneufs) ou une église (sauvetés). Dans le Sud-Ouest, où le groupement de l'habitat est très en retard par rapport au reste de la France, les puissances civiles ou ecclésiastiques souhaitent accélérer ce mouvement pour des raisons politiques et économiques, tant il est vrai que des habitants dispersés sont plus difficiles à encadrer que lorsqu'ils sont groupés. Le XIe siècle et la première moitié du XIIe, période

Photo 26
Village médiéval groupé autour de son église : Saint-Cirq-Lapopie (Lot) : homogénéité des formes et des couleurs sans uniformité. A l'arrière-plan, des murgers soulignent les limites des anciennes parcelles cultivées sur les pentes du coteau. Photo J.-R. Pitte.

Photo 27
Bories de pierres sèches à Gordes (Vaucluse). La tradition de ces habitations sans charpente remonte au Néolithique. On les rencontre dans les régions où le bois est une denrée rare et où la roche calcaire qui affleure se débite facilement en plaquettes. Photo Rapho.

d'expansion démographique et d'essor de l'économie rurale, voient se multiplier castelnaux et sauvetés[401] (fig. 24). L'ordre de Saint-Jean-de-Jérusalem fonde 40 de ces dernières en Bas-Comminges entre 1100 et 1120. Le nouvel habitant d'une sauveté se voit attribuer un lot sur lequel il peut construire sa maison et établir son jardin : le casal. La dimension en est variable d'une sauveté à l'autre, mais homogène à l'intérieur d'un nouveau village (38 × 38 m à Lussan ; 64 × 19 m à Mauvezin). Il en résulte donc un paysage villageois régulier qui se prolonge par un finage au parcellaire géométrique encore visible, par exemple, à Saint-Nicolas-de-la-Grave[402].

Après une interruption dans la deuxième moitié du XIIe siècle, le mouvement de création des établissements neufs reprend aux XIIIe et XIVe siècles dans le Sud-Ouest : les bastides voient le jour. Mais, même si un certain nombre d'entre elles ont conservé des fonctions rurales, elles sont d'une taille plus conséquente que les castelnaux et les sauvetés et leur paysage relève du domaine urbain.

La maison rurale médiévale

Pour des raisons identiques, il est aussi difficile de connaître l'aspect des maisons rurales au Moyen Age que celui des villages dans leur ensemble. Il semble que jusqu'au XIVe siècle la maison rurale ait conservé une grande simplicité, appartenant au type maison-bloc ou élémentaire pour reprendre la terminologie d'A. Demangeon[403]. C'est ce que les fouilles ont montré à Dracy en révélant des maisons à une seule pièce ou à deux pièces dont l'une comportant un foyer et l'autre pas[404]. A Pen-er-Malo (Morbihan)[405], village du XIIe siècle recouvert par une dune littorale, les bâtiments couvrent une cinquantaine de m² au sol sur un plan ovale. Les murs sont constitués de deux parements de granite à blocage intermédiaire lié à l'argile. C'est le type *long house* des pays celtes. De telles maisons mixtes abritant sans séparation les paysans et leurs animaux ont été utilisées jusqu'à une date récente en Bretagne et dans d'autres régions de France où l'agriculture de subsistance se maintenait : Alpes du Nord, Normandie, Massif central, par exemple. Les testaments du XIVe siècle dans le Forez permettent de se rendre compte que la *domus,* habitation la plus répandue, est une maison-bloc à une seule pièce. Dans quelques rares cas, il est question d'*hospitium*, maison plus vaste, mais il s'agit alors de propriétés de chevaliers ou de bourgeois. A Rougiers, enfin, comme dans tous les exemples méridionaux que l'on connaît, les maisons n'ont que 20 à 35 m^2 au sol et deux niveaux, la hauteur de l'ensemble atteignant de 6 à 8 m. Chaque niveau comporte une pièce, parfois deux. Les murs de pierre ont environ 60 cm d'épaisseur et le sol est constitué de la roche en place ou de terre battue.

La plupart des fouilles médiévales[406] ont concerné des maisons construites en pierre : Dracy (Côte-d'Or), Montaigut (Tarn-et-Garonne), Condorcet (Drôme), Rougiers (Var), Courtisigny (Calvados). Ce sont évidemment celles qui se sont le mieux conservées et elles sont localisées dans des pays de calcaire où la roche est d'utilisation facile grâce à son litage. A Dieue-sur-Meuse, cependant, les murs sont constitués de clayonnage et de torchis. A Lezoux, dans le Puy-de-Dôme, le matériau de construction est un pisé, mélange de paille, d'argile et de cailloux coulé dans un coffrage de planches. Dans les régions où le bois abonde (Alpes, Agenais), les murs sont constitués d'un empilage horizontal de troncs d'arbres. La technique y a été utilisée jusqu'à ces derniers temps. Ailleurs, là où la pierre est absente, la technique la plus fréquemment utilisée est celle des pans de bois à hourdis, technique née dans les villes au XIIe siècle et diffusée ensuite dans les campagnes. Dans le Sud de la France, il est probable que la pierre est en usage depuis fort longtemps si tant est que le haut Moyen Age l'ait abandonnée (photo 27). Dans le Nord, le passage du bois à la pierre est très progressif, lié à la raréfaction du bois et aux progrès des techniques de construction probablement diffusées depuis les villes, les églises rurales et les châteaux.

La transformation des matériaux des murs ne peut être dissociée de celle des toitures qui est même probablement antérieure. En effet, les incendies fréquents incitent dans les régions d'habitat groupé au remplacement du chaume ou des bottes de genêt (Saint-Victor-de-Massiac) par la tuile, la lauze ou l'ardoise. Ce faisant, la charpente devient plus lourde et exige des murs porteurs plus résistants, c'est-à-dire en pierre. Ce n'est guère que dans les régions d'habitat dispersé que le chaume ou les bardeaux de bois se sont maintenus jusqu'à nos jours. La tuile canal est attestée à Saint-Victor-de-Massiac à la fin du XIIe siècle et la tuile plate à crochets au XIIIe à Boiscommun (Loiret) et à Villy-le-Moutier (Côte-d'Or), ainsi qu'en Beauvaisis.

Photo 28 ·
Grande ferme à cour carrée dans la Somme en 1455. Tous les matériaux sont utilisés : pierre, bois, tuiles plates, chaume. Archives nationales. Photo Josse.

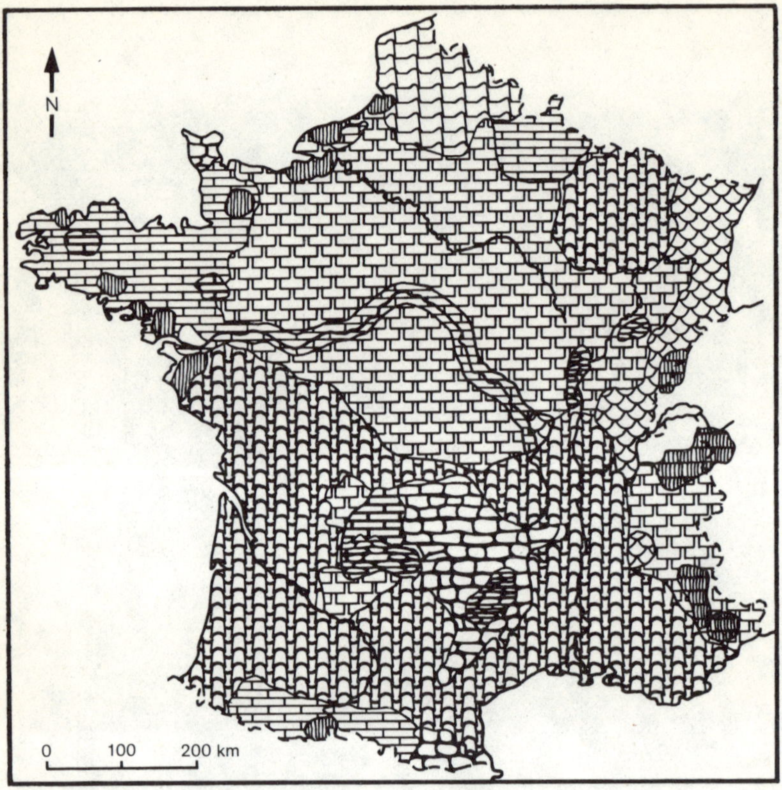

Fig. 17.- RÉPARTITION DES MATÉRIAUX DE TOITURES

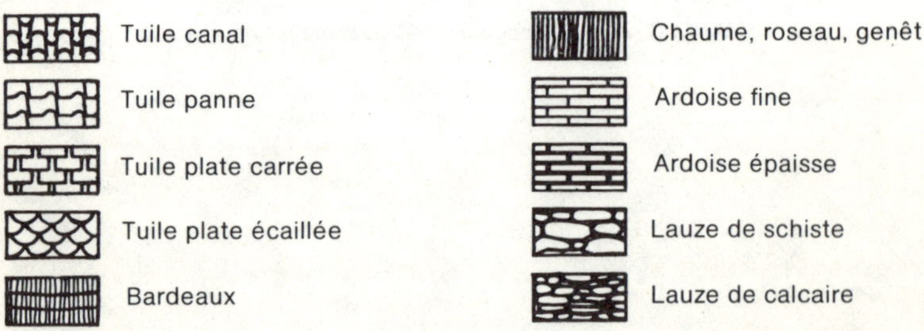

d'après *A la découverte des villages de France,* Ministère de l'éducation, 1980.

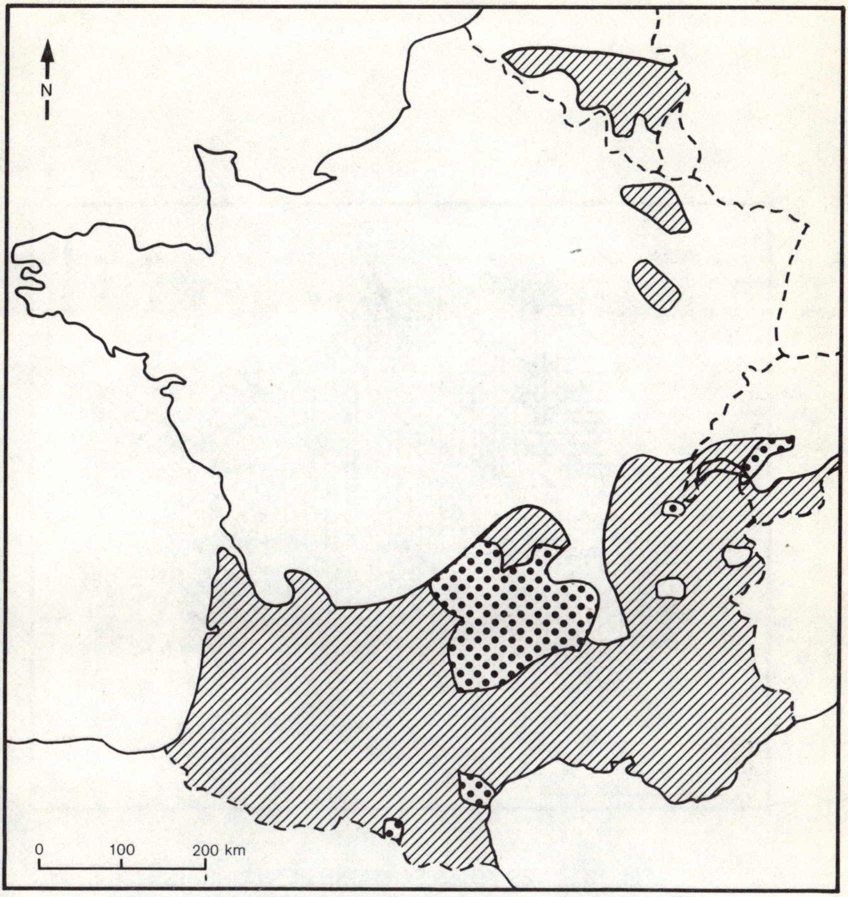

Fig. 18. - LANGUE D'OIL ET LANGUE D'OC : RÉPARTITION DES VOCABLES JUMENT ET CAVALE

aires d'affleurement du successeur du latin *equa*

aires d'affleurement du type cavale

aires du français jument

d'après A. Gilliéron : *Atlas linguistique de la France.*

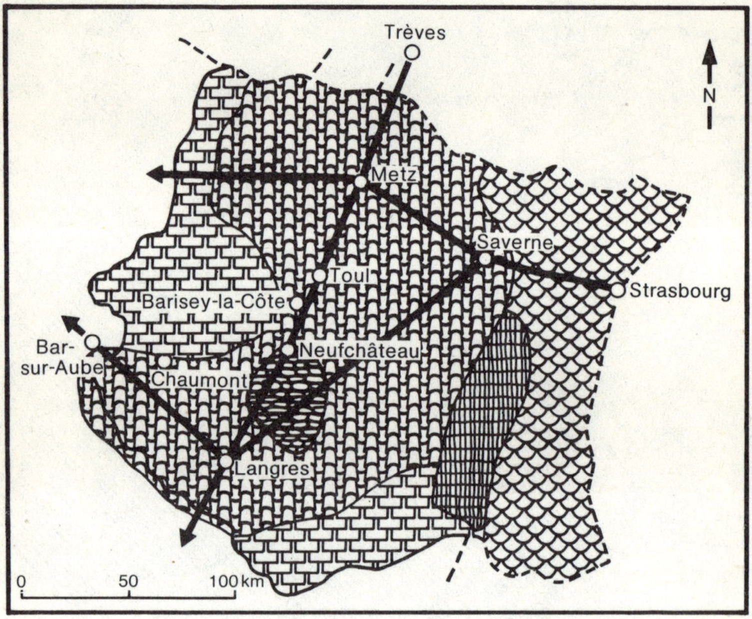

Fig. 19. - LES VOIES ROMAINES EN LORRAINE ET L'AIRE DE L'ILOT OÙ LA TUILE MÉDITERRANÉENNE EST LE MATÉRIAU DE COUVERTURE TRADITIONNEL

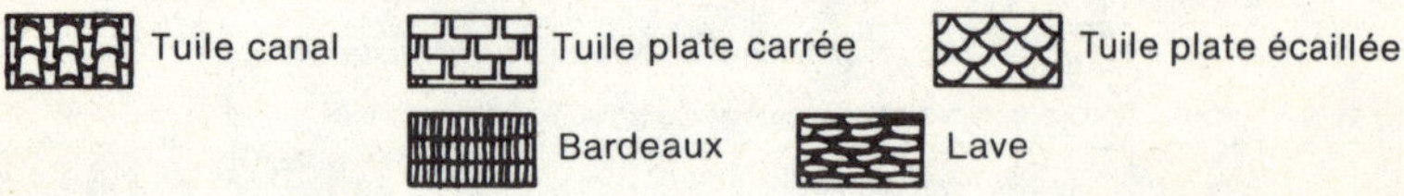

d'après J.Y. Chauvet : Barisey-la-Côte, *Maisons paysannes de France*, 1978.

Les techniques se perfectionnant vers la fin du Moyen Age (à partir du XIIe), les différences architecturales entre les maisons rurales commencent lentement à se mettre en place. Faute de documents, elles sont difficilement datables avec précision. Dans l'état actuel des connaissances, il faut se résoudre au flou en n'oubliant pas que la géographie de l'habitat n'a atteint son immense variété qu'au XIXe ou au XXe siècle. Cependant, il est possible de retenir quelques règles très générales qui ont prévalu dans cette mise en place. Tout d'abord, l'habitat rural prend en compte les héritages culturels, même si ceux-ci contraignent à des réalisations en contradiction flagrante avec le milieu naturel. Ainsi, les toits méridionaux à pente faible ne sont en aucune façon adaptés à la « sécheresse », car aux violentes précipitations méditerranéennes conviendrait mieux un toit à pente forte sur lequel la pluie chasse plus difficilement. Les toits à pente faible couverts de tuiles canal sont, comme on l'a dit, un palimpseste, un héritage romain moins effacé dans le Sud que dans le Nord (fig. 17, 18, 19). L'habitat rural reflète ensuite les conceptions sociales et l'échelle des valeurs des bâtisseurs quant aux notions si fondamentales de public et de privé, de clos et d'ouvert. L'architecture rurale est aussi adaptée à l'économie rurale. Or, comme celle-ci est mouvante, les maisons le sont aussi. Autre règle, les maisons rurales utilisent le plus souvent les matériaux disponibles sur place : pierre, argile pour les tuiles ou les briques, chaux, sable de rivière ou d'un gisement local, bois, paille de seigle, végétaux divers. Le résultat le plus marquant pour le paysage est l'intégration parfaite de la maison rurale traditionnelle dans son environnement. Le terme de mimétisme n'est pas trop fort et les exemples abondent de villages anciens qui, sous un certain éclairage, se confondent totalement avec le milieu environnant. Ce caractère qui fait tout le charme des paysages ruraux traditionnels tient aussi à un autre fait : celui de la technique de construction des paysans-bâtisseurs, on pourrait même dire de tous les bâtisseurs médiévaux, qu'ils soient auteurs d'humbles maisons rurales, d'églises, d'abbayes ou de cathédrales. Cette technique peut être résumée par les mots de pragmatisme et de sensibilité. Dans un village ou dans un « pays », il peut y avoir homogénéité du type d'habitat, mais jamais d'uniformité (photo 26). A l'échelle du mur ou du toit, la remarque vaut encore. Le cordeau et les instruments de mesure ne sont utilisés que très rarement, voire jamais. Jusqu'à la révolution industrielle, toute construction est plus ou moins de guingois, pleine « d'inégalités savoureuses » pour reprendre l'heureuse expression de R. Doyon et G. Hubrecht[407]. Ces irrégularités parfois grossières n'apparaissent généralement pas à première vue, sauf à l'œil mathématiquement entraîné. L'art de bâtir est plein de nuances, d'à-peu-près dans les proportions des volumes ou des ouvertures, dans l'appareillage des pierres, dans les enduits, dans les coloris.

A. Vaillant exprime magistralement ce caractère de l'architecture médiévale, parlant ici des bâtiments religieux[408] : « on ne rencontre nulle part de correction géométrique, à beaucoup près : aucun alignement rectiligne, jamais de croisement à angle droit, ni de contrepartie symétrique, des irrégularités et des repentirs à tout bout de champ. Aussi le cintrage des voûtes devait-il être préparé spécialement pour chaque travée, même dans les édifices les mieux construits de l'art médiéval. Les courbes, et notamment celles des arcs de voûtes, ne sont pas plus correctes que les alignements et les divisions de travées... Peut-être est-ce à cette innocence de facture que la sincérité et le naturel de cette architecture doivent de rester si pleins de charme... »

Un bon exemple des problèmes que pose la naissance des formes d'habitat rural est fourni par André Vigarié dans ses études sur la masure cauchoise[409]. On sait qu'elle représente le plus beau type de maison à cour ouverte, c'est-à-dire constituée de bâtiments dispersés au sein d'une pâture complantée de pommiers et close d'un fossé doublé d'un talus planté de hêtres. Les bâtiments appartiennent à la catégorie des maisons-charpentes à colombages et hourdis d'argile recouvertes d'une toiture de chaume. Un tel habitat fait étroitement corps avec le milieu naturel. Tous les matériaux se trouvent sur place. Le bois des colombages vient des taillis voisins, le chaume des récoltes céréalières (blé surtout) du plateau cauchois, le limon argileux du torchis ou des briques de la cheminée recouvre l'ensemble du plateau et, lorsqu'il est absent, il laisse apparaître l'argile à silex sous-jacente ; la craie du solin est également omniprésente au flanc des vallées. Tous ces matériaux sont remarquablement isothermes et imperméables à la pluie lorsque les techniques traditionnelles sont fidèlement respectées : élimination de la mousse, entretien sur le faîtage d'une bande d'iris.

La structure dissociée la rend bien adaptée à l'économie rurale variée du Pays de Caux : céréaliculture, élevage bovin et porcin, pommiers à cidre. Mais ce type de maison se rencontre tout au long des littoraux qui vont des Pays Baltes et du Jutland à la Normandie et au Devonshire. Outre l'adaptation au milieu naturel et à l'économie rurale, l'autre explication qui vient à l'esprit est donc d'ordre historico-ethnique, car cette aire d'extension est celle de la civilisation noroise des Xe et XIe siècles. Il n'est pas impossible que le fossé limitant la masure soit l'héritier d'un aménagement défensif plus conséquent. Cependant, des problèmes demeurent non résolus. Au Danemark, la disposition en cour fermée est plus fréquente qu'en cour ouverte. En outre, difficulté supplémentaire d'interprétation, dans les régions de Normandie où l'influence scandinave a été la plus longue et la plus forte (Bessin, Cotentin), les maisons n'appartiennent pas à ce type. Enfin, et ce n'est pas là le trait le moins passionnant du cas cauchois, le faîtage d'iris est très spécifique de la région. Au Danemark, il est remplacé par des pièces de bois en forme de croix de Saint André. Or, la tradition affirme que l'iris était la fleur sacrée des Calètes — peuple gaulois du Pays de Caux — associée aux divinités agraires. Il y aurait donc eu reprise et assimilation d'une tradition culturelle celte ayant sauté pardessus les siècles gallo-romains. On le voit, la maison cauchoise suscite encore bien des interrogations.

VIII

L'entassement urbain au Moyen Age

Cependant que les campagnes se réorganisent selon des règles toutes différentes de celles qui ont prévalu pendant les trois siècles de la *Pax Romana,* le fait urbain renaît de ses cendres. Pour Jacques Le Goff[410], il existe un hiatus profond entre la ville gallo-romaine et celle du Moyen Age : « Il n'y a continuité urbaine entre la ville antique et la ville médiévale que si l'on se place au ras de l'espace ou au ras du temps, au niveau d'une problématique des origines sans grande portée historique. Le vrai problème historique, c'est celui de la nature et de la fonction de la ville. Or, dans cette perspective, la ville médiévale est, par rapport à la ville antique, essentiellement nouvelle, autre. » L'idée mérite d'être nuancée en ce qui concerne le paysage urbain. Bien qu'exprimant des valeurs profanes de plus en plus nombreuses sur les plans économique, social, culturel, le paysage urbain médiéval demeure encore très imprégné de sacré et, en cela, se rattache profondément à l'Antiquité. Formellement, les nouveautés urbanistiques sont nombreuses, particulièrement dans les nouveaux quartiers ou les villes nouvelles, mais dans les quartiers situés à l'emplacement des antiques cités gallo-romaines, l'héritage demeure très présent et les images du filigrane ou du palimpseste s'appliquent avec un bonheur particulier.

Le filigrane antique

Pendant la période des invasions, aucune ville de Gaule n'a subi en totalité le sort de la Carthage punique. Pour importantes qu'elles soient, les destructions ont épargné des traces assez nettes pour demeurer indélébiles jusqu'au XXe siècle. C'est d'abord vrai pour la trame viaire. Certes, il n'est pas une ville qui ait conservé son tracé intégral comme Turin. Dès le IIIe siècle, la stricte ordonnance urbaine romaine subit des attaques. Les alignements ne sont plus respectés avec rigueur, puisqu'aucun règlement n'est plus en vigueur. Certains grands îlots occupés par les maisons de riches citadins sont découpés en plusieurs parcelles et des rues nouvelles sont tracées. Dans ce cas, le plus pratique est encore d'adopter pour ces nouveaux lots un tracé approximativement quadrangulaire. Aussi, quelques siècles plus tard, on retrouve dans les cités, dont certains quartiers conservent jusqu'au nom de Cité (Paris, Carcassonne tout comme Londres), une trame irrégulière, mais de structure fondamentalement orthogonale[411]. C'est incontestable à Rouen, à Orléans, à Reims, à Metz, à Fréjus, à Limoges, d'autant plus que, fréquemment, à l'époque moderne, des urbanistes amoureux de la ligne droite ont rendu leur rectitude à des alignements devenus flous pendant le Moyen Age. Parfois, les déformations se sont accentuées pendant le bas Moyen Age, mais alors certaines constructions du haut Moyen Age révèlent l'orientation de la trame antique : des églises, par exemple, comme à Senlis, Bourges ou Amiens.

Tous les monuments qui faisaient l'ornement des villes antiques ne sont pas transformés en carrières pendant les invasions. Certains résistent à l'ardeur des démolisseurs, dans les villes les plus riches en grands monuments particulièrement en Narbonnaise, et trouvent un usage détourné de leur fonction originelle devenue caduque[412]. Dans un premier temps, ces grands ensembles clos apparaissent comme des *castra* tout trouvés. Les Goths improvisent une forteresse dans l'amphithéâtre de Nîmes dès le VIe siècle. Les Sarrasins leur succèdent et tiennent victorieusement le siège face à Charles Martel en 737. Enfin, le comte carolingien s'y installe au IXe siècle et, devenu le *castrum arenarum* au Xe, l'amphithéâtre est transformé en château fort jusqu'au XIIIe siècle, époque à laquelle la ville agrandie est bouclée d'un rempart. Des maisons d'habitation s'élèvent nombreuses à l'intérieur du *castrum,* formant un quartier complet au cœur duquel s'élève l'église Saint-Martin qui christianise ce haut lieu du paganisme et commémore le supplice de tant de martyrs.

Le cas n'est guère différent en Arles où l'amphithéâtre devient le *castrum arenarum* des comtes de Marseille et se voit doté de quatre tours dressées au-dessus des entrées. Au XIVe siècle, des maisons commencent à encombrer les arènes qui abritent l'un des quartiers les plus malsains de la ville où éclatera la peste en 1640 (photo 29). C'est dans le théâtre d'Orange que les transformations sont les plus conséquentes, les princes du lieu y bâtissant aussi un château fort qui sera démoli en 1673. Ce n'est qu'à cette date que des maisons d'habitation misérables y seront édifiées, faisant, là encore, de ce quartier un véritable cloaque. Ces grands monuments romains constituent des espaces confinés propres à accueillir un spectacle, mais peu convenables sur le plan de l'aération pour un quartier d'habitation. Les lois de l'hygiène, il est vrai, ne préoccupent guère les bâtisseurs de villes du Moyen Age. Toujours à Orange, l'arc de triomphe est transformé en tour d'enceinte au XIIIe siècle. Le prince Raymond des Baux y réside et opère les transformations qui s'imposent. Dernier exemple, la *Porta Nigra* de Trèves est transformée au XIe siècle en église (Saint-Siméon), ce qui relève, il faut le reconnaître, de l'acrobatie architecturale. Il est sans doute dommage que Napoléon ait donné l'ordre de détruire toute la nef de cette église qui utilisait le monument romain pour restaurer celui-ci dans sa pureté originelle en effaçant d'un coup de pioche tout un pan de l'histoire.

Quelques autres monuments subsistent à l'état de ruines. Ainsi en est-il, à Paris, des Thermes de Cluny[413] qui portent au XIIIe siècle le nom de *vicus Therminorum*. Après être passés de main en main, ils échoient aux abbés de Cluny qui aménagent des jardins suspendus à la mode de Babylone sur le *frigidarium* et la salle voisine. Malgré le poids, la voûte de cette dernière résiste jusqu'en 1737, date de son écroulement, et celle du *frigidarium* est soulagée de son fardeau en 1820, ce qui permet sa survie. A côté de ces monuments préservés grâce à une réutilisation peu respectueuse — voilà qui devrait faire réfléchir le XXe siècle sur l'épineuse question de la conservation du patrimoine — beaucoup d'autres sont progressivement enfouis et oubliés après avoir été partiellement dépouillés de leurs pierres : les monuments de Lyon, les arènes de Lutèce. A Chartres, l'amphithéâtre est enfoui sur le versant de la vallée de l'Eure, juste en-dessous de la cathédrale. Seuls quelques chicots ont été dégagés à l'occasion de constructions récentes, mais l'emplacement de l'édifice apparaît nettement dans le parcellaire et dans le tracé des rues médiévales de ce quartier. Des situations comparables peuvent s'observer pour les amphithéâtres de Tours ou de Poitiers.

L'essaimage de la cité vers les faubourgs (XIe-XIIe siècles)[414]

Dans la tourmente des invasions, un seul pilier de l'édifice ancien résiste : le christianisme. C'est parce que la plupart sont des sièges d'évêché que les cités gallo-romaines échappent à la disparition définitive que connaissent les établissements ruraux. Un déplacement du centre de gravité des cités s'opère dans un premier temps depuis le *forum,* désormais inutile, vers la cathédrale. Celle-ci s'élève souvent contre le rempart du *castrum* aménagé, tel un réduit, au cœur des cités. A Paris, la Montagne Sainte-Geneviève est abandonnée et les Gallo-Romains se replient dans l'île de la Cité qu'ils ceignent d'un rempart. La première cathédrale de bois est édifiée au pied de sa branche Sud. Même scénario à Lyon : la ville se replie sur les bords de Saône après avoir abandonné les hauteurs de Fourvière. C'est là que la cathédrale s'élève. Son baptistère est encore visible dans le récent jardin archéologique qui jouxte l'actuelle primatiale Saint-Jean.

Dès cette époque, mais surtout aux XIe et XIIe siècles, des monastères s'implantent dans la périphérie des cités. Ils sont fortifiés, tant il y a à craindre les attaques de païens : ainsi en est-il de Saint-Victor de Marseille, par exemple. Plus tard, ils ne le sont plus à proprement parler, mais ils donnent naissance à un bourg *(burgus, suburbium)* qui, lui, est ceinturé d'une muraille ou rapidement inclus dans la nouvelle grande enceinte de la ville. On peut citer d'innombrables exemples de semblables essaimages de la cité : Reims et son bourg monastique de Saint-Remi, Périgueux et Saint-Front, Chartres et Saint-Père, Alet et Saint-Malo où l'évêché se transporte pour des raisons de commodité d'accès en 1146, Toulouse et Saint-Sernin où s'élève un immense sanctuaire roman, Paris et Saint-Germain-des-Prés, Saint-Marcel, Saint-Martin-des-Champs, etc. Lorsqu'elles ont la chance d'abriter les reliques d'un grand saint ou de se trouver sur la route d'un grand pèlerinage, ces abbayes attirent les foules et donc la richesse. C'est ce qui explique qu'elles engendrent une urbanisation qui parvient quelquefois à surpasser la cité-mère en importance. Ainsi Saint-Martial dépasse Limoges dès la fin du XIIe siècle, mais ne fusionne avec la cité située à 500 m que sous la Révolution. D'autres abbayes s'élèvent sur des sites vierges. Quelques-unes resteront isolées : Saint-Michel-de-Cuxa ou Saint-Wandrille ; certaines donnent naissance à des bourgs ruraux comme Conques, à de petites villes comme Cluny, Vézelay ou le Mont-Saint-Michel. Rares sont les villes conséquentes nées d'un monastère comme Saint-Denis, Romans ou Moissac. Ainsi qu'il a été dit plus haut, l'assise principale des monastères bénédictins est rurale et elle le devient même exclusivement pour les abbayes cisterciennes ou les chartreuses.

Les bourgs suburbains peuvent aussi naître d'une commodité économique. A Besançon, Mâcon, Arles, c'est un pont ; à Chartres, à Bordeaux, à Metz ou au Mans, c'est un marché. Dans le cas de Chartres, le quartier commerçant occupe encore aujourd'hui le même emplacement. Qu'ils soient d'origine religieuse ou laïque, les bourgs forment avec la cité une véritable « nébuleuse suburbaine ... qui est le trait majeur du paysage urbain au XIe et au XIIe siècle » comme l'écrit A. Chedeville[415]. Poitiers, par exemple, n'en compte pas moins de six dans sa périphérie.

Enfin, la renaissance urbaine des XIe et XIIe siècles s'appuie aussi — tout comme le mouvement villageois — sur les seigneurs et donc sur les châteaux. Les bourgs castraux sont légion : au bord de la Loire (Chinon, Saumur, Amboise, Loches), en Bretagne (Vitré, Fougères, Châteaubriant, Clisson) ou surtout dans les Flandres, qui connaissent alors sous l'impulsion des comtes une brillante phase d'urbanisation grâce à la juxtaposition d'un château, d'une collégiale et d'un marché, de quoi assurer les besoins de sécurité physique, spirituelle et de consommation de l'homme médiéval. C'est ce qui assure le succès de Bruges, de Gand, d'Ypres, d'Aire-sur-la-Lys, de Saint-Omer, d'Arras.

Le paysage urbain de cette période de renaissance des villes est très disparate. Il associe de nombreux bâtiments de bois (habitations, mais aussi églises et palais, tels ceux des évêques de Chartres et de Rennes) et des édifices de pierre : vestiges romains déjà évoqués, premières églises de pierre, enceintes hérissées de tours dans lesquelles réside souvent l'aristocratie comme à Carcassonne. L'une des rares maisons romanes qui subsiste encore est précisément en pierre : elle se trouve dans la Grand'rue de Dol en Bretagne.

Les villes se transforment en chantiers et le pape Urbain II a fort à faire lors de sa visite de 1095-1096 pour consacrer la multitude d'églises, d'abbayes et de cathédrales qui s'achèvent. Par rapport à l'urbanisme gallo-romain, un certain nombre de nouveautés ont vu le jour. Le désordre qui s'était amorcé dès les premières invasions s'accentue. Ce ne sont plus les maisons qui bordent la voirie, mais les rues qui permettent de se frayer un passage jusqu'aux maisons. La perspective a disparu. Les monuments ne sont plus visibles de loin — sauf du plat pays d'où l'on entrevoit leurs superstructures — mais surgissent au détour d'une ruelle. La ville n'est plus d'abord un espace de spectacle, mais de contact entre ses habitants. Parmi ces habitants, de nouveaux venus font leur apparition : les morts. Les cimetières entrent à l'intérieur des murs, viennent enserrer les églises, voire les envahir. Comme les ruraux, les citadins vivent en complète familiarité avec leurs morts. A Dijon, c'est au cimetière de Saint-Bénigne que, chaque année, a lieu l'élection du maire de la ville.

Autre caractère, les villes, tout en vivant du commerce, ne dominent pas vraiment les campagnes. Pour leur subsistance, elles conservent donc des liens très étroits avec l'agriculture. Elles sont pastorales et l'on peut y rencontrer des bovins, des ovins ainsi qu'une multitude de volailles et de porcs, ces derniers assurant l'éminente fonction du nettoyage des rues. Celles-ci en ont grand besoin, d'ailleurs, étant donné la promiscuité urbaine, le caractère embryonnaire de l'organisation édilitaire et l'absence de pavage. Dans ses murs et surtout à l'extérieur, la ville accueille des clos de vignes, des jardins potagers, voire des champs. Quelques jardins d'agrément y sont aussi aménagés autour des demeures aristocratiques ou ecclésiastiques. Enfin, la périphérie urbaine est marquée par le regroupement des artisanats polluants : travail du cuir, de la laine.

La ville médiévale adulte : un monde clos

Les abords de la ville se signalent par la grande confusion du réseau routier qui permet d'y accéder. Les quatre voies cardinales des cités romaines ne sont plus qu'un souvenir — elles sont devenues dix-neuf dans le Paris de Philippe Auguste — d'autant plus que l'empierrement est inexistant ou, au mieux, rudimentaire. Des fouilles récentes ont permis de dégager les restes d'une chaussée d'accès à Tours[416]. Le grossier revêtement de pierrailles strié de profondes ornières n'est en rien comparable au large dallage de l'entrée des cités antiques. Une telle conception, qu'aggrave un entretien défectueux, fait qu'aux portes des villes, comme en rase campagne, les itinéraires routiers sont plus une indication de direction qu'une chaussée praticable. Dans les bas-fonds ou les jours de pluie, des bourbiers rendent la circulation problématique. C'est pourquoi le ferrage des chevaux, l'amélioration de la technique d'attelage qui, tous deux, permettent d'utiliser des chariots plus lourds ne portent que des fruits timides. Le résultat est que les bas-côtés sont très utilisés et que les routes se présentent comme des faisceaux plus que de stricts tracés[417]. Il faut une journée pour parcourir en moyenne 70 km dans les États bourguignons sous Charles le Téméraire et dans certaines régions, entre Gand et La Haye, par exemple, cette distance est réduite à 40 km[418].

Seuls les ponts témoignent d'une véritable renaissance de l'art de bâtir des Romains[419]. C'est tout simplement qu'ils peuvent rapporter beaucoup d'argent au seigneur ou à la ville qui entreprennent leur construction. Tout le commerce entre haute et basse Normandie transite par le pont de Rouen jeté sur la Seine dès le XIe siècle. A Tours, à Amboise, le rôle des ponts est identique. Lorsqu'ils unissent les quartiers d'une même ville séparés par un fleuve, ils sont recouverts de maisons tant la place est comptée *intra muros*. Beaucoup reçoivent des aménagements défensifs, car tenir le pont, c'est tenir la ville, voire la région. Le plus célèbre d'entre eux est le Pont Valentré de Cahors, construit au début du XIVe siècle. Fierté de la ville, il figure sur le sceau des consuls.

Par l'édification généralisée de murailles, les villes se rattachent à la tradition des plus belles cités antiques. La recherche du prestige n'est pas exclue et elle éclate même dans la monumentalité et le décor parfois chargé des portes. J. Le Goff qui, pourtant, nie la continuité Antiquité-Moyen Age, n'écrit-il pas[420] : « S'il est probable que des motifs militaires furent à l'origine de la construction des murailles, celles-ci n'en constituèrent pas moins sur le modèle des enceintes antiques ou légendaires, définissant un espace sacré de la ville, l'élément essentiel de la prise de conscience urbaine du Moyen Age » ? Au-delà de la symbolique, l'impératif de défense s'impose à partir de 1340, bien que les plus achevées des villes soient murées depuis fort longtemps. L'imposante et efficace enceinte de Paris date des dernières années du XIIe siècle, pendant le règne de Philippe Auguste, le premier souverain à avoir tenté une grande politique d'urbanisme. Charles V en édifie une autre sur la rive droite pour enfermer les quartiers nouveaux. Paris est désormais bien verrouillé avec ses deux forteresses d'amont et d'aval : la Bastille et le Louvre.

Avec le début de la Guerre de Cent Ans, plusieurs cités protégées par des murailles incomplètes ou mal entretenues (brèches, fossés partiellement comblés) tombent sans presque coup férir. C'est ce qui arrive à Poitiers et Agen en 1346, par exemple. Un vent de panique souffle alors sur toutes les villes. On répare, on recreuse les fossés, on édifie des tours et des forteresses aux points névralgiques. A l'exception de la richissime Avignon, on pare au plus pressé et il n'est pas question d'englober tous les quartiers qui ont poussé à l'extérieur de la première ligne de remparts. Des pans entiers de la ville sont abandonnés, voire délibérément détruits lorsqu'ils gênent l'édification de la muraille. C'est ainsi que disparaissent le faubourg épiscopal des Tours à Aix-en-Provence ou la collégiale Saint-Aignan à Orléans. Toutefois, on ne peut comparer ces actions à l'hystérie destructrice du Bas-Empire. A l'intérieur, les principaux monuments sont respectés car ils représentent aux yeux des citadins quelque chose d'essentiel et non pas les témoins vides de sens d'une époque spirituellement révolue. Le cadenassage des villes a pour conséquence une certaine unification, c'est-à-dire l'estompage de l'antagonisme cité-bourgs. Par ailleurs, comme il est impensable d'élever des murs assez longs pour englober des espaces libres, les terrains constructibles se raréfient et le confinement s'accentue. Parmi les plus beaux systèmes défensifs parvenus jusqu'au XXe siècle, se distinguent Carcassonne — qui, par les soins de Viollet-le-Duc, date autant du XIXe siècle que du Moyen Age —, Saint-Malo, Guérande, Avignon, Aigues-Mortes.

Aux équipements militaires s'ajoutent les réserves en vivres et les citernes, qui rendent beaucoup de villes aussi inexpugnables — à moins de trahisons — que les plus forts des châteaux. Mais la perfection à laquelle on parvient au XIVe siècle n'a qu'une durée de vie très brève. Dès le siècle suivant, l'artillerie devient efficace et de nouvelles techniques s'imposent qui trouveront seulement leur achèvement dans le génie de Vauban. Dans un premier temps, la base de la muraille est épaissie, des canonnières sont ménagées, puis apparaissent les boulevards (terme d'origine flamande) d'où il est possible de riposter au tir des assaillants.

Renouveau balbutiant de l'urbanisme au bas Moyen Age

Si l'on entend par urbanisme une conception volontariste de la ville, il est sûr que le Moyen Age n'en a pas connu, à l'exception des bastides. Et encore ! Les timides tentatives pour imposer des règlements ne voient le jour qu'à une époque où les villes sont déjà adultes ; or, comme chacun sait, l'éducation commence au berceau. Le paysage urbain médiéval est presque toujours l'œuvre du pragmatisme et donc de l'ajustement des intérêts des puissances ecclésiastiques, civiles et de ceux du reste de la population.

A première vue, le plus grand désordre règne dans les plans de villes. Pour l'étranger, il est d'autant plus difficile de se repérer, une fois le rempart franchi, que les grands monuments bien visibles de l'extérieur n'apparaissent plus. On peut encore aujourd'hui facilement tourner en rond dans le quartier commerçant de Chartres sans apercevoir la cathédrale ; de même à Aix-en-Provence, dès que l'on quitte le cours Mirabeau pour s'enfoncer dans le dédale peu retouché du quartier médiéval. Dans certaines villes, pourtant, une esquisse d'ordre apparaît, soit qu'il représente un héritage antique — les rues Saint-Denis, Saint-Martin et Saint-Jacques, à Paris, par exemple —, soit qu'il ait été voulu au moment de la fondation et à peu près respecté par la suite. C'est surtout le cas des villes castrales ou monastiques organisées selon des plans centripètes : Montferrand ou bien Brive et ses sept rues rayonnant depuis Saint-Martin. Dans certaines villes, un autre moyen de se repérer est constitué par le relief. J. Le Goff souligne l'importance du texte évangélique[421] très commenté au Moyen Age dans lequel le Christ image son propos sur la lumière du monde qui ne saurait être mise sous le boisseau par une affirmation des mérites des villes perchées : « Une ville ne se peut cacher, qui est sise au sommet d'un mont. » Enfin, la société ordonne aussi le paysage grâce à la spécialisation des quartiers et des rues : à Paris, par exemple, partie religieuse de la Cité à l'Est, partie politique à l'Ouest, quartier intellectuel des collèges sur la rive gauche, quartier portuaire et du commerce (Halles) sur la rive droite. La spécialisation professionnelle des rues dont témoignent encore aujourd'hui les noms de celles-ci (des bouchers, des changeurs, des cardeurs, des tanneurs, des boulangers, etc.) et qui, parfois même, s'est maintenue jusqu'en plein XXe siècle, visualise l'organisation corporative et confère une personnalité à chaque rue.

La rue médiévale est d'une extrême étroitesse. Une largeur d'un mètre n'est pas une rareté. Aix-en-Provence possède une rue Esquiche-Coude dont un homme peut toucher les parois des deux coudes. La rue ne suit pratiquement jamais la ligne droite, puisque pendant des siècles chacun a eu le loisir de construire sa maison comme il l'entendait à la seule condition de laisser un passage d'accès aux maisons voisines. L'imbroglio féodal des espaces urbains n'y est d'ailleurs pas étranger. C'est dans une ville comme Lyon, dont le cœur est coincé entre la colline escarpée de Fourvière et la Saône, que l'entassement atteint son maximum. Beaucoup de voies ne sont que d'étroits passages entrecoupés d'escaliers traversant les maisons et émergeant à la lumière de temps à autre : les traboules. Il existe aussi de telles rues dans d'autres villes. A Paris, Huysmans a décrit[422] ainsi la Longue Allée qui joint, au Quartier latin, la Galande à la rue Domat : « Sa traversée est bizarre. On longe des allées qui se rétrécissent, puis s'évasent en de courts préaux, se resserrent encore et s'amincissent de telle sorte que lorsqu'on passe sous des corps de logis l'on est écrasé entre deux murs et que l'on se courbe pour ne pas se heurter contre les poutres en saillie du plafond. On chemine dans une fissure entre deux hautes maisons dont les toits se rapprochent loin du jour. » N'étant pas pavées, les rues sont, par temps de pluie, de véritables cloaques dans lesquels pataugent bêtes et gens, parfois au milieu des immondices et des eaux usées de toute nature. Sans parler du danger qu'il y a à sortir la nuit tombée en l'absence de tout éclairage. Dans le Paris de Philippe le Bel, il n'y a que trois lumières extérieures : à la tour de Nesles, sous la voûte du Grand Châtelet et dans l'un des pôles de la vie parisienne d'alors : le cimetière des Innocents.

C'est tout naturellement Paris qui, sous l'impulsion du pouvoir royal, bénéficie des premières améliorations apportées à cette situation peu reluisante. En 1185, le roi Philippe Auguste, incommodé, dit-on, des odeurs pestilentielles qui s'élèvent du sol parisien sous ses fenêtres, décide le pavage des principaux axes. On emploie pour ce faire d'énormes blocs de grès de 40 cm d'épaisseur[423]. Cette mesure se généralise à beaucoup de villes (Rouen, Dijon, Reims) au cours des deux siècles suivants. C'est encore sous Philippe Auguste que trois fontaines sont installées aux Halles des Champeaux qui viennent d'être créées au cœur du Paris de la rive droite ; elles dispensent une eau captée aux sources de Belleville et du Pré-Saint-Gervais alors que la Seine assurait jusqu'alors la totalité des besoins. L'une de ces précieuses fontaines subsiste encore, il est vrai remaniée avec talent par Jean Goujon : celle des Innocents. Quelques nouvelles rues sont plus larges que les anciennes et surtout plus droites. Ainsi, la rue Neuve-Notre-Dame atteint 7 m et constitue une timide tentative d'introduire recul et perspective devant une cathédrale. Tout ce quartier de l'actuel parvis a été abattu sous le Second Empire, mais son tracé est reconstitué sur la dalle qui recouvre la crypte archéologique. Au XIIIe siècle, un règlement impose la délivrance par le voyer royal d'un « congié », véritable permis de construire, préalablement à la construction d'une maison ou à l'empiètement d'auvents et d'étals sur la voie publique. Son application se révèle très difficile tout comme celle des ordonnances de 1350 et 1388 interdisant les empiètements[424].

En Avignon, un règlement de 1243 impose une largeur minimale aux rues nouvelles et l'élargissement des autres. Il interdit également de jeter les détritus et les eaux usées dans les rues. Peu à peu, des mesures telles que le ramassage des immondices par un personnel municipal se répandent, mais les XIVe et XVe siècles connaissent de graves troubles qui font passer au second plan l'hygiène et l'esthétique ou, tout au moins, cantonnent son expression à la peinture qui représente sur la fin du Moyen Age des villes nettes, des rues larges et droites inspirées des premières réalisations italiennes et qui précèdent dans les imaginations ce que tentera la Renaissance[425].

Toutes malcommodes qu'elles soient, les rues jouent un rôle essentiel dans la sociabilité urbaine. Elles sont les seuls espaces découverts accessibles à tous avec les cimetières (les jardins sont clos et réservés aux palais et aux couvents). Lors des entrées solennelles dans Paris, c'est dans la rue Saint-Denis que le roi communie avec son peuple ; c'est aussi par elle qu'il est dirigé vers sa dernière demeure. Malgré son étroitesse et son tracé sinueux qui a pris bien des libertés avec la voie romaine, les cérémonies ne manquent pas de magnificence. Toutes les maisons sont ornées de tentures et de feuillages. Mais ces liesses sont aussi empreintes d'une familiarité que permet le volume de la rue.

Rares sont les places publiques. Les plus conséquentes sont destinées aux marchés ou aux foires et peuvent recevoir une halle couverte. La plupart des cathédrales ne disposent que d'un très modeste parvis (mot dérivé de paradis, que figurent les mystères représentés devant l'édifice)[426]. Les façades ne peuvent être admirées de loin. Elles ne sont, d'ailleurs, pas conçues pour cela, mais, au contraire, pour que leurs bibles et leurs catéchismes en images soient détaillés par les fidèles. Bourges offre un exemple préservé d'un parvis d'échelle médiévale (photo 30). Les autres places ne sont guère que des élargissements de rues, le plus souvent ménagés à des carrefours à angle aigu : l'ancienne place Maubert à Paris, par exemple. La construction des hôtels de ville entraîne, cependant, l'apparition de places plus conséquentes. Le motif en est simple. Un grand parvis est inutile, puisque la foule peut entrer dans la cathédrale, mais elle ne peut tenir dans la maison où siège le pouvoir civil. Paris dispose de la place de Grève sur laquelle s'élève en 1357 la Maison aux Piliers et qui est, par ailleurs, le théâtre des supplices. C'est dans les villes flamandes aux institutions municipales plus élaborées que les grand'places voient le jour, constituant le cœur des villes et ravissant ce rôle aux cathédrales.

Les maisons des villes

En dépit des risques d'incendies, le bois et le chaume sont toujours utilisés dans la construction des maisons urbaines et, particulièrement — pas exclusivement — des maisons modestes[427]. Besançon ne possède que 30 maisons de pierre en 1350. Cependant, les techniques se perfectionnent. Les charpentiers mettent au point des modèles préfabriqués (à Cambrai, par exemple), ce qui diminue évidemment le coût. Le montage de la carcasse est facile et rapide. Il ne reste plus qu'à clouer les planchers, à disposer le chaume et à remplir les interstices des colombages par les matériaux localement disponibles : torchis, briques (matériau luxueux) ou, dans une ville comme Paris où le gypse abonde, plâtre qui confère à la capitale une rare couleur blanche. Les hauteurs augmentent avec la demande en logements jusqu'à 5 ou 6 étages comme à Paris, à Lyon ou dans l'Est. Dans l'Ouest, moins urbanisé, les maisons restent généralement plus basses. La qualité des constructions modestes laisse souvent fort à désirer. Lorsqu'en plus, à la suite de quelque calamité, la population diminue et la demande immobilière aussi, les loyers s'effondrent et l'entretien n'est plus assuré. Entre 1422 et 1432, par exemple, les loyers baissent à Paris de 90 % alors qu'au début de cette période le tiers de la Cité est déjà occupé par des terrains vagues, consécutivement à l'abandon et à la chute des maisons. A quelque chose malheur est bon, pourtant. Pendant ce siècle trouble, la diminution de la densité de population urbaine permet l'effacement du paysage urbain de beaucoup de constructions parasites ou provisoires.

Ce n'est qu'à la fin du XIVe siècle et au XVe siècle que le bâti urbain connaît de sensibles améliorations. Les toitures en chaume et en bois sont interdites dès 1385 à Chambéry, en 1406 à Strasbourg et 1448 à Annecy. Les tuiles plates ou canal s'imposent, eu égard à leur caractère ignifuge et à la facilité d'entretien des toitures. L'adoption de la tuile plate dans le Nord ne modifie pas sensiblement l'architecture des maisons. La pente des toits reste forte et le pignon toujours orienté vers la rue. Dans le Midi, où l'emploi de la tuile ronde est peut-être d'ailleurs plus ancien, ce mode de couverture permet davantage de liberté avec l'architecture sous-jacente, car une parcelle bâtie de plan complexe peut être recouverte avec souplesse par une seule toiture. Cela peut expliquer une hétérogénéité plus grande de l'architecture urbaine par rapport à celle du Nord. Il est probable que c'est à partir des villes que ces matériaux de couverture sont diffusés dans les campagnes.

L'architecture de bois présente un autre avantage : grâce à l'emploi de montants courts, les maisons peuvent être aisément surélevées en cas de besoin et, d'une manière générale, s'élever plus haut. Lorsqu'ils sont soigneusement assemblés suivant des formes géométriques, ou sculptés (maison du Saumon à Chartres [photo 31], maisons de la place du Vieux-Marché à Rouen), les colombages restent bien sûr apparents, mais, le plus souvent, un enduit les recouvre au plus grand bénéfice de l'esthétique et de la longévité des maisons : protection contre les intempéries et les incendies. Les ouvertures occupent une place de plus en plus importante sur les façades. Plus maniérée, plus aérée aussi, telle se présente l'architecture de bois qui voit le jour à la fin du Moyen Age.

Dans le même temps, l'usage de la pierre se répand. L'outillage des tailleurs de pierre bénéficie des progrès de la métallurgie, eux-mêmes découlant de ceux de l'art de la guerre. Dans certaines régions, la pierre est utilisée depuis longtemps : Provence, Languedoc, Flandres. Ailleurs, la pierre fait son apparition dans les logis seigneuriaux ou bourgeois. De telles maisons qui manifestent la puissance et la richesse de leur hôte s'ornent assez fréquemment d'une tour purement symbolique et décorative. Ainsi, le quartier

Photo 29
L'amphithéâtre romain d'Arles transformé au Moyen Age en castrum, puis en quartier d'habitation insalubre.
Photo Goursat. © Rapho.

Photo 30
La cathédrale de Bourges dont le parvis d'échelle médiévale interdit tout recul à l'observateur. Photo Roger-Viollet.

Photo 31
Chartres : la maison du Saumon et la rue de la Poissonnerie avant transformation. Photo Roger-Viollet.

Fig. 20. - **LES PRINCIPALES EGLISES GOTHIQUES**

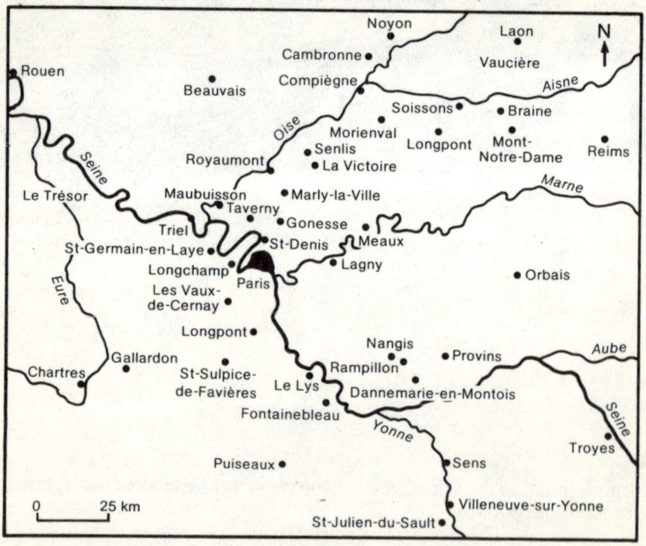

Fig. 21. - **LE FOYER DE L'ILE-DE-FRANCE**

des capitouls à Toulouse est, à peu de chose près, l'équivalent de San Giminiano en Toscane.

Par ailleurs, si les espaces agricoles *intra muros* disparaissent progressivement, faute de place, ils subsistent plus intensivement exploités que jamais à la périphérie. Les vignobles urbains s'accroissent et les quartiers proches des remparts ou les faubourgs sont souvent occupés par des maisons de vignerons, comme, par exemple, le faubourg Saint-Nicolas de Beaune. Enfin, au XVe siècle, certains bourgeois sont à l'origine d'une forme d'habitation périurbaine appelée à connaître par la suite un grand succès : la résidence secondaire sise au milieu d'un domaine agricole, mais servant aussi à l'agrément du maître. C'est à Aix-en-Provence que le phénomène semble naître autour de 1400 avec l'édification des premières bastides, terme qui ne doit pas être confondu avec les villes nouvelles du même nom qui voient le jour dans le Sud-Ouest.

Édifices sacrés

Vues de loin, les villes médiévales à leur apogée se signalent par leur muraille et par la forêt des clochers et des flèches qui expriment à la fois la richesse et l'importance de la population, puisque chaque excroissance verticale correspond à une église paroissiale ou à un couvent ou bien encore à un édifice municipal. Mais, naturellement, l'ornement fondamental de la ville, c'est la cathédrale, restée encore pour les gens du XXe siècle le témoin majeur du Moyen Age.

L'art gothique est urbain par excellence, et de la ville médiévale il symbolise toutes les contradictions, les tiraillements entre le spirituel et le matériel. Ces immenses bâtisses sont d'abord et fondamentalement louange et offrande à Dieu, sacrifice propitiatoire, même, telle la Tour de Beurre de la cathédrale de Rouen. Seule la foi vive de tout un peuple peut, dans les conditions de l'époque, parvenir à une œuvre aussi imposante et achevée. C'est lorsque la cathédrale est érigée que la ville retrouve enfin un lieu central aussi majestueux et sacré que l'était jadis le *forum*. Tout comme ce dernier, la cathédrale est pôle religieux et social, cage thoracique dans laquelle bat le cœur de la ville. La comparaison peut même se poursuivre sur le terrain formel. Dans beaucoup de cathédrales, l'*orientatio* n'est pas indifférente. Certes, celle-ci s'inscrit fréquemment dans l'un des axes de la cité romaine, mais le chœur ou saint des saints est souvent tourné vers l'Est, c'est-à-dire vers Jérusalem et la lumière originelle du soleil levant, symbole du Christ. Dans le cas de Notre-Dame de Paris, c'est aussi l'amont de la Seine. Au fleuve sacré des *nautae parisiaci* se superpose le fleuve d'eau vive qui s'écoule du tabernacle, vient irriguer la foule assemblée dans la nef, puis l'aval de l'île de la Cité consacrée à la gestion des affaires temporelles, enfin la ville tout entière. Cette symbolique, les citadins du Moyen Age la vivent profondément enracinée en leur cœur et, là encore, on ne peut que constater la continuité avec la sacralité du paysage antique. Plus formellement encore, il n'est pas interdit de comparer la cathédrale avec le *forum*, espace de rassemblement entouré de colonnes et de portiques, à la seule différence près que la première est recouverte d'une voûte, ce qui exige donc une plus grande étroitesse de l'ensemble. Dans la nef se rassemblent les fidèles participant aux cérémonies qui se déroulent dans le chœur. Sur les bas-côtés, on s'amuse des bateleurs, on se livre à quelque commerce, activités que le lieu sanctifie.

A côté de ces motivations profondément spirituelles, la cathédrale incarne aussi le prestige de la ville considérée parfois comme une « personne », sentiment qui se place dans la continuité de celui des Anciens pour leur Cité, mais encore, c'est indéniable, l'orgueil des habitants et particulièrement de ceux qui ont le plus intérêt à sa renommée et à sa prospérité : les marchands en premier lieu, puis les seigneurs ou le roi qui bénéficient des retombées. C'est autant la recherche du dépassement spirituel par les œuvres que celle du record à battre qui fait élever l'immense chœur de Beauvais à 48 m., lequel s'écroule en 1284. Par ailleurs, les cathédrales sont inséparables de la prospérité agricole des campagnes environnantes, comme G. Duby l'a souligné[428]. « Art urbain, l'art des cathédrales a donc puisé dans les campagnes proches le principal aliment de sa croissance, et ce furent les efforts d'innombrables pionniers, défricheurs, planteurs de ceps, façonneurs de fossés et de digues qui, dans les succès d'une immense conquête agricole, le portèrent à son accomplissement. Sur un fond de moissons nouvelles et de jeunes vignobles se sont dressées les tours de Laon ; sculptée dans la pierre, la figure des bœufs de labour les couronnent. » Enfin, dernière signification des cathédrales : l'homme n'est probablement pas fait pour vivre uniquement dans des espaces confinés. Dans l'entassement qui caractérise les villes médiévales, les habitants ressentent très probablement une certaine nostalgie des horizons plus larges du plat pays. Les cathédrales ne représentent-elles pas le palliatif vertical de ce qui n'est pas réalisé horizontalement en ville, alors que dans les villes romaines, comme dans les villes classiques ou postérieures, les rues droites et larges satisfont à ce besoin ?

La France est particulièrement riche en cathédrales gothiques par rapport à ses voisins européens ; ces édifices constituent même un symbole de la France à telle enseigne que jusqu'à l'époque moderne, on parlait d'art français et non d'art gothique. Mais leur répartition est très inégale à l'intérieur de l'espace national. Apparu timidement à l'église de Morienval (1136) et à Saint-Martin-des-Champs de Paris, mais pour la première fois véritablement dans le chœur de Saint-Denis sous l'impulsion de Suger, l'art gothique est étroitement lié à la montée du pouvoir monarchique de la dynastie capétienne. Il s'épanouit donc en Ile-de-France et se propage dans les régions voisines situées au Nord de la Loire, mais n'atteint guère le Midi (fig. 20 et 21). Après la première série de Sens, Senlis, Noyon, Laon et Notre-Dame de Paris, viennent les chefs d'œuvre de verticalité et de lumière que sont Chartres, Reims, Amiens, Bourges, Le Mans. Entre le milieu du XIIe et le milieu du XIIIe siècle, le modèle de la cathédrale gothique ne s'est guère diffusé dans un rayon de plus de 200 km autour de Paris. Par la suite, il conquiert les provinces plus lointaines et passe les frontières : Strasbourg, Clermont-Ferrand, Lyon, Rodez, Narbonne, Aix, etc., mais ces cathédrales diffèrent du modèle — plus que celles d'Espagne — et prennent en compte certaines traditions architecturales locales.

Fruits d'une haute technicité, les cathédrales n'excluent en aucune façon la sensibilité et les inégalités savoureuses évoquées à propos de l'habitat rural. Elles sont dessinées préalablement sur des parchemins par les architectes, mais en modèle évidemment très réduit[429]. C'est pourquoi les savantes études qui expliquent les proportions des cathédrales par l'emploi du nombre d'or et d'une géométrie plus ou moins ésotérique doivent être considérées avec circonspection, même si certains chiffres sont effectivement troublants. L'essentiel du travail d'érection d'une cathédrale s'effectue au jugé, ce qui épargne à ces immenses bâtisses l'écueil de la roideur et de l'impersonnalité mathématique.

Toutes les villes ne jouissent pas de la possession d'un symbole urbain aussi prestigieux qu'une cathédrale, et le mélange intime des activités artisanales, tertiaires et rurales qui règne en ville fait qu'il est parfois difficile de différencier le paysage urbain de celui des villages et de souligner ce qui distingue sûrement une ville. Les monuments laïcs et, particulièrement, municipaux, permettent une meilleure définition, mais, eux aussi, sont loin d'être présents partout. Le nombre des églises paroissiales est plus satisfaisant, car celles-ci se multiplient à l'envi dans les villes. Rouen en compte 35 au XIIIe siècle. Cependant, le critère le plus juste est sans doute celui des couvents mendiants que Jacques Le Goff a proposé de prendre en compte[430]. Dans toutes les villes qui atteignent 1500 habitants environ, les Frères Mineurs (ou Cordeliers ou Franciscains) tiennent au moins un établissement. On trouve les Frères Prêcheurs (ou Jacobins ou Dominicains) dans les villes plus importantes et, vers la fin du XIIIe siècle, dans les villes où il reste de la place et de l'argent à quêter, s'installent les Augustins et les Carmes. D'après Richard W. Emery, on compte, en 1330, 226 villes à couvent mendiant, dont 28 à 4 établissements et 26 à 3. Une bulle de Clément IV en 1268 réglemente le quadrillage des couvents mendiants dans les villes, interdisant d'édifier un établissement à moins de 300 cannes (500 m) d'un autre.

L'Église prend, enfin, en charge les pauvres, devoir sacré auquel subviennent aussi les puissants et les villes : léproseries, charités, hospices ou hôtels-Dieu s'élèvent un peu partout. L'hospice de Beaune est l'un des plus tardifs (1443), des plus magnifiques aussi et, surtout, le seul conservé à peu près en l'état d'origine et qui continue à fonctionner partiellement sur des principes conformes à la volonté des fondateurs Nicolas Rolin, chancelier du duc de Bourgogne et Guigonne de Salins, son épouse. Il est doté de l'un des plus prestigieux domaines viticoles de la Côte-d'Or.

La vraie mort de la cité antique : la ville profane

Mais le sacré n'est pas partout le catalyseur du paysage urbain. Des signes avant-coureurs de la montée des valeurs profanes apparaissent. Dans les villes du Nord, le point focal de la ville est civil. Dès Compiègne commence l'aire des villes à beffroi et à grand'places. Il y a, bien évidemment, de la part des échevins de ces cités au commerce prospère et aux libertés municipales étendues une volonté d'émancipation vis à vis de l'Église qui s'exprime dans une désacralisation de la ville. J. Le Goff a vigoureusement souligné[431] la volonté d'échapper surtout à la mesure du temps ecclésiastique pour des raisons politiques, mais aussi pratiques. Dans ces villes industrielles et marchandes, il est nécessaire d'appeler les ouvriers au travail, de marquer le début et la fin du marché qui se tient généralement sur la grand'place, de convoquer les échevins et de célébrer les fêtes municipales. P. Flatrès suggère[432] que la Hanse a probablement joué un rôle dans la diffusion des beffrois depuis le Nord. Le beffroi fait souvent partie intégrante de la maison de ville (de l'échevinage, du consulat), édifice orné à la mesure de la richesse des marchands et que l'on trouve dans chaque ville.

Une exception notable, toutefois, à l'opulence des hôtels de ville : la Maison aux piliers de Paris. C'est un bel édifice reposant sur des colonnes, mais peu homogène et guère majestueux. Si l'on songe que Paris est l'une des plus grandes et plus prospères des villes de tout l'Occident, son hôtel de ville n'est pas en proportion. Celui de la petite ville de Compiègne est infiniment plus somptueux, sans parler des merveilles de Bruges ou d'Ypres. C'est sans doute que le roi ne tient pas à voir se créer à ses côtés un contre-pouvoir qui logerait dans un magnifique hôtel à la mode nouvelle. Le plus grand et le plus bel édifice civil de Paris est et doit rester le Palais Royal de la Cité. Sa Sainte Chapelle bâtie par Saint Louis pour servir d'écrin à la Couronne d'Épines fait se pâmer d'admiration l'Europe entière. Quant à la mesure du temps urbain, elle relève du roi. Charles V qui, lorsqu'il est dauphin, a maille à partir avec la fronde parisienne menée par Étienne Marcel, fait installer un peu plus tard (vers 1371) la première horloge de Paris sur la tour d'angle de son palais. La cloche qui la surmonte sonne le temps royal : trois jours et trois nuits durant pour la mort des rois et la naissance de leurs fils aînés. Jusqu'à l'édification du Palais des Papes en Avignon au XIVe siècle, le Palais Royal reste le plus vaste d'Occident. Paris compte encore beaucoup de beaux édifices civils : les hôtels que se font construire à l'ombre du pouvoir royal tous les grands du royaume : seigneurs, évêques, abbés. Dans toutes les villes de province fleurit aussi un bel ensemble de logis seigneuriaux ou bourgeois vers la fin du Moyen Age et le début de la Renaissance dont l'hôtel Jacques-Cœur de Bourges est sans doute le plus bel exemple.

Outre l'hôtel de ville et le beffroi, les villes d'importance possèdent des halles. A l'exception du Sud-Ouest, ce sont encore les villes drapantes et commerçantes du Nord qui s'offrent les plus belles (Ypres). A Paris, installées par Louis VI le Gros dès 1135 aux Champeaux, sur la rive droite, elles sont incluses par Philippe Auguste *intra muros* et les drapiers et tisserands disposent dès l'origine de bâtiments fermés à clef la nuit pour y serrer leurs marchandises.

Dans les villes du Nord, le paysage se laïcise, certes, de plus en plus, mais en concurrence avec les marques de la religion. Le beffroi rivalise avec le clocher, la grand'place avec le parvis. Dans le Sud-Ouest, au contraire, apparaissent au début du XIIIe siècle des villes fondamentalement laïques, à vocation politique et commerciale : les bastides[433]. Le modèle précurseur est antérieur de trois quarts de siècle au grand mouvement : c'est Montauban, fondée en 1144 par le comte de Toulouse Alphonse Jourdain (fig. 22). Ici, pour la première fois, le plan orthogonal est réutilisé, mais point d'*orientatio*, ni de *forum* sacré. La place centrale trapézoïdale — comme la ville elle-même — qui est la première délibérément voulue au cœur d'une ville médiévale, sert à accueillir le marché et n'est dominée par aucune église. La vague de création des bastides proprement dites débute en 1222 avec Cordes, dont le site escarpé ne permet pas l'application du plan idéal. Suivent l'Isle-d'Albigeois, Villefranche-d'Albigeois, etc... En 1240, Saint Louis fonde Carcassonne au pied de la Cité et Aigues-Mortes, à laquelle seule la fonction de port d'embarquement des croisés donne un vernis sacré. Alphonse de Poitiers, frère du roi et comte de Toulouse, multiplie les fondations après 1250. 36 bastides lui sont attribuées dont les plus remarquables datent des années 1255-56 : Montréal, Sainte-Foy-la-Grande, Villefranche-de-Rouergue. De l'autre côté de la frontière, soucieux de manifester sa présence par des moyens aussi efficaces et appréciés des populations, le duc d'Aquitaine, qui n'est autre que le roi d'Angleterre Édouard Ier, réplique par une série de fondations dans les années 1263-1272 : Monségur, Beaumont-du-Périgord, Pimbo.

Après 1271, le comté de Toulouse étant devenu domaine royal, le sénéchal Eustache de Beaumarchais prend le relais du dernier comte et crée des bastides très régulières : Fleurance, Boulogne, Plaisance, Grenade-sur-Garonne, Rimont. Même course au réseau urbain chez les Anglo-Gascons et même apogée dans la réalisation. En 1285, le sénéchal Jean de Grilly fonde la plus achevée, peut-être, des bastides : Montpazier.

Si le modèle ne s'est guère répandu en dehors du Sud-

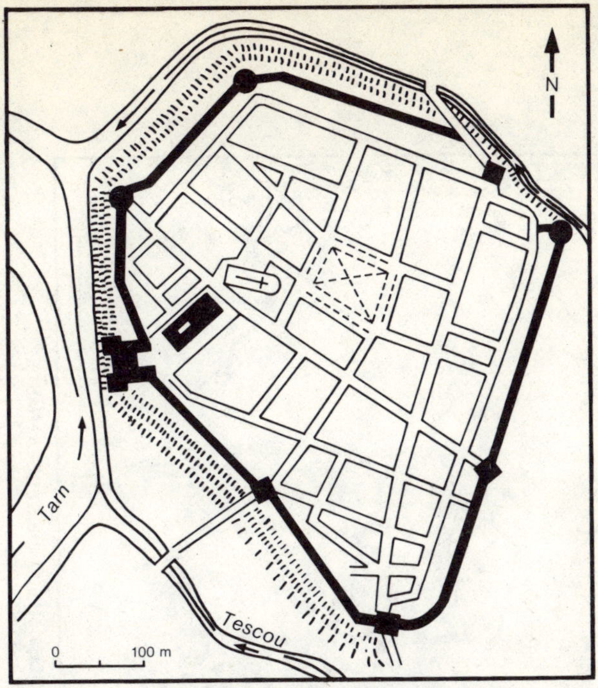

Fig. 22. - LE MODÈLE DE TOUTES LES BASTIDES : MONTAUBAN (TARN-ET-GARONNE)

Source : P. Lavedan et J. Hugueney, *L'urbanisme au Moyen Age,* 1974.

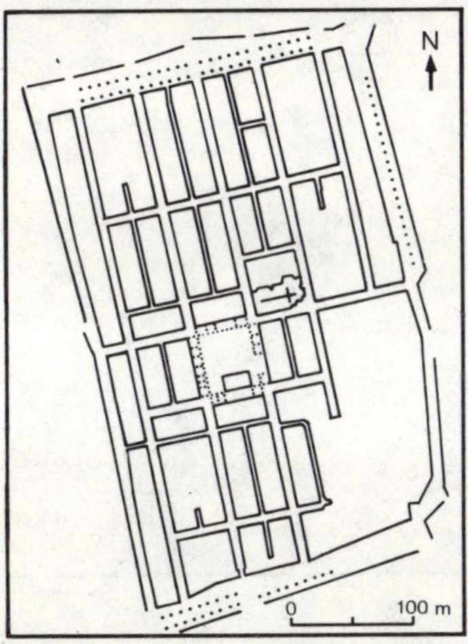

Fig. 23. - UNE BASTIDE CRÉÉE PAR EDOUARD D'ANGLETERRE : MONTPAZIER (DORDOGNE)

Source : P. Lavedan et J. Hugueney, *L'urbanisme au Moyen Age,* 1974.

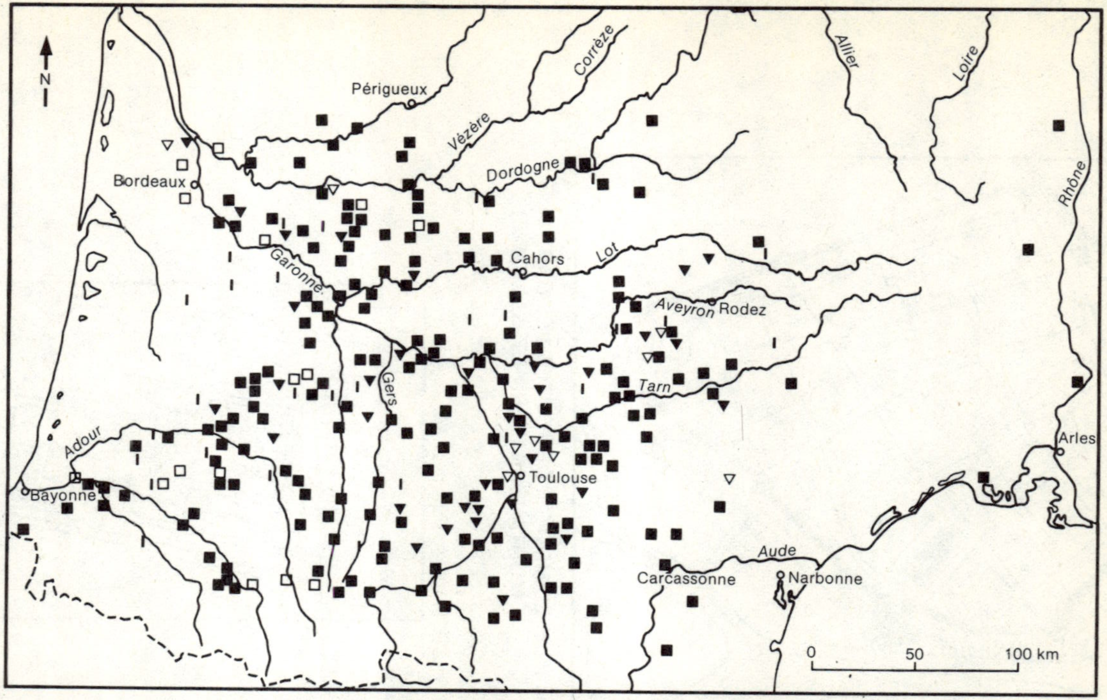

Fig. 24. - CASTELNAUX, SAUVETÉS, BASTIDES DU SUD-OUEST DE LA FRANCE CARTE NON EXHAUSTIVE

I Castelnau	■ Bastide
▼ Sauveté	□ Bastide disparue
▽ Sauveté disparue	o Ville repère

d'après Ch. Higounet : *Paysages et villages neufs du Moyen Age*, 1975.

Ouest (fig. 24), à l'exception de Villeneuve-de-Berg (1284) et Boucieu-le-Roi (1294) en Vivarais et de Villeneuve-lès-Avignon, c'est que, dans le reste de la France, le regroupement de l'habitat est déjà suffisamment avancé et la trame urbaine serrée. Ainsi, cet exceptionnel mouvement de volontarisme urbain — 350 bastides pour Charles Higounet — reste localisé sur une partie limitée du territoire.

Le plan originel de beaucoup de ces villes prévoit l'attribution d'un certain nombre de lots rectangulaires à bâtir, nommés *platea, ayral* ou *localium* ; leur nombre et leur taille varient, pouvant aller à Grenade jusqu'au chiffre considérable de 3000 de 8 × 24 m dont le tiers sera finalement occupé. Sur chacun de ces lots, les habitants doivent bâtir en occupant toute la façade sur rue dans des délais très brefs. En revanche, le bois est autorisé. Mais il existe aussi des bastides de plan beaucoup plus complexe, voire confus. A la question de l'origine d'un tel plan dans une province où les traces de trames gallo-romaines sont bien rares, Charles Higounet répond[434] que « la construction d'Aigues-Mortes a, peut-être, transmis le fruit d'expériences italiennes. » Mais cela n'explique pas Montauban, antérieure d'un siècle.

Le pôle de la bastide est toujours la place, dont les rues d'accès parviennent aux angles. Tout autour, s'élèvent des couverts ou portiques dont l'aspect actuel ne doit pas faire illusion : il est souvent tardif et l'usage de la pierre n'a été introduit qu'à l'époque moderne. Les façades apparemment programmées de la place ne sont parfois qu'un placage sur des bâtiments plus médiocres. En revanche, les halles, sont construites en bois et ont subsisté telles quelles, reposant parfois sur des piliers de pierre. Elles constituent des merveilles de charpenterie et d'esprit commerçant pratique, à tel point que les marchés d'aujourd'hui s'y tiennent encore avec aisance. Elles sont parfois surmontées d'une salle de réunion des édiles, ce qui manifeste encore un peu plus l'esprit laïc du paysage urbain. Un certain nombre de bastides reçoivent des fortifications, particulièrement au XIVe siècle, comme les autres villes. Toutes les bastides ne sont pas devenues des villes. Certaines sont restées des bourgs ou des villages, voire n'ont pas franchi le stade du projet. Mais l'important est qu'elles aient été conçues pour devenir des villes. Leur fondation marque l'agonie du caractère sacré des cités dont la Renaissance et les temps classiques sonneront le glas et la période industrielle perdra jusqu'au souvenir[435].

NOTES

1. Pierre CHAUNU : *La France.* Paris, Robert Laffont, 1982, p. 33.

2. Paul VIDAL de La BLACHE : *Tableau géographique de la France.* Paris, Hachette, 1903, pp. 51-52.

3. Aujourd'hui perdus pour la plupart, hélas, à la suite de négligences survenues dans la conservation de ses papiers à l'Institut de Géographie de l'Université de Paris.

4. La géomorphologie, branche de la géographie, est l'étude des formes du relief terrestre et leur explication en relation avec la structure géologique et les processus d'érosion.

5. Faciès calcaire très dur du Barrémien (Crétacé).

6. Replats aménagés sur les flancs des vallées glaciaires du fait des variations d'importance des glaciers au cours du Quaternaire.

7. Anciens lits fluviaux suspendus au-dessus du lit actuel.

8. Jean TRICART : « L'analyse de système et l'étude intégrée du milieu naturel. » *Annales de Géographie,* 490, nov.-déc. 1979, pp. 705-714. Voir p. 706.

9. Georges BERTRAND : « L'"archéologie du paysage" dans la perspective de l'écologie historique » *in* Actes du Colloque « Archéologie du paysage », *Caesarodunum,* 13, 1978, pp. 132-138. Voir p. 133.

10. Jean TRICART : *op. cit.,* p. 709.

11. Pierre GEORGE (sous la direction de) : *Dictionnaire de la Géographie.* Paris, PUF, 1974, p. 145.

12. Gabriel ROUGERIE : *Géographie des paysages.* Paris, PUF, coll. « Que sais-je ? », 2e édition, 1977, p. 7.

13. Pierre GEORGE (sous la direction de) : *op. cit.,* p. 314.

14. Georges BERTRAND : « L'"archéologie du paysage"... », *op. cit.,* p. 135.

15. *Ibid.*

16. Marc BLOCH : *Les caractères originaux de l'histoire rurale française.* Oslo, Instituttet for sammenlignende kulturforskning, 1931, 265 p. 2e édition : Paris, A. Colin, 1952, 265 p. Supplément établi par R. DAUVERGNE d'après les travaux de l'auteur. Paris, A. Colin, 1961, 230 p.

17. Gaston ROUPNEL : *Histoire de la campagne française.* Paris, B. Grasset, 1932, 431 p.

18. Gaston ROUPNEL : *op. cit.*, p. 36.

19. Roger DION : *Essai sur la formation du paysage rural français.* Tours, Arrault, 1934, 162 p. 2e édition : Paris, Guy Durier, 1981, 168 p.

20. Georges BERTRAND : « L'"archéologie du paysage"... » *op. cit.*, p. 135.

21. « Géographie et histoire agraires. » Actes du colloque international organisé par la faculté des lettres de l'université de Nancy (Nancy, 2-7 septembre 1957). *Annales de l'Est,* Mémoire nº 21. Nancy, 1959, 452 p. Un volume avait préparé ce colloque : Étienne JUILLARD, André MEYNIER, Xavier de PLANHOL, Gilles SAUTTER : « Structures agraires et paysages ruraux. » *Annales de l'Est,* Mémoire nº 17, Nancy, 1957, 188 p.

22. André MEYNIER : *Les paysages agraires.* Paris, Armand Colin, 2e édition, 1967, 192 p.

23. André MEYNIER : *Les paysages agraires. op. cit.*, p. 6.

24. Emilio SERENI : *Storia del paesaggio agrario italiano.* Rome-Bari, Laterza, 1961, réédition dans la collection « Universale Laterza », 1979, 500 p. Trad. française : *Histoire du paysage rural italien.* Paris, Julliard, 1964, 328 p.

25. Pierre GEORGE (sous la direction de) : *Dictionnaire de la Géographie. op. cit.*, p. 314.

26. Georges BERTRAND : L'« archéologie du paysage »... *op. cit.*, p. 132.

27. François BENOÎT *et al. : Histoire du paysage en France.* Paris, Libr. Renouard, H. Laurens, éditeur, 1908, 324 p.

28. Édition de 1974.

29. Antoine FURETIÈRE : *Dictionnaire de —.* La Haye-Rotterdam, Arnout et Keinier Leers, 1690, 3 vol.

30. Oscar BLOCH et Walther Von WARTBURG : *Dictionnaire Étymologique de la langue française.* Paris, PUF, 6e éd., 1975.

31. Jean-Pierre DEFFONTAINES *et al. : Pays, paysans, paysages dans les Vosges du Sud.* Dijon, ENSAA-INRA, 1977, 192 p.

32. Archéologie du paysage. *Caesarodunum,* 1978, nº 13, 2 vol. ronéot., 618 p.

33. Raymond CHEVALLIER : « Le paysage, palimpseste de l'histoire. » *Mélanges de la Casa de Vélasquez,* XII, 1976, pp. 503-510.

34. La somme de ses travaux est constituée par : Roger AGACHE : *La Somme pré-romaine et romaine.* Amiens, Mémoires de la Société des Antiquaires de Picardie, XXIV, 1978, 515 p.

35. Roger AGACHE : *La Somme..., op. cit.,* verso de la jaquette.

36. Jean CHAPELOT et Robert FOSSIER : *Le village et la maison au Moyen Age.* Paris, Hachette, 1980, 358 p.

37. Paul DUFOURNET : *Pour une archéologie du paysage. Une communauté agraire sécrète et organise son territoire : Bassy et alentours (Haute-Savoie et Ain).* Paris, A. et J. Picard, 1978, 397 p.

38. Jean CASTEX, Patrick CÉLESTE et Philippe PANERAI : *Lecture d'une ville : Versailles.* Paris, Éd. du Moniteur, 1980, 235 p.

39. Jean-Philippe et Dominique LENCLOS : *Les couleurs de la France. Maisons et paysages.* Paris, Éd. du Moniteur, 1982, 240 p.

40. *L'Aubrac. Étude ethnologique, linguistique, agronomique et économique d'un établissement humain.* Paris, CNRS, à partir de 1970, 7 vol. + annexes.

41. Voir par exemple : Roland BARTHES : *L'empire des signes.* Genève, Skira, 1970. et Paris, Flammarion, coll. Champs, 1980, 151 p. Il faut également signaler les recherches menées par les littéraires. Voir en particulier : *Le paysage normand dans la littérature et dans l'art,* Publications de l'université de Rouen, Paris, PUF, 1980, 310 p.

42. François DAGOGNET (sous la direction de) : *Mort du paysage ? Philosophie et esthétique du paysage.* Seyssel, Éd. du Champ Vallon, 1982, 239 p.

43. Gilles SAUTTER : « Le paysage comme connivence. » *Hérodote,* 16, oct.-déc. 1979, pp. 40-67.

44. Geneviève SCHWEITZER : « Le nouveau paysage. » *Le Figaro,* 16.8.1981.

45. W.G. HOSKINS : *The making of the english landscape.* Londres, Hoddes & Stoughton, 1955. Édition Pelican Books, 1970, 326 p.

46. Voir par exemple les nombreux volumes publiés sous la direction de H.C. DARBY dans la *Domesday geography of England* et son ouvrage synthétique : H.C. DARBY (Ed. by) *A new historical geography of England.* 2e éd., Cambridge, Cambridge University Press, 1976, 316 + 460 p.

47. Alan R. BAKER et J.B. HARLEY (Ed.) : *Man made the land.* Newton Abbot, David & Charles, 1973, 208 p.

48. C'est à cette école que se rattache l'ouvrage de D.W. MEINING (Ed.) : *The interpretation of ordinary landscapes.* New York-Oxford, University Press, 1979, 255 p.

49. Pierre GEORGE (sous la direction de) : *Dictionnaire de la Géographie,* Paris, PUF, 1974, p. 314.

50. Depuis quelques années, peut-être stimulés par les recherches extérieures à leur discipline, les géographes retrouvent un certain intérêt pour la notion de paysage. Les physiciens ont mis un peu d'eau dans leur vin et commencent à admettre l'homme dans leur paysage jusqu'alors très écosystémique. Voir par exemple : Georges BERTRAND : « Le paysage entre Nature et Société. » *Revue Géographique des Pyrénées et du Sud-Ouest,* 49, 1978, pp. 239-258. Gabriel ROUGERIE : *Les cadres de vie.* Paris, PUF, 1975, 264 p. Gabriel ROUGERIE : « Ambiguïtés et intérêt de la notion de paysage. » *Cahier pédagogique nº 7 de l'Institut de l'environnement,* Nanterre, 1976, pp. 7-14.

Parmi les réflexions récentes des géographes humanistes sur le paysage, on peut citer : Louis-Marie COYAUD : « Pour une analyse logique du paysage rural. » *Paysages ruraux européens. Travaux de la Conférence Européenne Permanente pour l'Étude du Paysage Rural* publiés par les soins de Pierre FLATRÈS. Rennes, 1979, pp. 451-456. Louis-Marie COYAUD : « La lecture des niveaux de décision dans le paysage : pour une nouvelle approche du paysage rural. » *Recherches Géographiques à Strasbourg,* nº 11, 1979, pp. 103-112. Maurice LE LANNOU : « Les paysages fossiles » *in* Archéologie du paysage. *Caesarodunum,* 1978, nº 13, pp. 2-12. Sylvie RIMBERT : *Les paysages urbains.* Paris, A. Colin, 1973, 240 p. Plus polémique est le numéro spécial de la revue *Hérodote,* 7, juil.-sept. 1977, et en particulier l'article de son directeur Yves LACOSTE : « A quoi sert le paysage ? », pp. 3-41.

Quelques recherches sont menées pour tenter d'analyser plus rigoureusement les paysages. On peut citer : J.-P. MASSONIE, D. MATTIEU et J.-C. WIEBER : « Application de l'analyse factorielle à l'étude des paysages. » *Bulletin de l'Association des Géographes Français,* 1971, nºs 387-388, pp. 203-207. Philippe MIRENOWICZ : « Comment évaluer les caractères physiques et humains du paysage. » *Cahiers de l'I AURIF,* vol. 55, juin 1979, 28 p. J.-C. WIEBER : « Établissement d'un modèle régional de classification typologique des paysages. » *Bulletin de l'Association des Géographes Français,* 1980, 57, nºs 468-469, pp. 125-129. T. BROSSARD et J.-C. WIEBER : « Essai de formulation systémique d'un modèle d'approche du paysage. » *Ibidem.* pp. 103-118.

J.-C. WIEBER : *Dynamique érosive et structures des paysages. Essai d'une approche méthodologique.* Lille-Paris, Atelier de reproduction des thèses de l'Université Lille III, Librairie H. Champion, 1980, 2 vol. On trouvera une synthèse de ces méthodes *in* Huguette FLATRÈS-MURY : « Analyse et évaluation des paysages », *Revue de géographie de Lyon,* 1982, 4, pp. 343-363. Il faut également mentionner le remarquable ouvrage de l'agronome Georges NEURAY, *Des paysages. Pour qui ? Pour quoi ? Comment ?,* Gembloux, (Belgique), Presses agronomiques de Gembloux, 1982, 589 p.

Enfin, parmi les méthodes de cartographie du paysage rural, on peut retenir les *Cartes d'utilisation agricole du sol en France* d'Aimé PERPILLOU ; XIXe siècle (1979), première moitié du XXe siècle (1978), seconde moitié du XXe siècle (1970), publiées par le CNRS, à l'échelle du 1/400 000e, les *Cartes d'utilisation du sol* publiées par le Centre de Recherches sur l'Évolution de la Vie Rurale de l'Université de Caen, sous la direction de Pierre BRUNET, à l'échelle du 1/50 000e (feuilles parues : Mézidon, Bayeux-Courseulles, etc.) et les *Cartes d'usage du sol* publiées par l'IGN et l'Inventaire permanent du Littoral au 1/25 000e.

51. Michel PIOT. *Le Figaro,* 7-8 mars 1981.

52. Étude des pollens fossiles qui permettent de reconstituer les formations végétales du passé.

53. P. BELLAIR : article « Quaternaire » de l'*Encyclopaedia Universalis,* vol. 13, 1975, pp. 873-883.

54. Jean MEYER : « L'évolution des idées sur le bocage en Bretagne. » *La pensée géographique française contemporaine. Mélanges offerts au professeur André Meynier.* Rennes, Presses Universitaires de Bretagne, 1972, pp. 453-463. Voir p. 456, note 12.

55. Michel PHLIPPONNEAU : *La baie du Mont-Saint-Michel. Étude de géomorphologie littorale.* Rennes, impr. « Les Nouvelles », 1955, 216 p. Voir pp. 51-58.

56. Emmanuel LE ROY LADURIE : *Histoire du climat depuis l'an mil.* Paris, Flammarion, 1967, 379 p.

57. Pierre GEORGE (sous la direction de) : *Dictionnaire de la Géographie. op. cit.,* p. 81.

58. Jacques-Louis de BEAULIEU : « L'histoire du paysage végétal durant les quinze derniers millénaires dans le Sud-Est de la France. Signification du paysage actuel à la lumière de cette trame historique » *in* Archéologie du paysage. *Caesarodunum,* 1978, 13, pp. 126-131. Voir p. 130. C'est aussi l'opinion de Georges BERTRAND : « L'"archéologie du paysage"... », *op. cit.,* p. 137, et

d'Alain HUETZ de LEMPS : *La végétation de la terre.* Paris, Masson, 1970, 143 p. Voir p. 39.

59. Jacques-Louis de BEAULIEU : « L'histoire du paysage végétal... » *op. cit.*

60. *Ibid.*, p. 130.

61. Hervé HARANT et Daniel JARRY : *Guide du naturaliste dans le Midi de la France.* Vol. II : *La garrigue, le maquis, les cultures.* Neuchâtel, Delachaux et Niestlé, 3e éd., 1973, 400 p., voir p. 338. Henri GAUSSEN : *carte de la végétation au 1/200 000e de Marseille.* Toulouse, CNRS.

62. Alain HUETZ de LEMPS : *La végétation de la terre. op. cit.*, p. 58.

63. Jacques-Louis de BEAULIEU : *op. cit.*, p. 126.

64. Jean-Robert PITTE : « Les origines et l'évolution de la châtaigneraie vivaraise à travers un document cadastral du XVIIIe siècle » *in* Études de géographie historique. *Bulletin de la section de géographie du Comité des Travaux Historiques et Scientifiques*, tome LXXXII, années 1975-1977, pp. 165-178. Voir p. 165.

65. Pierre BONNAUD : Peopling and origins of settlement *in* Hugh D. CLOUT (éd.) : *Themes in the historical geography of France.* London - New York - San Francisco, Academic Press, 1977, pp. 21-72.

66. J. VELLARD : *Une civilisation du miel. Les Indiens Guyakis du Paraguay.* Paris, Gallimard, 1939, 189 p.

67. Louis-René NOUGIER : *Géographie humaine préhistorique.* Paris, Gallimard, 1959, 325 p.

68. Le processus de formation des abris sous roche est décrit par Franck BOURDIER : *Préhistoire de France.* Paris, Flammarion, 1967, 412 p., voir p. 72.

69. Franck BOURDIER : *Préhistoire... op. cit.*, p. 216.

70. Louis-René NOUGIER : *Géographie... op. cit.*, p. 91. Franck BOURDIER : *Préhistoire... op. cit.*, p. 305.

71. Louis-René NOUGIER : *Géographie... op. cit.*, p. 96.

72. Charles RICKARD : *L'Archéodrome.* Rennes, Ouest-France, 1980, 32 p. Voir p. 3.

73. André LEROI-GOURHAN et M. BRÉZILLON : *Fouilles de Pincevent. Essai d'analyse ethnographique d'un habitat magdalénien (la Section 36).* Paris, CNRS, 7e supplément à *Gallia Préhistoire*, 1972, 334 p. + ann.

74. Louis-René NOUGIER : *Géographie... op. cit.*, p. 120.

75. *Ibid.*, p. 121.

76. Louis-René NOUGIER : *L'économie préhistorique*. Paris, PUF, coll. « Que sais-je ? », 1970, 128 p. Voir pp. 55-58.

77. Gaston ROUPNEL : *Histoire de la campagne française, op. cit.*

78. Louis-René NOUGIER : *Les civilisations campigniennes*. Toulouse, Privat, 1950, 571 p.

79. Pierre-Roland GIOT, Jean L'HELGOUAC'H et Jean-Laurent MONNIER : *Préhistoire de la Bretagne*. Rennes, Ouest-France, 1979, 444 p. Voir p. 144.

80. Hypothèse avancée par Pierre BONNAUD : *Peopling... op. cit.*, p. 26.

81. Sur le Néolithique, les synthèses récentes les plus accessibles sont celles de Jean GUILAINE : *La France d'avant la France, du Néolithique à l'Age du Fer*. Paris, Hachette, 1980, 296 p., et de Gérard BAILLOUD : « Avant l'histoire » *in* Georges DUBY et Armand WALLON (sous la dir. de) : *Histoire de la France rurale*. Vol. I, Paris, Seuil, 1975, pp. 115-189.

82. Gérard BAILLOUD : Avant l'histoire... *op. cit.*, p. 131.

83. *Ibid.* p. 154 et p. 157.

84. Jacqueline SOYER : *La conservation de la forme circulaire dans le parcellaire français*. Paris, SEVPEN, 1970, 146 p. Voir p. 107.

85. Gérard BAILLOUD : Avant l'histoire... *op. cit.*, p. 157.

86. Pierre-Roland GIOT *et al. : Préhistoire... op. cit.*, p. 334. Pierre BONNAUD : *Peopling... op. cit.*, pp. 32-33.

87. Robert SPECKLIN : « Notes sur la genèse des paysages agraires en France. » *Recherches Géographiques à Strasbourg*, 11, 1979, pp. 45-60. Voir p. 52.

88. Pierre-Roland GIOT *et al. : Préhistoire... op. cit.*, p. 161.

89. *Ibid.*, p. 220.

90. *Ibid.*, p. 172.

91. *Ibid.*, p. 293.

92. *Ibid.*, pp. 391-393.

93. Jean GUILAINE : *La France... op. cit.*, pp. 107-109. Oscar PARET : *Le mythe des cités lacustres et les problèmes de la construction néolithique*, Paris, Dunod, 1958, 148 p.

94. *Ibid.*, pp. 109-111.

95. Marc BLOCH : *Les caractères... op. cit.* Supplément établi par R. DAUVERGNE : p. 66.

96. Pierre BONNAUD : *Peopling... op. cit.*, pp. 32-33.

97. Gaston ROUPNEL : *Histoire... op. cit.*, p. 298.

98. Jean GUILAINE : *La France... op. cit.*, pp. 40-59.

99. Gaston ROUPNEL : *Histoire... op. cit.*, p. 42.

100. Pierre-Roland GIOT *et al. : Préhistoire... op. cit.*, p. 198.

101. Gérard BAILLOUD : « Avant l'histoire... » *op. cit.*, p. 143.

102. Louis-René NOUGIER : *Géographie... op. cit.*, p. 234.

103. Gérard BAILLOUD : Avant l'histoire... *op. cit.*, p. 143.

104. Jean GUILAINE : *La France... op. cit.*, pp. 41-42.

105. *Ibid.* p. 46.

106. Robert FOSSIER : *La terre et les hommes en Picardie jusqu'à la fin du XIIIe siècle.* Paris-Louvain, Béatrice-Nauwelaerts, Nauwelaerts, 1968, 2 vol., 828 p, voir p. 68.

107. Franck BOURDIER : *Préhistoire de France, op. cit.*, p. 336.

108. Pierre-Roland GIOT, Jacques BRIARD, Louis PAPE : *Protohistoire de la Bretagne.* Rennes, Ouest-France, 1979, 444 p. Voir p. 174 la carte de répartition qui suggère des axes de diffusion.

109. Jean GUILAINE : *La France... op. cit.*, pp. 161-163.

110. *Ibid.*

111. J. GASCÓ : *La Communauté paysanne de Fontbouisse.* Toulouse. Archives d'Écologie Préhistorique, EHESS, 1976, 121 p. J. GASCÓ : « L'organisation économique et spatiale d'une communauté paysanne préhistorique : le groupe de Fontbouisse en Bas Languedoc. » *Études rurales,* 75, juil.-sept. 1979, pp. 5-16.

112. F. BOURDIN : *Pour visiter Sainte-Suzanne.* Sainte-Suzanne, Syndicat d'Initiative, s. d., 8 p.

113. Jean GUILAINE : *La France... op. cit.*, pp. 179-182.

114. *Ibid.*, pp. 206-207.

115. Pierre DESAULLE : *Les bories de Vaucluse.* Paris, A. et J. Picard, 1976, 271 p. Voir p. 52.

116. Jean GUILAINE : *La France... op. cit.*, pp. 202-203.

117. René JOFFROY : *Le Trésor de Vix.* Paris, PUF, 1954, 68 p. René JOFFROY : *Vix et ses trésors.* Paris, Tallandier, 1979, 240 p.

118. Cité par Émile THÉVENOT : *Histoire des Gaulois.* Paris, PUF, coll. « Que sais-je ? », 7e éd., 1981, 128 p. Voir p. 16.

119. Pierre-Roland GIOT *et al. : Protohistoire... op. cit.*, p. 301.

120. Émile THÉVENOT : *Histoire des Gaulois... op. cit.*, p. 22.

121. CÉSAR : *B.G.*, III, 28-29.

122. Émile THÉVENOT : *Histoire des Gaulois... op. cit.*, p. 55.

123. Michel DEVEZE : *Histoire des forêts.* Paris, PUF, coll. « Que sais-je ? », 2e éd., 1973, 128 p. Voir p. 21. Robert FOSSIER : *La terre... op. cit.*, p. 119.

124. V, 33. Cité par Monique CLAVEL : « La forêt en Gaule d'après les sources littéraires. » Actes du colloque sur la forêt. *Annales de l'Université de Besançon,* 88, 1967, pp. 31-43. Voir p. 34.

125. Xavier de PLANHOL : « Le paysage rural gallo-romain : état des connaissances et perspectives de recherches. » *Geographia Polonica,* 38, 1978, pp. 233-244. Voir p. 234.

126. *Ibid.*, pp. 235-236.

127. CÉSAR : *B.G.*, II, 17.

128. Jean MEYER : « L'évolution... » *op. cit.*, p. 456. Pierre-Roland GIOT : « De l'antiquité des talus et des dunes armoricains. » *Penn-Ar-Bed,* 1970, 60, pp. 249-256.

129. Roger AGACHE : *La Somme pré-romaine et romaine.* Amiens, Mémoires de la Société des Antiquaires de Picardie, XXIV, 1978, 515 p., voir pp. 120-121.

130. *Ibid,* p. 123.

131. Gérard BAILLOUD : « Avant l'histoire... » *op. cit.*, p. 143. C'est également l'idée qu'il suggère (p. 173) pour le paysage de l'âge du bronze.

132. Émile THÉVENOT : *Histoire des Gaulois... op. cit.*, pp. 46-50.

133. Roger AGACHE : *La Somme... op. cit.*, pp. 130-168.

134. *Ibid.*, p. 160.

135. CÉSAR. *B.G.*, VI, 30.

136. Roger AGACHE : *La Somme... op. cit.*, p. 161.

137. Voir dans Roger AGACHE : *La Somme... op. cit.*, p. 134 et p. 160, des photographies suggestives.

138. *Ibid.*, pp. 197-206.

139. Pierre-Roland GIOT *et al.* : *Protohistoire... op. cit.*, pp. 280-282.

140. Pierre DESAULLE : *Les bories... op. cit.*, p. 228.

141. « Le vicus gallo-romain. » Actes du colloque tenu à l'ENS. 14-15 juin 1975. *Caesarodunum,* 1976, II, 334 p.

142. *Ibid.,* p. 3.

143. CÉSAR : *B.G.,* I, 5.

144. Émile THÉVENOT : *Histoire des Gaulois... op. cit.,* p. 64.

145. Venceslas KRUTA : « La Gaule intérieure » *in* Georges DUBY (sous la dir. de) : *Histoire de la France urbaine.* Paris, Seuil, vol. I, 1980, pp. 196-229. Voir p. 204-205.

146. *Ibid.,* pp. 206-207.

147. Michel MANGIN : « Activités économiques et occupation de l'espace dans une agglomération gauloise et gallo-romaine : l'exemple d'Alésia. » Actes du colloque « Géographie historique des ville d'Europe occidentale », à paraître dans les *Publications du Département de Géographie de l'Université de Paris-Sorbonne.*

148. CÉSAR : *B.G.,* VII, 23.

149. Voir, par exemple, Venceslas KRUTA : « La Gaule... » *op. cit.,* pp. 210-214 et Pierre-Roland GIOT *et al. : Protohistoire... op. cit.,* pp. 389-392.

150. CÉSAR : *B.G.,* VII, 15.

151. M. CLAVEL-LÉVÊQUE : *Marseille grecque,* Marseille, Jeanne Laffitte, 1977, 216 p. Christian GOUDINEAU : « La Gaule méridionale » *in* Georges DUBY (sous la dir. de) : *Histoire de la France urbaine.* Paris, Seuil, vol I, 1980, pp. 141-193. Voir pp. 170-173. Raymond CHEVALLIER : « Gallia Narbonensis. Bilan de 25 ans de recherches historiques et archéologiques. » *Aufstieg und Niedergang der römischen Welt,* II, 1, Berlin - New York, Walter de Gruyter, 1975, pp. 686-828. Voir pp. 708-715.

152. Christian GOUDINEAU : « La Gaule... » *op. cit.,* p. 173.

153. *Ibid.,* pp. 182-187.

154. JUSTIN : XLIII, 4. Cité par François SALVIAT : *Glanum.* Paris, Caisse Nationale des Monuments Historiques et des Sites, 2e éd., 1979, 56 p. Voir p. 6.

155. Christian GOUDINEAU : *La Gaule... op. cit.,* p. 142 et p. 145.

156. Fernand BENOÎT : *Entremont.* Aix-en-Provence, La Pensée Universitaire, 1957, 62 p.

157. J. JANNORAY : *Ensérune. Contribution à l'étude des civilisations préromaines de la Gaule méridionale.* Paris, E. de Boccard, 1955, 491 p. Hubert GALLET de SANTERRE : *Ensérune,* Paris, Caisse Nationale des Monuments Historiques et des Sites, 1978, 64 p.

158. Roger DION : *Histoire de la vigne et du vin en France, des origines au XIXe siècle.* Paris, chez l'auteur, 1959, 768 p. Voir pp. 95-102.

159. Christian GOUDINEAU : « Les villes de la Paix romaine » *in* Georges DUBY (sous la dir. de) : *Histoire de la France urbaine.* Paris, Seuil, vol. I, 1980, pp. 237-390.

160. Voir, par exemple, Pierre PINON : « La persistance des trames urbaines d'origine romaine. » Actes du colloque « Géographie historique des villes d'Europe occidentale », à paraître dans les *Publications du Département de Géographie de l'Université de Paris-Sorbonne.*

161. Christian GOUDINEAU : « Les villes... » *op. cit.*, p. 239.

162. *Ibid.*, p. 237.

163. *Ibid.*, p. 272.

164. P. MARION et H. VIDAL : *Les Alyscamps et leurs légendes.* Arles, Impr. L'homme de bronze, 1980, 48 p.

165. Cité par Christian GOUDINEAU : « Les villes... » *op. cit.*, p. 264.

166. Amable AUDIN : *Lyon, miroir de Rome.* Paris, Fayard, 1979, 301 p. Voir pp. 66-68.

167. Pierre LAVEDAN : *Histoire de l'urbanisme. Vol. I, Antiquité, Moyen Age.* Paris, Henri Laurens, 1926, 520 p. Voir p. 182.

168. *Ibid.*, p. 181.

169. Jean PIETRI : « Recherches sur l'état de la ville de Die à l'époque romaine. » *Bulletin de la Société d'Archéologie et de Statistique de la Drôme,* LXIV, 259, juillet 1933, pp. 127-143.

170. Christian GOUDINEAU : « Les villes... » *op. cit.*, p. 244.

171. *Ibid.*, pp. 263 et 265.

172. Pierre PINON : « La persistance... » *op. cit.*

173. *Ibid.*

174. Christian GOUDINEAU : « La Gaule méridionale... » *op. cit.*, p. 179.

175. Amable AUDIN : *op. cit.*.

176. Michel MANGIN : « Activités économiques... » *op. cit.*

177. Michel PROVOST : « Angers à l'époque gallo-romaine. » *Total-Archéologie,* 10, janv. 1980, pp. 65-114. Voir p. 74.

178. Roland MARTIN : « L'architecture, art ou technique ? » *Dossiers de l'archéologie,* 25, 1977, pp. 10-17.

179. *Vaison-la-Romaine.* Préface du chanoine J. SAUTEL. Lyon, impr. A. Rey, s. d., 40 p. Voir p. 14.

180. *Ibid.*, pp. 18-22.

181. Amable AUDIN : *Lyon... op. cit.*, pp. 25-26.

182. Michel FRIZOT : « Le mortier romain, mystère ou savoir-faire ? » *Dossiers de l'archéologie*, 25, 1977, pp. 60-63.

183. Jean-Pierre ADAM : « Le petit appareillage dans l'architecture romaine. » *Dossiers de l'archéologie*, 25, 1977, pp. 52-57.

184. Amable AUDIN : *Lyon... op. cit.*, p. 2.

185. FUSTEL de COULANGES : *La cité antique.* Paris, Hachette, 13e éd., 1890, 478 p. Voir p. 160.

186. Christian GOUDINEAU : « Les villes... » *op. cit.*, p. 282.

187. Émile THÉVENOT : *Les Gallo-Romains.* Paris, PUF, coll. « Que sais-je ? », 5e éd., 1978, 128 p. Voir p. 62.

188. Roger AGACHE : « Nouveaux apports des prospections aériennes en archéologie pré-romaine et romaine de la Picardie. » *Cahiers Archéologiques de Picardie*, 6, 1979, pp. 33-90. Voir pp. 60-63.

189. Amable AUDIN : *op. cit.*

190. Christian GOUDINEAU : Les villes... *op. cit.*, pp. 288-295.

191. Raymond CHEVALLIER : « Gallia Lugdunensis. Bilan de 25 ans de recherches historiques et archéologiques. » *Aufstieg und Niedergang der römischen Welt*, II, 1, Berlin - New York, Walter de Gruyter, 1975, pp. 860-1060. Voir pp. 939-949.

192. Christian GOUDINEAU : Les villes... *op. cit.*, pp. 282-285. Émile THÉVENOT : *Les Gallo-Romains... op. cit.*, p. 73.

193. Raymond CHEVALLIER : « Gallia Narbonensis... » *op. cit.*, p. 748.

194. FUSTEL de COULANGES : *La cité... op. cit.*, p. 161.

195. Émile THÉVENOT : Les Gallo-Romains. *op. cit.*, pp. 103-106.

196. Henri DESAYE : *La cité de Die à l'époque romaine.* Die, MJC, 1981, 11 p. Voir p. 7.

197. Paul-Albert FÉVRIER : « *Vetera et nova :* le poids du passé, les germes de l'avenir, IIIe-VIe siècles » *in* Georges DUBY (sous la dir. de) : *Histoire de la France urbaine.* Vol. I, Paris, Seuil, 1980, pp. 399-493. Voir pp. 399-409.

198. Amable AUDIN : Lyon... *op. cit.*, p. 277.

199. *Ibid.*, p. 274.

200. Émile THÉVENOT : *Histoire des Gaulois. op. cit.*, p. 71.

201. Roger et Sylvie AGACHE : « De la recherche des paysages de l'Antiquité dans le Nord de la France et de la nécessité de reconsidérer la problématique de l'archéologie » *in* Archéologie du paysage. *Caesarodunum*, 13, 1978, pp. 149-167. Voir p. 156. Roger AGACHE : *La Somme... op. cit.;* pp. 197-206.

202. Raymond CHEVALLIER : « Gallia Narbonensis... » *op. cit.*, planche h.t. XXVI.

203. Raymond CHEVALLIER : *Les voies romaines.* Paris, Armand Colin, coll. « U », 1972, 314 p. Voir pp. 109-110.

204. *Ibid.*, pp. 93-102.

205. G. REVERDY rappelle avec force que le dallage de pierre est très exceptionnel *in :* « Techniques routières aux XVIIIe et XIXe siècles. » *L'homme et la route en Europe occidentale.* Flaran 2, Auch, Comité départemental du tourisme du Gers, 1982, pp. 295-303. Voir p. 296.

206. Raymond CHEVALLIER : *Les voies... op. cit.*, p. 97.

207. Pierre COLOMB : *Sisteron, perle de la Haute-Provence.* Sisteron, Les Éditions du Mardaric, s.d., pp. 87-89.

208. Émile THÉVENOT : *Les Gallo-Romains. op. cit.*, pp. 51-53.

209. Xavier de PLANHOL : « Le paysage rural gallo-romain... » *op. cit.*, pp. 236-237.

210. Henri-Jacques CALLOT : *La plaine d'Alsace : modelé agraire et parcellaire.* Nancy, Publications de l'Université de Nancy-II, 1980, 338 p. Voir pp. 223-243.

211. André PIGANIOL : *Les documents cadastraux de la colonie romaine d'Orange.* Paris, CNRS, XVIe supplément à *Gallia*, 1962, 434 p. + XLVII pl. h.t.

212. François FAVORY : « Une méthode pour la recherche et la reconstitution des cadastres antiques : le filtrage optique des photographies aériennes verticales. » *Dossiers de l'archéologie*, 43, mai 1980, p. 37.

213. Voir une photographie prise par le lieutenant-colonel MONGUILAN *in* Georges DUBY et Armand WALLON (sous la dir. de) : *Histoire de la France rurale.* Paris, Seuil, Vol. I, 1975, pp. 192-193.

214. André PIGANIOL : *Les documents... op. cit.*

215. A. LEDAY : « Centuriations sur le Berry » *in Les cent villes qui ont fait l'Occident.* Caesarodunum-Total-Archéologie, 1980, pp. 31-39. Voir p. 36.

216. André PIGANIOL : *Les documents... op. cit.*, p. 400.

217. *Ibid.*, p. 43.

218. Raymond CHEVALLIER : *Les voies romaines, op. cit.*, p. 86.

219. Xavier de PLANHOL : « Le paysage rural... » *op. cit.*, p. 237.

220. Georges GROSJEAN : « De la centuriation romaine au paysage d'openfield. Bilan de trois décennies de recherche historique sur le parcellaire et l'habitat » *in* La Géographie en Suisse. *Geographica Helvetica*, 1980, 35, 5, pp. 109-116. Voir p. 110.

221. Raymond CHEVALLIER : « La centuriation et les problèmes de la colonisation romaine. » *Études rurales*, 3, 1962, pp. 54-80. Voir p. 54.

222. *Ibid.* Gérard CHOUQUER, Monique CLAVEL-LÉVÊQUE et François FAVORY : cadastres, occupations du sol et paysages agraires antiques. *Annales Économie, Sociétés, Civilisations*, t. 37, *5-6*, sept.-dec. 1982, pp. 847-882. Voir *addentum* pp. 190-191.

223. Xavier de PLANHOL : Le paysage rural... *op. cit.*, p. 237.

224. Marcel le GLAY : « La Gaule romanisée » *in* Georges DUBY et Armand WALLON (sous la dir. de) : *Histoire de la France rurale.* Paris, Seuil, vol. I, 1975, pp. 195-285. Voir pp. 250-255.

225. Roger AGACHE : *La Somme... op. cit.*, p. 168.

226. Marcel Le GLAY : La Gaule romanisée, *op. cit.*, pp. 253-255.

227. TACITE : *Ann.*, III, 46, 7.

228. Roger AGACHE : *La Somme... op. cit.*, pp. 354-358.

229. *Ibid.*, p. 281.

230. *Ibid.*, pp. 262-266.

231. Roger et Sylvie AGACHE : « De la recherche... » *op. cit.*, p. 153.

232. Marcel Le GLAY : La Gaule romanisée. *op. cit.*, pp. 209-247.

233. Georges GROSJEAN : « De la centuriation... » *Op. cit.*

234. Il faut distinguer cet artisanat des établissements de production « industrielle » tels que les centres sidérurgiques du Nivernais et du Périgord ou les concentrations de fours à céramique de Lezoux (Puy-de-Dôme) et de La Gaufresenque

(Aveyron). *Cf.* Émile THEVENOT : *Les Gallo-Romains, op. cit.*, pp. 41-45.

235. Roger AGACHE : *La Somme... op. cit.*, pp. 251-252, passage dans lequel il cite un texte de GUIZOT qui vaut son pesant d'or. Grâce aux prospections de René GOGUEY, la Bourgogne commence également à être bien connue.

236. PLINE : *N.H.*, XVIII, 6.

237. Roger AGACHE : la Somme, *op. cit.*, pp. 296-299.

238. Marcel Le GLAY : « La Gaule romanisée » *op. cit.*, pp. 218-219.

239. *Ibid.*

240. Cité par Monique CLAVEL-LÉVÊQUE et Élisabeth SMADJA : « Le paysage à l'époque romaine. » *Dossiers de l'archéologie*, 43, mai 1980, pp. 34-40. Voir p. 40.

241. Marcel Le GLAY : La Gaule romanisée, *op. cit.*, p. 233.

242. Xavier de PLANHOL : « Le paysage... » *op. cit.*, pp. 239-240.

243. « Le vicus gallo-romain. » *Caesarodunum*, 1976, n° 11, 334 p. Marcel Le GLAY : La Gaule romanisée, *op. cit.*, pp. 243-245.

244. Émilio SERENI : *Storia del paesaggio agrario italiano.* Rome-Bari, Laterza, 1961. Son chapitre 9 s'intitule : Il « bel paesaggio » della villa urbana.

245. Prospections aériennes du lieutenant-colonel MONGUILAN.

246. Roger DION : *Histoire de la vigne et du vin en France, des origines au XIXe siècle.* Paris, chez l'auteur, 1959, 768 p. Voir pp. 118-166.

247. P. GALLIOU : « Les *villae* romaines d'Armorique. » Communication au colloque « La *villa* romaine dans les provinces du Nord-Ouest » (23-24 mai 1981), à paraître *in Caesarodunum.*

248. Gabriel FOURNIER : *Le peuplement rural en Basse-Auvergne durant le Haut Moyen Age.* Aurillac, Impr. Moderne, 1962, 678 p.

249. Roger AGACHE : *La Somme... op. cit.*, p. 442.

250. Charles HIGOUNET : « Les forêts de l'Europe occidentale du Ve au XIe siècle » *in Agricoltura e mondo rurale in occidente nell'Alto Medioevo.* Spoleto, Centro di studi sull' Alto Medioevo, 1966, pp. 343-398. Voir p. 350. Publié également *in Paysages et villages neufs du Moyen Age.* Bordeaux, Fédération Historique du Sud-Ouest, 1975, pp. 105-110.

251. Michel ROUCHE : « L'héritage de la voirie antique dans la Gaule du haut Moyen Age » *in L'homme et la route en Europe occidentale au Moyen Age et aux Temps Modernes.* Flaran 2. Auch, Comité Départemental du Tourisme du Gers, 1982, pp. 13-32. Voir p. 27.

252. Voir le tracé de la voie romaine Lyon-Trèves sur les cartes IGN au 1/50 000ᵉ de Beaune et de Gevrey-Chambertin.

253. Michel ROUCHE : « L'héritage... » *op. cit.*, pp. 23-26.

254. Charles HIGOUNET : « Contribution à l'étude de la toponymie du défrichement : les « artigues » du Bordelais et du Bazadais » *in Paysages... op. cit.*, pp. 105-110.

255. Guy FOURQUIN : « Le premier Moyen Age » *in* Georges Duby et Armand WALLON (sous la dir. de) : *Histoire de la France rurale.* Paris, Seuil, vol. I, 1975, pp. 287-371. Voir p. 304.

256. Charles HIGOUNET : « Les forêts... » *op. cit.* Voir p. 364.

257. *Ibid.*, pp. 374-379.

258. *Ibid.*, pp. 360-370.

259. *Ibid.*, pp. 379-382.

260. Charles HIGOUNET : « Les grandes haies forestières de l'Europe médiévale » *in* Le paysage rural : réalités et représentations. Xᵉ colloque des Historiens médiévistes. *Revue du Nord,* LXII, 244, janv.-mars 1980, pp. 213-217.

261. *Ibid.*, p. 214.

262. Régine HENNEBICQUE : « Espaces sauvages et chasses royales dans le Nord de la France » *in* Le paysage rural : réalités et représentations. Xᵉ colloque des Historiens médiévistes. *Revue du Nord,* LXII, 244, janv.-mars 1980, pp. 35-57. Voir p. 35.

263. *Ibid.*

264. Robert SPECKLIN : « Contrastes Nord-Sud en France. » *Cahiers Mulhousiens de Géographie,* 1977, 7, pp. 16-63. « Notes sur la genèse des paysages agraires en France. » *Recherches Géographiques à Strasbourg,* 1979, II, pp. 45-60. « Études sur les origines de la France. » *Acta Geographica,* 1ᵉʳ trimestre 1982, 49, pp. 21-34 et 2ᵉ trimestre 1982, 50, pp. 37-43.

265. Roger DION : *Essai... op. cit.*, p. 10.

266. Robert SPECKLIN *in* « Contrastes... » *op. cit.*, pp. 17-19, lui reconnaît, néanmoins, le mérite d'avoir tracé le premier la ligne de démarcation culturelle de la France.

267. Paul VIDAL de La BLACHE : « De l'habitation sur les plateaux limoneux du Nord de la France. » *Communication faite*

au VIIe Congrès International de Géographie à Berlin en 1899. Berlin, Druck von Wilhelm Greve, 1900, pp. 498-501.

268. André MEYNIER : *Les paysages agraires, op. cit.*

269. Robert SPECKLIN : « Contrastes... » *op. cit.*, pp. 60-62.

270. CESAR : *B. G.*, IV, 3.

271. Robert SPECKLIN : Contrastes... *op. cit.*, p. 61, note 287.

272. Xavier de PLANHOL : « Essai sur la genèse du paysage rural de champs ouverts » *in* Géographie et Histoire agraires. *Annales de l'Est,* Mémoire n° 21, Nancy, 1959, pp. 414-424. Voir p. 417.

273. Citée par Ch. M. de La RONCIÈRE, Robert DELORT et Michel ROUCHE : *L'Europe au Moyen Age,* Paris, A. Colin, Tome I, 395-888, 1969, 326 p. Voir p. 78.

274. Xavier de PLANHOL : « Essai... » *op. cit.*

275. Cité par Pierre LAVEDAN et Jeanne HUGUENEY : *L'urbanisme au Moyen Age.* Bibliothèque de la Société Française d'archéologie, 5, Genève, Droz, 1974, 184 p. + 130 pl. h.t. Voir p. 7. Il est vrai que TACITE écrit à la charnière du Ier et du IIe siècle et que les Germains sont alors encore en Germanie. Leurs habitudes peuvent avoir changé au moment des Invasions, au contact du monde romain.

276. Roger DION : *Essai... op. cit.*, pp. 53-59.

277. *Ibid.*, p. 2.

278. Jean CHAPELOT et Robert FOSSIER : *Le village et la maison au Moyen Age.* Paris, Hachette, 1980, 358 p. Voir pp. 36-43.

279. Henri-Jacques CALLOT : *La plaine d'Alsace... op. cit.* p. 221.

280. Alan R. BAKER : « Neglected field form : the Headland Ridge. » *The Agricultural History Review,* 1973. Croquis de Josnes reproduits *in* Jean CHAPELOT et Robert FOSSIER : *Le village... op. cit.*, p. 42.

281. Georges GROSJEAN : « De la centuriation... » *op. cit.*

282. Jean CHAPELOT et Robert FOSSIER : *Le village...op. cit.*

283. P. DEMOLON : *Le village mérovingien de Brébières (VIe-VIIe siècle).* Arras, Société des amis du musée de Douai et de la fédération archéologique « Septentrion », 1972, 340 p.

284. *Villages désertés et histoire économique, XIe-XVIIIe siècles.* École Pratique des Hautes Études, Centre de Recherches Historiques. Paris, SEVPEN, 1965, 619 p. HUGH D. CLOUT :

Retreat of Rural Settlement *in* HUGH D. CLOUT (éd.) :*Themes in historical geography of France.* Londres - New York - San Francisco, Academic Press, 1977, pp. 107-128.

285. Guy FOURQUIN : « Le premier Moyen Age. » *op. cit.* Voir pp. 349-362.

286. *Ibid.*, p. 345.

287. *Ibid.*, p. 341.

288. *Ibid.*, p. 355.

289. Pierre BRUNET : *Structure agraire et économie rurale des plateaux tertiaires entre la Seine et l'Oise.* Caen, Caron et Cie, 1960, pp. 438-440.

290. Ch. M. de La RONCIÈRE *et al.* : *L'Europe... op. cit.*, p. 228.

291. *Cf.* note 273.

292. Enquête personnelle réalisée en 1973.

293. Jean CHAPELOT et Robert FOSSIER : *Le village... op. cit.*, pp. 69-73.

294. Gabrielle DÉMIANS d'ARCHIMBAUD : *Les fouilles de Rougiers (Var). Contribution à l'archéologie de l'habitat rural médiéval en pays méditerranéen.* Paris, éd. du CNRS, ERA n° 6, Archéologie médiévale méditerranéenne, Mémoire n° 2, 1980, 724 p. Voir aussi *Aujourd'hui le Moyen Age. Archéologie et vie quotidienne en France méridionale.* Aix, Soc. Provençale de reprographie, 1981, 125 p.

295. Jean CHAPELOT et Robert FOSSIER : *Le Village... op. cit.*, p. 72.

296. Pierre TOUBERT : *Les structures du Latium médiéval, le Latium méridional et la Sabine du IX*[e] *siècle à la fin du XII*[e] *siècle.* Rome, École Française de Rome, 1973, 2 vol. 1 500 p.

297. Jean CHAPELOT et Robert FOSSIER : *Le village... op. cit.*, pp. 77-135 et en particulier p. 130 et p. 132.

298. *Ibid.*, p. 127.

299. Jean-Yves CHAUVET : « Portrait d'un village lorrain : Barisey-la-Côte en Meurthe-et-Moselle. » *Maisons Paysannes de France,* 1978, I, pp. 10-13.

300. Jean GODFRIN et Xavier de PLANHOL : « Découverte d'un type primitif de toit de « tuiles romaines » en Lorraine. » *Revue Géographique de l'Est,* 1966, 3-4, pp. 286-289.

301. Jean CHAPELOT et Robert FOSSIER : *Le village... op. cit.*, pp. 322-324.

302. *Ibid.*, p. 323.

303. Gabriel FOURNIER : *Le château dans la France médiévale.* Paris, Aubier, 1978, 397 p. Voir pp. 27-34.

304. Emmanuel Le ROY LADURIE : *Histoire du climat... op. cit.*, p. 286.

305. Ch. de La RONCIÈRE *et al. : L'Europe... op. cit.*, p. 225.

306. Georges PLAISANCE : *Guide des forêts de France.* Paris, La Nef de Paris, 1961, 411 p. Voir p. 49 et suiv.

307. Michel DEVEZE : *Histoire des forêts.* Paris, PUF, coll. « Que sais-je ? », 2e éd., 1973, 128 p. Voir p. 36.

308. *Ibid.*

309. Guy FOURQUIN : « Le temps de la croissance. » *in* Georges DUBY et Armand WALLON (sous la dir. de) : *Histoire de la France rurale.* Paris, Seuil, vol. I, 1975, pp. 337-547. Voir pp. 426-437.

310. Georges GROSJEAN : « De la centuriation... » *Op. cit.*, p. 112.

311. Paul FÉNELON : *Vocabulaire de géographie agraire.* Publications de la Faculté des Lettres et des Sciences Humaines de Tours, 2, 1970, 691 p. Voir pp. 266-267.

312. Robert FOSSIER : *La terre et les hommes... op. cit.*, p. 311.

313. Marcel Le GLAY : « La Gaule romanisée. » *op. cit.*, p. 182.

314. Georges BERTRAND : « Pour une histoire écologique de la France rurale » *in* Georges DUBY et Armand WALLON (sous la dir. de) : *Histoire de la France rurale.* Paris, Seuil, vol. I, 1975, pp. 37-113. Voir p. 51.

315. A. G. HAUDRICOURT et Mariel JEAN-BRUNHES DELAMARRE : *L'homme et la charrue à travers le monde.* Paris, Gallimard, 1955, 506 p.

316. Charles HIGOUNET : *La grange de Vaulerent. Structure et exploitation d'un terroir cistercien de la plaine de France, XIIe-XVe siècles.* Paris, SEVPEN, 1965, 70 p.

317. Roger DION : *Histoire des levées de la Loire.* Paris, chez l'auteur, 1961, 312 p. Voir pp. 103-121.

318. Hubert GALLET de SANTERRE : *Ensérune, op. cit.*, p. 31.

319. Cité par Guy FOURQUIN : Le temps de la croissance... *op. cit.*, p. 442.

320. Régine LEVRAT : « La pisciculture en Dombes. » Paris, *Bulletin français de Pisciculture,* 1964-65, 88 p.

321. *Ibid.*, p. 9

322. Roger DION : *Essai... op. cit.*, p. 31.

323. André MEYNIER : *Les paysages agraires, op. cit.*, p. 143.

324. *Ibid.*, pp. 144-145.

325. Gérard SIVERY : « L'alternance des champs et des prairies dans le Nord de la Thiérache à partir du XIIe siècle. » À paraître en 1984 dans la *Revue géographique de l'Est.*

326. François SIGAUT : « Pourquoi les géographes s'intéressent-ils à peu près à tout sauf aux techniques ? » *L'Espace Géographique*, 4, 1981, pp. 291-293. Voir p. 292.

327. Xavier de PLANHOL : « Essai sur la genèse... » *op. cit.*, p. 418, note 5.

328. *Id.*

329. Intervention dans la discussion de P. de SAINT-JACOB. *Ibid.*, p. 424.

330. Georges DUBY : *La société aux XIe et XIIe siècles dans la région mâconnaise.* Paris, SEVPEN, 1971, 572 p.

331. Charles HIGOUNET : *La grange de Vaulerent... op. cit.*, p. 42.

332. André MEYNIER : *Les paysages... op. cit.*, p. 144.

333. *Ibid.*

334. Raymond DION : « Les champs bombés dans la plaine de la Lys » *in* Pierre FLATRÈS (sous la dir. de) : *Mélanges agraires. Travaux de la RCP 355 du CNRS*, 1980, pp. 3-30.

335. Voir, par exemple, F. IMBERDIS : « Le problème des champs courbes. » *Annales Économie, Sociétés, Civilisations*, 1951, pp. 77-81. Xavier de PLANHOL, Françoise HOUELGANGLOFF, Marie-France PIERQUIN : « Observations statistiques sur les champs courbes en Lorraine. » *Revue Géographique de l'Est*, 1966, 1-2, pp. 97-100.

336. Pierre FLATRÈS l'a esquissée *in* « Les structures rurales de la frange atlantique de l'Europe. » *Géographie et histoire agraires.* Mémoire n° 21 des *Annales de l'Est*, 1959, pp. 193-202.

337. Jean MEYER : « L'évolution des idées sur le bocage en Bretagne. » *La pensée géographique française contemporaine. Mélanges offerts au professeur André Meynier.* Rennes, Presses universitaires de Bretagne, 1972, pp. 453-467. Voir p. 457.

338. Le plus récent de ces travaux synthétise l'ensemble : Pierre FLATRÈS : « Les anciennes structures rurales de Bretagne d'après le cartulaire de Redon. » *Études rurales*, 41, 1971, pp. 87-93.

339. André MEYNIER : « La genèse du parcellaire breton. » *Norois*, 1966, 13, pp. 595-610.

340. *Ibid.*, pp. 605-607.

341. André MEYNIER : *Les paysages... op. cit.*, p. 158.

342. Dans cet ordre d'idée, Roger DION (*Essai... op. cit.*, pp. 24-25) cite un magnifique texte déterministe d'un propriétaire du Perche vers la fin du XVIIIe siècle : « Ces sortes de terres ne peuvent filtrer l'eau ; il faut donc en procurer l'écoulement. De là, le labour par petits sillons, dont les rayes sont autant de rigoles. Il faut un réceptable à ces eaux pour qu'elles ne submergent pas les terres inférieures. On a creusé des fossés et laissé des chaintres en bordure de champs. Pour ne pas perdre le terrain qu'occupent ces fosses, il était naturel d'en planter les levées d'épines et d'arbres de toute espèce. Voilà les clôtures, dont ci-dessous on verra une plus grande utilité.

« Ces sortes de terres poussent de l'herbe plus ou moins par leur nature. On doit donc en profiter. On profite de l'herbe en élevant toute sorte de bétail. Ces troupeaux demandent de la liberté pour leurs ébats et leur santé. Il faut donc qu'ils soyent contenus par des clôtures. Autrement, ils ravageront toutes les terres ensemencées, raison absolue de la plantation des hayes. »

343. André MEYNIER : *Les paysages... op. cit.*, p. 159.

344. J. M. PALIERNE : « Bocages mimétiques d'intercalation et de substitution : genèse et écologie. » *les Bocages.* INRA, CNRS, ENSA et université de Rennes, 1976, pp. 69-73.

345. André MEYNIER : *Les paysages... op. cit.*, p. 165.

346. Pierre BONNAUD : « La haie et le hameau, les mots et les choses. » *Revue d'Auvergne*, 1970, 84, pp. 1-28.

347. *Id.*, pp. 8-9.

348. Daniel FAUCHER : Assolements collectifs et aménagements du paysage. Un exemple pyrénéen. *Livre jubilaire offert à M. Zimmermann*, 1949, pp. 103-109.

349. Michel CHEVALIER : *La vie humaine dans les Pyrénées ariégeoises.* Paris, M.-Th. Génin, 1956, 1061 p. Voir pp. 272-278.

350. *Ibid.* pp. 273-274.

351. Marc BLOCH : *Les caractères... op. cit.*, p. 50.

352. *Ibid.*

353. Explication suggérée par Philippe PINCHEMEL : *La France.* Paris, Armand Colin, 2 vol., 1981. Voir vol. II, p. 252, note 2.

354. Roger DION : *Essai... op. cit.*, p. 75.

355. Jean-Robert PITTE : « La guerre des châtaignes du Bien-Aimé. » *Historia,* 432, nov. 1982, pp. 140-143. Voir p. 141.

356. Charles HIGOUNET : « Un plan figuré de 1490 de la plaine sous-pyrénéenne de l'Hers et de l'Ariège. » *Paysages et Villages neufs... op. cit.,* pp. 193-195.

357. Jean-Robert PITTE : « Les origines et l'évolution de la châtaigneraie vivaraise à travers un document cadastral du XVIIIe siècle », *op. cit.,* pp. 172-173.

358. Pierre BOZON : *La vie rurale en Vivarais.* 2e édition, Valence, Impr. réunies, 1963, 641 p. Voir p. 251.

359. Georges GROSJEAN : « De la centuriation... » *op. cit.*

360. Jean CHAPELOT : « L'étude des terroirs fossiles. Orientations méthodologiques et résultats récents de l'archéologie médiévale en Europe du Nord-Ouest » *in* Archéologie du paysage. *Caesarodunum,* 13, 1978, pp. 396-419. Voir p. 403.

361. Roger DION : *Histoire de la vigne... op. cit.,* p. 175.

362. Rolande GADILLE : *Le vignoble de la Côte bourguignonne. Fondements physiques et humains d'une viticulture de haute qualité.* Paris, Les Belles Lettres, 1967, 686 p. Voir p. 413.

363. Jean-Robert PITTE : « Remarques sur la formation du vignoble du Bugey. » *Géographie historique des vignobles.* Bordeaux, CNRS, 1978, vol. I, pp. 179-185.

364. Roger DION : *Histoire de la vigne... op. cit.,* pp. 192-194.

365. *Id.,* pp. 197-414.

366. Roger GRAND et Raymond DELATOUCHE : *L'agriculture au Moyen-Age,* Paris, E. de Boccard, 1950, 740 p. Voir pp. 399-400.

367. Guy FOURQUIN : « Le temps de la croissance », *op. cit.,* p. 459.

368. Roger DION : Histoire de la vigne et du vin... *op. cit.* pp. 478-480 et p. 656 + pl. p. 664.

369. Guy FOURQUIN : *Le temps de la croissance, op. cit.,* p. 458.

370. Gabriel FOURNIER : *Le château... op. cit.,* pp. 65-80.

371. Ch. M. de La RONCIÈRE, Ph. CONTAMINE, R. DELORT, M. ROUCHE : *L'Europe au Moyen Age. Fin IXe siècle-fin XIIIe siècle.* Paris, Armand Colin, coll. U, Tome 2, pp. 155-156.

372. *Ibid.,* pp. 152-153.

373. Charles HIGOUNET : « Pour l'histoire de l'occupation du sol et du peuplement de la France du Sud-Ouest, du XIe au

XIVe siècle. » *Paysages et villages neufs du Moyen Age, op. cit.*, pp. 373-400. Voir p. 380.

374. Gabriel FOURNIER : *Le château... op. cit.*, pp. 80-90.

375. *Ibid.*, pp. 90-99.

376. *Ibid.*, p. 91.

377. Henri-Paul EYDOUX : *Châteaux fantastiques.* Paris, Flammarion, 1969, 268 p.

378. Gabriel FOURNIER : *Le château... op. cit.*, p. 258.

379. Pierre GRIMAL : *L'art des jardins.* Paris, PUF, coll. « Que sais-je ? », 3e éd., 1974, 128 p. Voir pp. 51-66.

380. *Ibid.*, p. 63.

381. Charles HIGOUNET : « Esquisse d'une géographie des châteaux des Pyrénées françaises au Moyen Age. » *Paysages et villages neufs au Moyen-Age, op. cit.*, pp. 199-206. Voir p. 203.

382. Gabriel FOURNIER : *Le château... op. cit.*, p. 153.

383. *Ibid.*, p. 134.

384. *Ibid.*, pp. 188-191.

385. J. PUIG i CADAFALCH : *La géographie et les origines du premier art roman.* Paris, H. Laurens, 1935, 516 p.

386. Cité par J. PUIG i CADAFALCH : *Ibid.*, p. 80.

387. Georges DUBY : *Le temps des cathédrales. L'art et la société. 980-1420.* 2e éd., Paris, Gallimard, 1976, 381 p. Voir p. 17.

388. Georges DUBY : *Saint Bernard. L'art cistercien.* Paris, Flammarion, coll. « Champs », 1979, 187 p.

389. Charles HIGOUNET : *La grange de Vaulerent... op. cit.*

390. HUGH D. CLOUT : « Retreat of rural settlement... » *op. cit.*, pp. 113-114.

391. Fernand POUILLON : *Les pierres sauvages.* Paris, Seuil, 1964. Paru en « Livre de Poche », n° 3570, 1973, 317 p.

392. *Ibid.*, pp. 47-48 et 52.

393. Le souci d'intégration sacrée au cosmos se retrouve dans une abbaye non cistercienne : le Mont-Saint-Michel, où l'axe de l'église est orienté exactement dans la direction du soleil couchant le 8 novembre, date de l'ancienne fête de saint Michel. Cette direction est aussi celle du Mont-Dol où eut lieu, selon la tradition, le combat de l'archange contre le dragon.

394. Jean PELTRE : « un bilan des recherches européennes sur les villages désertés. » *Revue géographique de l'Est*, 1966, 1-2,

pp. 115-126. (Compte-rendu de l'ouvrage *Villages désertés... op. cit.*).

395. Hugh D. CLOUT : Retreat of rural settlement... *op. cit.*, p. 109.

396. Jean CHAPELOT et Robert FOSSIER : *Le village... op. cit.*, pp. 192-203.

397. Pierre TOUBERT : *Les structures du Latium médiéval. op. cit.*

398. Jacques Le GOFF : « L'apogée de la France urbaine médiévale » in Georges DUBY (sous la dir. de) : *Histoire de la France urbaine.* Paris, Seuil, vol. 2, 1980, pp. 189-405. Voir p. 367.

399. Gabriel FOURNIER : *Le château... op. cit.*, p. 206.

400. Pierre FLATRÈS : « Les "placîtres" en Bretagne. » *Geographia Polonica,* 38, 1978, pp. 89-95.

401. Charles HIGOUNET : *Paysages et villages neufs du Moyen Age... op. cit.*, pp. 199-243. Benoît CURSENTE : « Un aspect méconnu de l'habitat rural gascon : les castelnaux » *in* Charles HIGOUNET (sous la dir. de), *Géographie historique du village et de la maison rurale.* Bordeaux, Éd. du CNRS, 1979, pp. 29-36.

402. Charles HIGOUNET : « Pour l'histoire de l'occupation du sol et du peuplement de la France du Sud-Ouest », du XIe au XIVe siècle. *Paysages et villages neufs du Moyen Age, op. cit.*, pp. 374-397.

403. Albert DEMANGEON : « L'habitation rurale en France : Essai de classification des principaux types. » *Problèmes de géographie humaine.* Paris, Armand Colin, 1943, pp. 261-287.

404. Jean CHAPELOT et Robert FOSSIER : *Le village... op. cit.*, p. 224.

405. *Ibid.*, pp. 234-237.

406. Sur les matériaux et les techniques de construction, voir le chapitre VI de l'ouvrage de Jean CHAPELOT et Robert FOSSIER : *op. cit.*

407. Georges DOYON et Robert HUBRECHT : *L'architecture rurale et bourgeoise en France.* Paris, Vincent, Fréal et Cie, 3e éd., 1969, 521 p., voir pp. 102-106. L'expression est employée p. 113.

408. Cité par Jacques MARITAIN : *Art et scolastique.* Paris, Desclée De Brouwer, 4e édition, 1965, 278 p. Voir p. 223.

409. André VIGARIE : « Recherche d'une explication de la maison cauchoise. » *Norois,* 1969, 63 et 63 bis, pp. 491-501. « Les

énigmes de la maison cauchoise. » *Annales de Normandie,* XXI, 2, juin 1971, pp. 137-151.

410. Jacques Le GOFF : Introduction *in* Georges DUBY (sous la dir. de) : *Histoire de la France urbaine.* Paris, Seuil, 1980, vol. 2, pp. 9-25. Voir p. 13.

411. Pierre PINON : « De l'*insula* antique à l'îlot médiéval » *in Les cent villes qui ont fait l'Occident.* Caesarodunum-Total-Archéologie, automne 1980, pp. 13-30.

412. Pierre PINON : « Réutilisations anciennes et dégagements modernes de monuments antiques : Arles, Nîmes, Orange et Trèves. » *Caesarodunum,* 1979, supplément au n° 31, 89 p.

413. Jacques HILLAIRET : *Connaissance du Vieux Paris.* Paris, Le Club français du livre, 1969, 655 p. Voir pp. 170-171.

414. André CHEDEVILLE : « De la cité à la ville » *in* Georges DUBY (sous la dir. de) : *Histoire de la France urbaine.* Paris, Seuil, vol. 2, pp. 29-181.

415. *Ibid.,* p. 92.

416. Voir une photographie publiée *in* Georges DUBY (sous la dir. de) : *Histoire de la France urbaine.* Paris, Seuil, vol. 2, p. 192.

417. Roger AGACHE : *La Somme... op. cit.,* p. 205.

418. Jean-Marie PESEZ : « Délais de transmission du courrier dans l'État bourguignon au temps de Charles le Téméraire. » *in L'homme et la route en Europe occidentale au Moyen Age et aux Temps modernes.* Flaran 2. Auch, Comité Départemental du Tourisme du Gers, 1982, pp. 255-260.

419. Jacques Le GOFF : « L'apogée... » *op. cit.,* pp. 214-219.

420. *Ibid.,* p. 198.

421. MATTHIEU, V, 14.

422. Cité par Jacques HILLAIRET : *Connaissance... op. cit.,* p. 189.

423. Jean-Louis HAROUEL : *Histoire de l'urbanisme.* Paris, PUF, coll. « Que sais-je ? », 1981, 128 p. Voir p. 31.

424. *Ibid.,* p. 32.

425. Jacques ROSSIAUD : « Crises et consolidations. 1330-1530 », *in* Georges DUBY (sous la dir.) : *Histoire de la France urbaine.* Paris, Seuil, vol. 2, 1980, pp. 407-613. Voir p. 602.

426. Xavier de PLANHOL : « La cour, la place, le parvis : éléments pour une morphologie sociale comparée des villes islamiques et européennes. » À paraître dans les Actes du colloque de Géographie historique des villes d'Europe occidentale. *Publica-*

tions du Département de Géographie de l'Université de Paris-Sorbonne.

427. Jacques ROSSIAUD : Crises... *op. cit.*, pp. 436-437.

428. Georges DUBY : *Le temps des cathédrales... op. cit.*, p. 115.

429. Jacques MARITAIN : *Art et scolastique... op. cit.*, p. 223.

430. Jacques Le GOFF : L'apogée... *op. cit.*, pp. 230-239.

431. *Ibid.*, pp. 367-370.

432. Verbalement.

433. Charles HIGOUNET : *Paysages et villages neufs... op. cit.* pp. 245-397. Pierre LAVEDAN et Jeanne HUGUENEY : *L'urbanisme au Moyen Age... op. cit.*, pp. 67-100 et pl. h.t. LI-XCV.

434. *Ibid.*, p. 393.

435. Claude CALMETTE, architecte, se livre actuellement à une étude exhaustive des bastides envisagées sous l'angle de leur histoire comme sous celui de leur morphologie. Voir : « Les bastides. » A paraître dans les Actes du Colloque de Géographie historique des villes d'Europe occidentale. *Publications du Département de Géographie de l'Université de Paris-Sorbonne.*

Addendum à la note 222 : Dans cet article récent, les auteurs font le point sur les apports des techniques nouvelles à la connaissance des plans cadastraux antiques. Ils distinguent (p. 861) « des cadastres dont le but était principalement de marquer la conquête sur le sol, d'assigner et de redistribuer les terres entre les divers intervenants » et des « cadastres dont le rôle était avant tout de réaliser la mise en valeur. Cette opposition justifie sans doute en grande partie l'existence des deux centuriations biterroises, comme elle rend compte peut-être aussi des deux cadastres nîmois. » Ils remettent en cause assez vigoureusement les idées traditionnellement admises concernant les centuriations. « Il est clair, écrivent-ils (pp. 862-863), aujourd'hui qu'un certain nombre de présupposés doivent être abandonnés, comme l'orientation « solaire » des cadastres, leur lien mécanique avec la voirie, avec le statut des cités et notamment le statut colonial et qu'il faut renoncer à l'universalité du modèle de la centurie de 710 m de côté pour admettre la réalité de la pluralité des voies cadastrales. Cette pluralité, inhérente au fonctionnement même de la pratique, souligne la souplesse de la mise en place de ces réseaux... »

Cette position refléte le classique mouvement de balancier : après l'enthousiasme des premières découvertes et la croyance en une structure simple et unique, vient le temps des difficultés. Les réalités apparaissent comme complexes. Un certain pragmatisme a prévalu ici ou là dans l'établissement des cadastres et les règles se trouvent parfois contredites. Ceci n'exclut pas le respect général de celles-ci et il est probablement encore trop tôt pour trancher définitivement dans ce débat. Les auteurs préparent actuellement un *Atlas des cadastrations antiques de Gaule* qui, il faut l'espérer, permettra d'y voir un peu plus clair et stimulera surtout les recherches.

Index géographique

N. B. : l'indexation des figures ne tient pas compte de la totalité des noms et matières.

Index des matières

Index des noms de personnes

Table des cartes, plans et graphiques

Table des photographies

Postface à la deuxième édition

Depuis la première édition de cet ouvrage, en 1983, l'intérêt des sciences humaines pour le paysage s'est conforté sans pour autant se préciser, les définitions variant toujours beaucoup d'un auteur à l'autre. Une double tendance est, cependant, peut-être en train de se dessiner. D'une part, les analyses objectives de paysages semblent une impasse. La perception, le qualitatif se révèlent rebelles aux évaluations quantitatives. Il en est des paysages comme des vins. Qui se pâmera un jour, le lendemain sera indifférent. Un observateur sera touché, l'autre pas. Le culturel est ineffable. C'est le sens des recherches récentes menées par Georges Neuray, à la faculté agronomique de Gembloux (Belgique), organisateur, le 26 octobre 1985, d'un colloque intitulé : « Évaluer les paysages ». C'est aussi, de manière plus nette encore, l'attitude adoptée par les paysagistes japonais Nakamura Yoshio et Higuchi Tadahiko[1] qui rattachent les aménagements présents du paysage de leur pays au fil d'Ariane d'un symbolisme traditionnel profondément vécu par tous leurs compatriotes. A l'issue de quelques années d'observation de ces problèmes, il m'apparaît que le paysage est d'abord une donnée politique. Les fonctionnaires ayant en charge des techniques d'aménagement ne devraient avoir d'autre rôle que de conseiller les hommes politiques, seuls responsables devant tous des paysages qu'ils laissent crééer, encouragent ou interdisent. On a trop oublié depuis la révolution industrielle que le paysage est acte de liberté et que son aménagement relève de la politique conduite dans le domaine des libertés.

D'autre part — et cela va dans le même sens que les remarques qui précèdent —, la définition naturaliste du paysage est battue en brèche. Le *landshaft* devient *landscape.* La nouvelle édition du *Dictionnaire de la Géographie* de Pierre George[2] fait état de cette métamorphose. On y lit : «Le mot s'applique, suivant les auteurs, à un ensemble de signes caractérisant une unité géographique sur le plan physique ou humain. D'acception généralement descriptive — mais déjà globale — il a pris récemment une signification synthétique rassemblant l'ensemble des traits issus de la géographie naturelle et des apports accumulés des civilisations qui ont façonné successivement le cadre initial et sont entrés dans la conscience de groupe des occupants. Il devient synonyme d'*environnement* dans les processus de perception de l'espace — se confond alors avec l'espace vécu». On pourrait discuter cette assimilation à l'environnement et à l'espace vécu, mais une telle définition est sans doute plus riche et prometteuse de recherches fructueuses que celle de l'édition de 1974. Un ouvrage récent d'un géographe florentin va beaucoup plus loin dans ce sens[3], exclusivement consacré à la lecture des signes culturels dans le paysage géographique. En existe-t-il d'ailleurs d'autres?

Parmi les publications récentes illustrant ces tendances, on retiendra la série d'articles parus en 1984 dans l'*Espace Géographique*[4]. Yves Luginbuhl y évoque la montagne bourguignonne qu'il appelle «paysage de liberté»; André-Louis Sanguin se livre à des considérations sur le «paysage politique», c'est-à-dire «l'empreinte de l'idéologie et de l'autorité politique sur le paysage». Seul l'article de Thierry Brossard et de Jean-Claude Wieber, responsables de l'ERA 778 du CNRS, sise à Besançon («Recherches sur la cartographie des paysages et les systèmes producteurs») demeure attaché à une démarche quantitative aboutissant à une cartographie, selon une méthode si complexe qu'on voit mal qui pourrait la mettre en œuvre à l'exception de leurs auteurs.

L'une des plus stimulantes contributions épistémologiques à la science des paysages est celle de Philippe Bruneau[5]. Celui-ci n'hésite pas à affirmer : «L'apparition d'une archéologie du paysage n'en est pas moins l'indice d'une tentative de redistribution des disciplines : elle sonne le glas de la géographie et promet l'avènement de l'archéologie.» Sans abonder dans ce sens — ce qui serait suicidaire pour un géographe! — on ne peut que se réjouir de l'intérêt de l'archéologie pour le paysage. Pour Philippe Bruneau, le paysage est objet archéologique, «parce que c'est un produit fabriqué au même titre qu'une cathédrale ou une marmite». Il n'est pas gênant que plusieurs disciplines universitaires étudient le même objet, voire parfois avec les mêmes méthodes. Comme les paysages, elles possèdent des contours flous, fruits de l'histoire de la conquête de leur autonomie. Ce qui, pour l'heure, polarise l'intérêt des géographes, ce sont les problèmes de répartition — Pourquoi telle chose se trouve ici et non là ? — et ceux des rapports entre l'homme et le milieu, jadis et aujourd'hui. Cela suffit-il à définir une science ? Je ne sais, mais tant pis. Ces problèmes existent. Si d'autres les étudient mieux que nous, tant mieux. Il nous restera à disparaître ou à nous affilier à d'autres chapelles. Ainsi vont les sciences humaines.

Deux géographies historiques de la France viennent de paraître, faisant chacune une part aux paysages[6]. Celle de Fernand Braudel développe surtout une idée esquissée dans l'introduction du présent ouvrage : la France est diversité. Cent pages consacrées à ce thème, en s'appuyant à la fois sur des observations personnelles et sur de nombreux auteurs ! Avouerai-je mon trouble face à une telle affirmation ? J'y souscrivais il y a trois ans. Je doute aujourd'hui. Braudel écrit[7] : « Je pense, par contraste, à la monotonie de tant de paysages de l'Europe nordique, où les dépôts glaciaires ont tout recouvert et collent aux sols comme une peinture indélébile... Dans la Pampa argentine, un train monotone vous emporte, qui jamais ne s'offre la fantaisie d'un seul tournant et traverse, des heures durant, le même paysage... Ne me dites pas que la géographie, en ce qui concerne la France, est sans responsabilité ». Rendant compte de mon ouvrage, Augustin Berque faisait remarquer[8] que « toutes les ethnies de la planète (y compris les Russes et les Uès des grandes plaines) voient dans leur propre milieu, pour la bonne raison qu'il leur est familier », une diversité qui n'apparaît pas aux yeux des étrangers. Un étudiant camerounais m'affirmait, peu après, la même chose dans une réponse à un questionnaire : « Le paysage camerounais est très varié, il est difficile de trouver des ressemblances entre les différentes régions ; alors que le paysage français est homogène dans presque toute sa partie centre et nord-ouest. » Un autre étudiant, ivoirien, me fournissait, quant à lui, une explication identique à celle d'Augustin Berque : « Pour moi, le paysage français est plutôt vide, quoique très beau. Je n'y trouve pas ce que j'attends d'un paysage : la familiarité. » Ce problème mériterait réflexion approfondie.

Malgré la « concurrence », les géographes poursuivent leurs études sur la genèse et l'évolution des paysages agraires. L'*Atlas de la France rurale*[9] fournit une courte et utile synthèse illustrée. Un ouvrage destiné aux Agrégatifs a étudié les paysages agraires en relation avec les sociétés dans les diverses

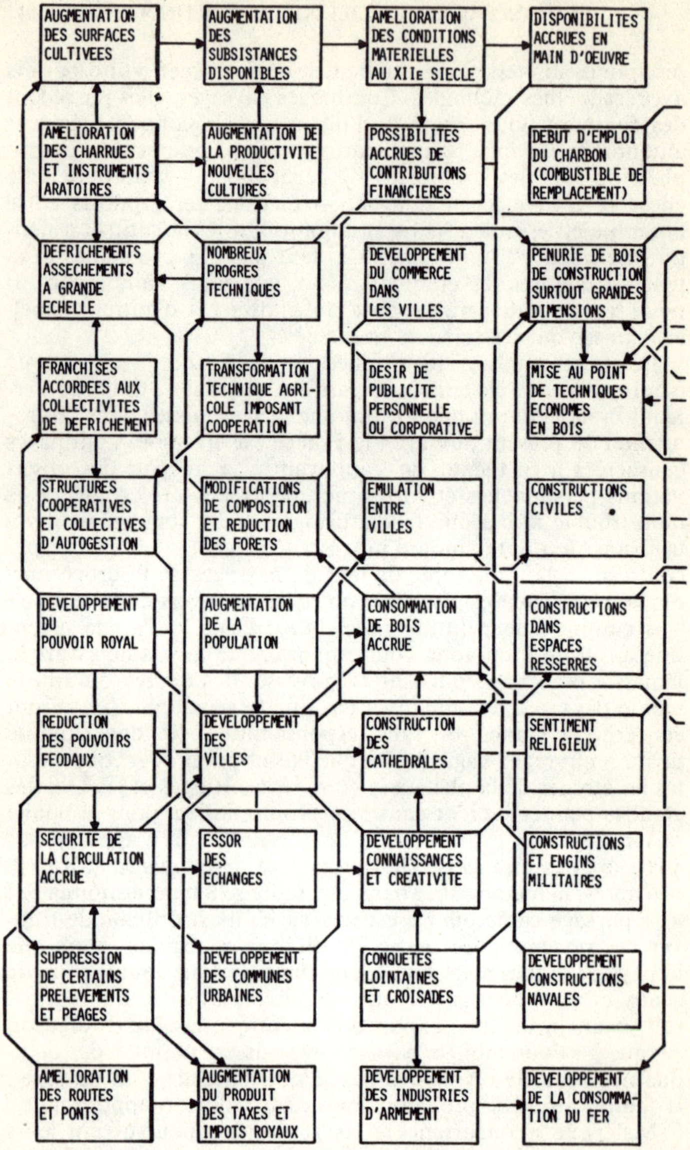

Systématisation des relations et interactions entre les divers facteurs historiques, techniques, économiques, écologiques, etc., intervenant dans la formation et le développement de l'architec-

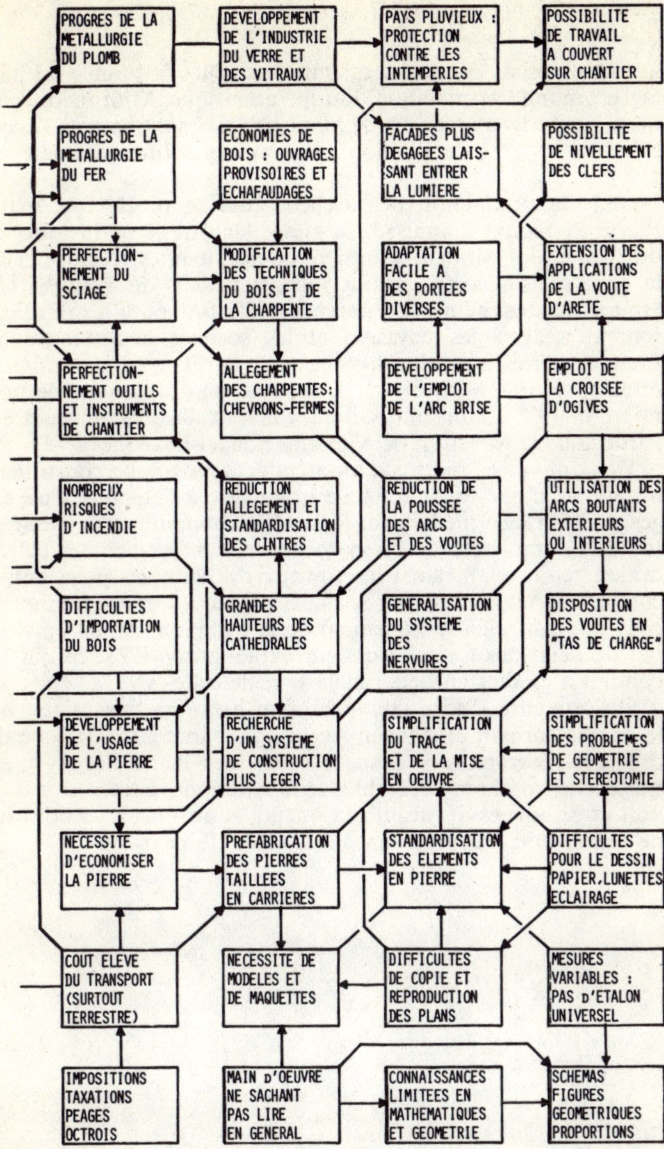

ture gothique («écosystème des cathédrales»), XIIe-XIIIe siècle. In Roland BECHMANN, *Les Racines des cathédrales,* Paris, Payot, 1981.

aires culturelles européennes entre lesquelles la France est partagée : monde germanique, Europe atlantique, Midi méditerranéen, etc.[10]. Deux recueils de monographies sont parus à l'occasion du congrès de l'Union Géographique Internationale en 1984[11].

Mais la production des archéologues se révèle très riche. Pierre Petrequin a analysé les «cités lacustres» préhistoriques du Jura et des Alpes à la lumière de découvertes récentes et de la comparaison avec certains villages actuels du Bénin[12]. Un groupe de chercheurs de l'université d'Edimbourg a minutieusement analysé les paysages et les sociétés néolithiques de France[13]. Trois nouvelles livraisons de la revue *Caesarodunum* offrent, comme à l'habitude, une foule d'informations de première main[14]. Enfin, une somme sur les cadastres antiques est parue sous la direction de Monique Clavel-Lévêque[15].

Deux ouvrages récents d'un architecte-géographe constituent un apport d'une exceptionnelle originalité à l'étude des paysages de la France médiévale. Roland Bechmann[16] a su montrer toute la complexité du phénomène de la naissance des cathédrales, renouvelant ainsi les travaux de Duby en précisant, à côté des facteurs religieux, sociaux, politiques et économiques, ceux relevant plus spécialement de la technique et, en particulier de l'état des forêts et de leur exploitation. C'est ce qui l'a conduit a étudier en détail la gestion de celle-ci.

On retiendra, enfin, l'ouvrage d'un historien faisant revivre le paysage urbain du Moyen Age d'une manière très proche de celle des géographes de l'espace vécu. Jean-Pierre Leguay[17], au travers de nombreux exemples et illustrations, retrace ce qui se voit et ce qui se vit, jusqu'aux odeurs et au «bruyct» dont on ne saurait nier l'appartenance à la chair du paysage.

NOTES

1. Voir à ce sujet Augustin BERQUE : Du paysage à cœur joie. *L'Espace Géographique,* XIII, 1, 1984, pp. 35-36.

2. 3e édition. Paris, PUF, 1984.

3. Silvio PICCARDI : *Il paesaggio culturale.* Bologne, Pàtron Editore, 1986, 169 p.

4. XIII, 1, pp. 5-36.

5. L'archéologie buissonnière. 1. L'archéologie du paysage. *RAMAGE,* 3, 1984-85, pp. 231-241.

6. Alfred FIERRO-DOMENECH : *Le Pré carré. Géographie historique de la France.* Paris, Robert Laffont, 1986, 325 p. Fernand BRAUDEL : *L'Identité de la France. I. Espace et histoire.* Paris, Arthaud-Flammarion, 1986, 368 p.

7. p. 55.

8. *op. cit.,* note 1.

9. Paris. La Documentation Française, 1984, 157 p.

10. Jacqueline BONNAMOUR *et al. : Paysages agraires et sociétés.* Paris, SEDES, Dossiers des Images économiques du Monde, 6-7, 1984, 380 p.

11. Permanences et survivances dans les paysages ruraux. *Revue Géographique de l'Est,* 3-4, 1983, 122 p. Jean PELTRE (sous la dir. de) : *Transformations historiques du parcellaire et de l'habitat rural.* Nancy, Presses Universitaires de Nancy, 1986, 632 p.

12. *Gens de l'eau, gens de la terre. Ethno-archéologie des communautés lacustres.* Paris, Hachette, 1984, 345 p.

13. Christopher SCARRE (ed.) : *Ancient France, 6000-2000 BC. Neotithic Societies and their landscapes.* Edimbourg, Edinburgh University Press, 1983, 300 p.

14. XVIIIbis : *Présence de l'architecture et de l'urbanisme romains. Hommage à Paul Dufournet.* Paris, Les Belles Lettres, 1983, 430 p.

XX : *Les Débuts de l'urbanisation en Gaule et dans les provinces voisines.* Tours, 1985, 443 p. ronéot. La couverture de cette livraison reprend une planche de la remarquable bande dessinée de David MACAULAY : *Naissance d'une cité romaine.* Paris, Deux coqs d'or, 1983.

XXI : *Le Bois en Gaule et dans les provinces voisines.* Tours, tions Errance, 1986, 326 p.

15. *Cadastres et espace rural.* Paris, éd. du CNRS, 1983, 356 p.

16. *Les Racines des cathédrales. L'architecture gothique, expression des conditions du milieu.* Paris, Payot, 1981, 330 p. *Des arbres et des hommes. La forêt au Moyen Age.* Paris, Flammarion, 1984, 385 p.

17. *La rue au Moyen Age.* Rennes, Ouest-France, 1984, 253 p.

ACHEVÉ D'IMPRIMER EN SEPTEMBRE 1986
SUR LES PRESSES DE L'IMPRIMERIE JOUVE
À PARIS

N° d'éditeur : 2568 — N° d'imprimeur : 16328
ISBN 2-235-01480-1
Dépôt légal : septembre 1986.
Premier dépôt légal : août 1983.